Un año en la antigua Roma

Historia

Néstor F. Marqués

Un año en la antigua Roma

La vida cotidiana de los romanos
a través de su calendario

ESPASA

Obra editada en colaboración con Editorial Planeta – España

Ilustraciones del interior: Silvia Gutiérrez San José Mapa de Roma (pag. 345): Néstor F. Marqués Imágenes de los fasti: Archivo fotográfico del autor (*fasti praenestini, paulini y vaticani*); De Agostini / Getty Images (*fasti amiternini*)
Adaptación de la portada: Booket / Área Editorial Grupo Planeta

Bajo el sello editorial BOOKET M.R.
Avenida Presidente Masarik núm. 111,
Piso 2, Polanco V Sección, Miguel Hidalgo
C.P. 11560, Ciudad de México
www.planetadelibros.com.mx

Primera edición impresa en España en Colección Booket: octubre de 2020
ISBN: 978-84-670-5949-6

Primera edición impresa en México en Booket: abril de 2025
ISBN: 978-607-39-2690-4

Impreso en los talleres de Impregráfica Digital, S.A. de C.V.
Av. Coyoacán 100-D, Valle Norte, Benito Juárez
Ciudad De Mexico, C.P. 03103
Impreso en México - *Printed in Mexico*

Biografía

Néstor F. Marqués es arqueólogo, investigador especialista en tecnología aplicada al patrimonio y divulgador cultural. Compagina su labor tecnológica con la investigación histórica y arqueológica, así como la docencia tecnológica e histórica. En los últimos años se ha centrado especialmente en posibilitar la accesibilidad universal del patrimonio cultural mediante la virtualización y la impresión 3D. Toda su experiencia investigadora y divulgadora la aplica en el proyecto de difusión cultural *Antigua Roma al Día*, uno de los más importantes de su ámbito, en el que da a conocer la cultura de la Antigüedad a través de los medios tecnológicos en red. El proyecto, caracterizado por un estilo innovador en el que se unen el rigor y el entretenimiento, se puede seguir a través de Twitter, Facebook, Instagram, YouTube y la web *antiguaroma.com*.

Avo materteraeque carissimis
In memoriam

Romero, para ir a Roma,
lo que importa es caminar;
a Roma por todas partes,
por todas partes se va.

Antonio Machado,
Campos de Castilla

ÍNDICE

PARTE II
EL CALENDARIO ROMANO: FESTIVIDADES Y VIDA COTIDIANA

APÉNDICES

Prefacio

Siempre he pensado que es imposible mirar hacia el futuro sin antes conocer el pasado, estudiarlo y valorarlo como merece. Todos nosotros somos herederos directos de Roma, por lo que debería ser una obligación moral tratar de comprender mejor su cultura y sus costumbres.

Esta es la premisa que me llevó a convertirme en historiador, arqueólogo y divulgador del mundo romano hace ya más de diez años. En 2012, en un momento en el que la tecnología social en la comunicación inundaba ya todo y a todos, decidí crear un proyecto cultural en red que permitiera dar a conocer y valorar el mundo romano, su cultura, su patrimonio y su legado. Así surgió *Antigua Roma al Día*, una iniciativa modesta, pero firme y convencida, que desde entonces ha tratado de cumplir estas premisas empleando la tecnología como aliada para llevar la cultura a la sociedad de una forma cercana y asequible para todos. Aun así, siempre he tratado de mantener intacto todo el carácter científico que otorga su mayor virtud a un proyecto de estas características; la divulgación «a ciegas» puede llegar a ser tan destructiva como la ignorancia.

Varios años después, decenas de miles de seguidores en el camino y una buena dosis de constancia han consolidado *Antigua Roma al Día* como un lugar donde conocer el mundo romano. Ya sea a través de Twitter —*@antigua_roma*—, Facebook, Instagram, YouTube o la web —*antiguaroma.com*— o de forma presencial en cursos, charlas y viajes, cualquier persona puede disfrutar de esta nueva forma de entender la cultura romana.

La divulgación es seguramente uno de los puntos más importantes de cualquier investigación en el campo de la ciencia histórica y el patrimonio cultural. No es posible concebir una investigación que no tenga entre sus finalidades el retorno del conocimiento a la sociedad. De no ser así, la historia queda atrapada, imposibilitada para llegar a su destino final. Es cierto que no todos los investigadores quieren, pueden o saben hacerlo, pero una nueva generación está comenzando a entender que la historia no se puede construir de espaldas a la gente. Y es que, como ilustró Robert Knapp en su obra *Los olvidados de Roma* sobre la gente corriente de la sociedad romana, a quienes realmente debemos comunicar y contagiar nuestra pasión como historiadores es a las personas de a pie —el 99 %—. Ellos deben recibir la historia que, desgraciadamente, suele quedar guardada en cajones difíciles de alcanzar.

Por otra parte, somos nosotros los que debemos ejercer como comunicadores puesto que, de no hacerlo, los resultados pueden ser catastróficos. Los mitos, las falsedades y las falacias históricas están a la orden del día. En ocasiones están tan arraigadas que es difícil extraerlas de la conciencia colectiva. ¿Quién no ha pensado en algún momento que los gladiadores romanos combatían invariablemente a muerte sobre la arena?, ¿que los romanos comían y vomitaban sin parar en grandes banquetes, día sí y día también?, ¿o que los candidatos políticos se agarraban los testículos con la mano al declarar la verdad? Mitos, todos ellos, perpetuados por la desinformación y la mala divulgación.

Este libro trata de acercarse al mundo romano de una forma amena y curiosa, pero sin perder de vista la investigación y su rigurosidad. Lo que aquí encontrarás es fruto de muchos años de investigación —siglos incluso—, de tantos autores que dedicaron su vida a conocer mejor el pasado. Aun así, debes saber que la investigación histórica es un ente que vive, respira y cambia constantemente. Nunca podremos estar completamente seguros de todo lo que conocemos sobre el mundo romano, aunque sí podemos ofrecer la visión más actualizada y precisa con la que contamos hoy en día.

El calendario romano, germen del proyecto *Antigua Roma al Día*, que entre sus fundamentos tiene comentar lo que ocurrió día a día en la antigua Roma, es un tema apasionante a la vez que complejo. Tener la oportunidad y la posibilidad de dedicar tiempo a investigar en profundidad y escribir sobre él es toda una aventura que tengo el orgullo de poder compartir en esta obra. Entenderemos lo que es un calendario, lo que supone para una sociedad como la romana y su camino evolutivo desde sus orígenes hasta nuestros días. También nos adentraremos en los elementos que forman el calendario, muchos de ellos familiares para nosotros, y la manera en que los concebían los romanos: siglos, años, meses, semanas, días, horas…

Finalmente, nos adentraremos en un recorrido por el año romano, de enero a diciembre para fijarnos en la sociedad romana, su cultura, sus creencias religiosas y su día a día. Del emperador al esclavo, del mercader al senador; todos ellos están reflejados en esta obra, que te guiará en un paseo a través de los más de mil doscientos años de historia de la antigua Roma.

Y si después de terminar este libro quieres seguir disfrutando del mundo romano, encontrarás mucho más contenido en forma de vídeos en directo y 360º, juegos de preguntas que pondrán a prueba tus conocimientos, modelos virtuales en 3D, imágenes, artículos y mucho más en las redes sociales y en la web de *Antigua Roma al Día*: *antiguaroma.com.*

Gracias por compartir la cultura de la antigua Roma.

El autor

PARTE I

EL CALENDARIO ROMANO:
desde su origen hasta nuestros días

INTRODUCCIÓN

Piensa por un momento en el instante concreto en el que estás leyendo estas líneas. Piensa en qué año estás, en qué mes e incluso en qué día. Ahora piensa, por ejemplo, en el año 27 a. C., momento considerado como el inicio teórico del Principado, la primera parte del Imperio romano. Por último, párate a pensar en cuántos años, siglos e incluso milenios han pasado desde esa fecha.

Resulta muy sencillo para todos nosotros establecer una relación temporal entre la actualidad y cualquier otro instante dentro de ese mismo marco en el que nos han educado desde que nacimos. Por lejana que sea la fecha, siempre vamos a ser capaces de crear mentalmente un sentido de escala del tiempo transcurrido.

Todas las sociedades a lo largo de la historia han hecho uso en mayor o menor medida de un sistema de referencia temporal, en el más amplio sentido de la palabra. Ya sean naturales o sociales, los ciclos de tiempo son elementos que estructuran y cimentan la vida en común. Lo que hoy llamamos calendario no es más que una representación avanzada y depurada —gracias en parte a los romanos, como tendremos ocasión de comprobar— de uno de estos sistemas básicos de referencia temporal. Al fin y al cabo, el calendario es una invención humana diseñada a nuestra conveniencia a partir de ciertas observaciones naturales, de cuya precisión depende enteramente el sistema.

¿Sabrías ubicar en el tiempo el año del séptimo consulado del emperador Augusto? ¿Y el año 727 *ab Urbe condita*? Estas son dos de las formas a través de las que un ciudadano de Roma habría podido saber sin mayores problemas el año al que nos referimos. Aunque ambas nos resulten extrañas, especialmente la primera al no estar basada siquiera en una sucesión numérica lineal continua, nos seguimos refiriendo al año en el que Augusto ascendió al poder como *Princeps* de Roma, es decir, el 27 a. C.

En nuestro día a día no nos paramos ni por un momento a pensar cómo somos capaces de dar por hecho algo tan importante como el sistema de referencia que da forma a nuestro tiempo, tanto en un sentido figurado como literal. Es fácil considerar que el tiempo y su caracterización actual han estado siempre ahí. El tiempo es invariable pero no así su construcción social.

Al adentrarnos en la concepción romana del tiempo, tan distinta a la nuestra y a la vez germen indispensable sobre el que descansa todo nuestro sistema calendárico, descubriremos que nada es socialmente invariable y que toda construcción que hagamos será siempre subjetiva, a pesar de que trate de ahondar sus raíces en el tiempo natural, inmutable y continuo.

Actualmente, todo el mundo occidental se asienta sobre un eje que separa dos mitades del tiempo: antes de Cristo (a. C.) y después de Cristo (d. C.). Existen, por supuesto, alternativas recientes que tratan de establecer una relación suprarreligiosa con el tiempo —antes o después de nuestra era (a. n. e / d. n. e.)— y que, sin embargo, siguen haciendo referencia a este mismo hito clave en nuestra concepción social del tiempo. Efectivamente, y así lo reconocieron incluso los teólogos del siglo XVII, este no es más que un punto acordado que ni siquiera es representativo de la verdadera fecha del nacimiento de Jesucristo, como veremos más adelante.

En la antigüedad, más allá de las fronteras de la propia Roma, cada estado, ciudad o grupo cultural tenían su propia forma de concebir el tiempo presente y de calcular y calibrar el tiempo transcurrido en el pasado. La interconexión de las culturas del Mediterráneo hacía necesario sincronizar, o al menos saber adaptar, los conceptos temporales de todas ellas para poder establecer vínculos comerciales, políticos o sociales. Una tarea prácticamente imposible al existir años de diez meses con nombres diversos y las duraciones más variopintas, algunos de menos de veinte días… Todo era posible en el mundo antiguo.

Aunque actualmente, debido a la estandarización occidental en la que vivimos, esta situación nos parece caótica y distante, no hay más que echar la vista atrás para encontrar ejemplos de otros desajustes sociales en el calendario. El más notable lo encontramos en la Revolución francesa, con la que se estableció durante unos años un calendario revolucionario basado en el sistema decimal aplicado a la división de los meses, las semanas o incluso las horas del día.

El calendario de la República francesa, que estuvo en uso desde 1793 hasta su abolición por parte de Napoleón I en 1805, debió de suponer un cambio muy brusco para la población, mayor incluso que el de la reforma de Julio César de la que luego hablaremos. En un intento por desplazar las antiguas denominaciones de los meses, todos ellos cambiaron su nombre: *Vendémiaire* se correspondía aproximadamente con la mitad de septiembre y la mitad de octubre, *brumaire*, desde mediados de octubre hasta mediados de diciembre y así sucesivamente con *frimaire, nivôse, pluviôse, ventôse, germinal, floréal, prairial, messidor, thermidor* y *fructidor*, algunos de los cuales, como *Brumaire,* deben su nombre a voces griegas o latinas.

Todo ello viene a confirmar que ese pensamiento de continuidad en nuestro sistema de referencia temporal, que tenemos actualmente de forma casi inconsciente, no es más que una ilusión muy reciente. Veremos cómo a lo largo de los siglos, hasta fechas muy cercanas, se han ido produciendo los sucesivos cambios en la forma de dividir el tiempo que han cristalizado en el sistema que, en la actualidad, sentimos como propio e innato.

Salgamos de los términos obvios, dejemos a un lado todo lo que parezca seguro y descubriremos cuáles son los orígenes del tiempo en el que vivimos: siglos, años, meses, semanas, días, horas... conceptos muy simples para nosotros que esconden significados que se remontan varios milenios en la noche de los tiempos.

¿QUÉ ES UN CALENDARIO?

Antes de adentrarnos en la explicación del origen del calendario romano y de cómo llegó a convertirse en lo que conocemos hoy en día, debemos preguntarnos qué es en sí mismo el calendario y qué representaba en el mundo romano.

La palabra con la que se designaba al calendario romano en latín era *fasti*, que deriva de la palabra *fas*, 'lo que está permitido' —a ojos de los dioses—. Aquello a lo que se referían los *fasti* eran los asuntos legales, juicios y otros menesteres a los que los romanos podían dedicarse exclusivamente en ciertos días así marcados como *dies fasti.*

Por otra parte, la palabra *kalendarium* no tenía en latín ninguna relación con la medición del tiempo, sino que se refería al libro de registro de las deudas que en el mundo romano debían pagarse en el primer día del mes, conocido como *kalendae*. Así surgió esta palabra, que no fue utilizada con el sentido actual del término hasta el siglo VII, de la mano del erudito cristiano Isidoro de Sevilla, como registro de los santos y sus festividades a lo largo del año.

Los romanos tenían una expresión muy curiosa relacionada con el *kalendarium*. Refiriéndose al pago de las deudas que se efectuaba en las *kalendae*, solían decir en tono irónico *ad kalendas graecas* —'en las calendas griegas'— cuando algo no iba a suceder nunca, puesto que los griegos usaban un calendario totalmente diferente en el que no existían las *kalendae*. Era algo así como nuestra expresión «cuando las ranas críen pelo».

Como podemos apreciar, ni *fasti* ni *kalendarium* hacían referencia en su origen al concepto abstracto de tiempo, sino que se acercaban a los aspectos más sociales del mismo. El paso del tiempo es, de hecho, uno de los elementos presentes en el calendario pero ni es el único ni muchas veces es el más importante. Los calendarios han sido históricamente utilizados con finalidades políticas, económicas y religiosas y, por supuesto, el romano no fue una excepción.

Una vez más, y como en tantas otras circunstancias cotidianas, la palabra que designa nuestra forma de medir el tiempo tiene su origen en la cultura romana. Es un ejercicio interesante pararse un momento a reflexionar en todo lo que le debemos a esta civilización, origen y fuente de todo lo que somos, de lo que hacemos, de lo que decimos y de cómo lo decimos.

DE ROMA A LA ACTUALIDAD: ORIGEN Y EVOLUCIÓN DEL CALENDARIO

Para poder llegar a comprender el complejo sistema de medición del tiempo que utilizamos diariamente de forma natural, es necesario que nos remontemos varios milenios atrás, hasta un tiempo en el que ni siquiera existía la misma ciudad de Roma, una época de leyendas, dioses y héroes que se pierde entre la bruma de los mitos que cubre los senderos de la historia.

> Nos encontramos en Alba Longa, a menos de un día de viaje al sur de la orilla todavía salvaje que bañaba el solitario Tíber, conocido en esta época por su nombre más ancestral: Álbula. En ella gobernaba Numitor, rey justo y ecuánime, descendiente directo de Eneas, hijo de Venus y mítico héroe que consiguió salir con vida de la funesta Troya, incendiada y saqueada por los griegos y sus engaños.
>
> Amulio, hermano pequeño de Numitor, ávido de poder, usurpó el trono de su hermano desterrándolo para que no pudiera recobrarlo. A sus sobrinos, Amulio los mandó asesinar o exiliar para que nunca pudieran recuperar el legítimo lugar arrebatado a su padre. Sin embargo, el rey ilegítimo perdonó a Rea Silvia, única hija de Numitor, con la condición de que entregara su vida a la virginidad y a la castidad de la mano de la diosa Vesta.
>
> Rea, ya como sacerdotisa vestal, cumplía su condena con diligencia sirviendo a la diosa virgen en su templo. Un día que paseaba por el monte despreocupada, se paró a descansar junto a un arroyo y quedó profundamente dormida a la sombra de un sauce. El poderoso dios Marte no pudo evitar fijarse en ella y, burlando las leyes divinas y terrenas, la violó en su sueño, dejando en ella la semilla de dos gemelos que estaban destinados a grandes hazañas.

Cuando la vestal Rea dio a luz a los hijos del dios de la guerra, Amulio, presa del odio y el terror, ordenó que los gemelos fueran ahogados en el río. Según se cuenta, las aguas retrocedieron ante tal despropósito y finalmente los dos niños, Rómulo y Remo, fueron puestos a salvo en secreto en una cesta a la deriva sobre las acogedoras aguas del Tíber.

El destino y los dioses hicieron que la cesta encallara al lado de una higuera, junto a los montes de la futura Roma, donde una loba los recogió y los amamantó como a sus propios lobeznos en la gruta sagrada que hoy llamamos Lupercal. Poco después los encontró un pastor llamado Fáustulo, cuyo nombre significa 'el que favorece'. Él y su mujer, Aca Larentia, cuidaron de los gemelos junto a sus propios hijos mientras crecieron.

Relieve del *Ara Pacis Augustae* de Roma, con los gemelos Rómulo y Remo amamantados por la loba bajo la atenta mirada del dios Marte y del pastor Fáustulo.

Siendo los gemelos ya adultos, y habiendo conocido su verdadera condición, regresaron a Alba Longa donde, ¡oh, gran Rómulo!, clavaste tu espada en el pecho de Amulio, restituyendo a Numitor en su legítimo trono. Este, en su inmenso agradecimiento para con sus nietos, les otorgó la potestad de fundar una ciudad a la que llamar suya.

Los gemelos eligieron cada uno un monte, pensando ambos que el elegido por él, y no el de su hermano, habría de ser el destinado a la nueva fundación. Como no conseguían ponerse de acuerdo, resolvieron que los augurios de los dioses decidieran al ganador, que portaría el orgullo de convertirse en el *conditor* —fundador— de la ciudad. Remo desde el Aventino divisó seis pájaros. Rómulo, por su parte, desde la cima del Palatino divisó doce volando en perfecta formación. Tal visión le hizo merecedor del honor de fundar el nuevo asentamiento sobre el Palatino, hogar por tantos siglos posteriores de los gobernantes del Imperio.

Realizaron las ofrendas fundacionales a Júpiter, Marte y Venus, excavaron los fosos siguiendo el trazado del arado que delimitara los sagrados límites de la Urbe y levantaron tras ellos los muros de la ciudad, a la que llamarían Roma en honor de su fundador. Rómulo advirtió entonces a los ciudadanos que no debían permitir que ninguna persona osara traspasar los muros sagrados. ¡Ay, desdichado rey! No sabías lo que el destino te tenía reservado para probar tu fuerza y tu entereza.

Remo, ignorante y atrevido, comenzó a burlarse de la corta altura de las nuevas murallas, traspasándolas. Duro fue el castigo que le fue impuesto por su osadía, pues solo la muerte podía servir para reparar tan inmenso ultraje a la voluntad del rey, que es la de los dioses. Duro fue también el castigo para el verdugo encargado de ejecutar a Remo y así expiar su culpa. Algunos dicen que fue Celer y otros que el mismísimo Rómulo, su hermano, quien ejecutó la ley divina. La sangre fue derramada, los dioses complacidos y así pudo dar comienzo la historia de la ciudad de Roma, el largo y próspero reinado del rey Rómulo y la primera semilla de la civilización que dominó el mundo durante miles y miles de años.

Acabas de leer una adaptación del relato mítico de la fundación de Roma, en el que se ha querido recoger, en parte, el estilo narrativo de los autores clásicos que relataron el suceso, entre los que destacan Tito Livio, Ovidio, Dionisio de Halicarnaso, Plutarco o Dion Casio. Las referencias más antiguas que conocemos de la leyenda son del siglo III a. C. Teniendo en cuenta que la historia se sitúa entre el año 771 a. C. —fecha del nacimiento de los gemelos— y el año 753 a. C. —fecha tradicional de fundación de Roma—, existe un margen de más de cinco siglos entre el suceso, que no es tal, y las primeras versiones de la leyenda. El tiempo es, sin duda, un arma peligrosa. Los romanos crearon su propio mito fundacional mezclando relatos antiquísimos de sus antepasados, haciendo que su civilización no descendiera de las desconocidas poblaciones que se encontraran asentadas en la zona en épocas anteriores, sino de grandes héroes que todo el mundo podía reconocer fácilmente.

De hecho, autores como Virgilio utilizaron las leyendas para ensalzar a aquellos que ostentaban el poder en su época, en este caso a Augusto, legitimando su gobierno a través de su relación directa con los gemelos Rómulo y Remo, hijos de Marte y descendientes de la estirpe de Eneas, héroe de la mítica Troya e hijo de Venus en la *Eneida.*

Todo ello hace que reflexionemos necesariamente sobre lo que nos cuentan las fuentes antiguas, obras muchas veces interesadas que esconden sus verdades y solo las muestran a aquellos que saben dónde buscar. Buena parte de lo que sabemos de la Roma más arcaica son creaciones posteriores, como seguramente lo son parte de los orígenes de su propio calendario. Aun así, sin toda esa literatura no podríamos siquiera comenzar a descubrir el inicio de algo tan importante como es la visión del tiempo en la Roma primitiva en la que, una vez comprendido esto, nos adentramos.

EL ORIGEN DEL CALENDARIO ROMANO: EL CALENDARIO LUNAR

Al mítico Rómulo, en su gran sabiduría y certero juicio, otorgaban los romanos el honor de haber creado el primer calendario de la Urbe. Fue este calendario primigenio el que sentó las bases, no solo de lo que sería posteriormente el calendario romano, sino también del que conocemos hoy en día.

A diferencia del calendario romano clásico y del nuestro propio, este se basaba en las fases lunares como elemento primordial para contabilizar los ciclos de los meses y los años. La diosa Luna siempre fue considerada por las civilizaciones del mundo antiguo, desde Mesopotamia hasta Roma, como una de las divinidades con mayor influencia tanto en la naturaleza como en la vida humana. Propiciadora del crecimiento de los cultivos y los animales, reguladora de las mareas y del ciclo de la mujer, la Luna era una de las pocas divinidades visibles y, junto con el Sol, viajaba en su carro por el firmamento de forma inalterable. Un ancla perfecta para determinar el paso del tiempo, aún más en una sociedad agrícola.

La tradición romana asociaba a la luna su forma de designar a los meses, *menses*, pues la palabra que los antiguos griegos empleaban para denominar al astro, como cuenta Varrón en su obra *Sobre la lengua latina,* era μήνη, de donde surgía μῆες —'meses' en griego— que tiene el mismo origen que la palabra latina *menses*. En otras lenguas actuales, como el inglés, también se puede observar este fenómeno. Palabras como *moon* ('luna') o *month* ('mes') tienen el mismo origen común, relacionándose todas ellas con las formas más primitivas de medir el tiempo gracias a la luna.

El calendario romano arcaico se basaba en cuatro puntos clave para medir la sucesión de días que formaban cada uno de los meses del año. Estas fechas estaban muy relacionadas precisamente con la luna y sus fases cambiantes. La primera de ellas, con la que se iniciaba cada mes, eran las *kalendae.* Esta fecha, que debía coincidir con la fase de luna nueva visible, era decisiva puesto que el mes lunar se organizaba de forma variable a partir de las observaciones lunares realizadas en las *kalendae.*

Las *kalendae* marcaban el momento en el que uno de los sacerdotes menores observaba la luna y comunicaba sus observaciones al *Rex Sacrorum* —el 'rey de los sacrificios'—. Se trataba del sacerdote de más alto prestigio de la religión romana, por encima incluso —aunque no en jerarquía— del *Pontifex Maximus* o sumo sacerdote. Se realizaban entonces sacrificios a Juno *Covella,* diosa propiciadora de los ciclos del tiempo, mientras se la invocaba diciendo *te kalo Iuno Covella.* A través de este ritual se pretendía anunciar el número de días que compondrían el primer cuarto de ese mes, dependiendo del número de veces que se repitiera la invocación. El origen del nombre de las *kalendae* parece provenir, por tanto, de ese grito de invocación, *ego kalo*, 'yo invoco' o 'yo llamo'.

Pasada esta primera fase, la única de duración variable, llegaban las *nonae*, que coincidían con la luna en cuarto creciente. El significado primigenio de este nombre es sencillo si tenemos en mente la forma inclusiva de contar que tenían los romanos (▸ pág. 61). *Nonae*, que viene de *nonum* ('nueve'), hacía referencia a los días que transcurrían hasta llegar a la siguiente fecha. Durante las *nonae*, el *Rex Sacrorum* hacía un anuncio al pueblo, tal vez desde el Foro, la plaza principal de Roma, o desde el Arx, una pequeña colina junto al monte Palatino. Esta vez se trataba de la distribución de las festividades y acontecimientos a lo largo del mes.

Llegada la mitad del mes era el momento de celebrar las *idus*, que marcaban la fase de luna llena. Dedicadas siempre al dios Júpiter, la tradición romana nos cuenta que en este día el *Flamen Dialis* —sumo sacerdote del culto a Júpiter—, junto con otros sacerdotes, sacrificaba una oveja —*ovis idulis*— en honor del rey de los dioses.

Estos tres días, *kalendae, nonae* e *idus,* serían las únicas fechas a tener en cuenta para la medición del paso de los días en el calendario romano posterior. Sin embargo, gracias a la investigación actual, podemos apreciar, poniendo nuestra atención en las fases lunares, que el calendario romano arcaico tenía espacio para una fecha más. No sabemos cómo llamaban los romanos primitivos a esta fecha —ni los propios romanos posteriores lo recordaban—, pero debía coincidir seguramente con la luna en su estado de cuarto menguante, siguiendo el ciclo de nueve días —contando de forma inclusiva— que se empleaban para los demás periodos del mes. Llamemos *nundinae post idus* —nueve días después de las *idus*— a esta fecha, como ya han hecho algunos investigadores. Los calendarios romanos abandonaron esta referencia hasta tal punto que puede ser tan desconocida para ti como lo sería para un ciudadano romano del siglo I. Sin embargo, ocultas en los *fasti*, hay algunas festividades que revelan la existencia de esta cuarta fecha, siendo la más destacada el *tubilustrium.*

El *tubilustrium* —de *tubae* y *lustrare*— era una antiquísima fiesta romana en la que se limpiaban y purificaban las *tubae*, trompas ceremoniales empleadas en todo tipo de ritos funerarios, juegos y sacrificios. Esta festividad se celebraba dos veces en el calendario romano posterior, el 23 de marzo y el 23 de mayo. En el más primitivo, esta fecha se celebraría cada mes, una *nundinae* —ocho días según nuestra forma de contar— después de las *idus.* También podemos observar que muchos calendarios romanos, dados a las abreviaturas, portan en los días 24 de marzo y mayo el acrónimo *QRCF*, que la historiografía desarrolla tradicionalmente como *quando rex comitiavit fas*. Esta frase posiblemente se refería de nuevo a la figura del *Rex Sacrorum*, estrechamente ligado con el calendario en otras fechas como las *kalendae.* En esta ocasión el sacerdote tendría de nuevo un papel principal en los sacrificios de la mañana en el *Comitium.* Estas dos fechas nos muestran rituales muy importantes que se celebraban precisamente al cumplirse el tercer cuarto del mes.

A pesar de que estas festividades son las que más claramente guardan el secreto de esta fecha perdida, un análisis más profundo del calendario romano —que podrás ver desarrollado en la segunda parte de este libro—, nos revela que aproximadamente una *nundinae* después de las *idus* de cada mes solía encontrarse alguna festividad importante como las *terminalia* en febrero, las *parilia* en abril, las *neptunalia* en julio, las *consualia* en agosto o las *divalia* en diciembre. De todas ellas hablaremos más adelante.

A partir de esta última fecha destacada de cada mes, tan solo había que esperar un nuevo ciclo de nueve días —siempre contabilizados de forma inclusiva— para llegar otra vez al comienzo del mes siguiente, coincidiendo con la luna nueva. En resumen, el sistema del calendario arcaico romano otorgaba una fecha variable a las *kalendae*, pero mantenía a intervalos regulares el resto de las fechas trascendentales del ciclo lunar hasta completar el periodo de aproximadamente 29 días.

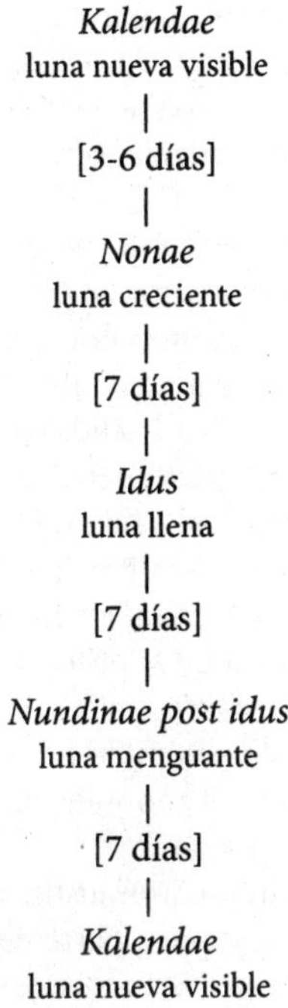

Por otra parte, dentro del ciclo anual, y siempre según la tradición romana, Rómulo había decidido dedicar el primer mes, marzo, a su padre Marte como símbolo de respeto y reverencia hacia este dios guerrero. Que el inicio del año tuviera lugar en el mes de marzo contiene también algunas connotaciones ancestrales que nos dejan entrever las raíces de los ciclos de la naturaleza y la vida humana.

Durante el mes de marzo se produce la llegada del buen tiempo, la vuelta a la vida de la naturaleza, muerta en invierno y que en ese momento resucita con toda su fuerza para comenzar una vez más un ciclo sin fin. Se trata de un círculo perfecto de nacimiento, crecimiento, muerte y resurrección que, no debe extrañarnos, es común encontrar en las bases de muchas culturas y religiones. Marzo era, por tanto, el momento lógico para comenzar el año en la mentalidad de unas gentes que dependían principalmente de la agricultura, del ciclo natural en definitiva, para sobrevivir. Con el buen tiempo se intensificaba el trabajo del campo y con él se renovaban las esperanzas más profundas de la supervivencia humana dentro del ciclo natural.

También el buen tiempo auguraba el regreso de las guerras, de ahí que fuera Marte el dios al que estaba dedicado el primer mes, pues era entonces cuando estaba marcado en Roma el reinicio de las campañas militares.

A partir de marzo, la sucesión de meses continuaba de una forma muy similar a la que conocemos hoy en día, con la excepción de julio y agosto, a los que dedicaremos unas líneas cuando hablemos de la reforma del calendario que llevó a cabo Julio César en el año 45 a. C. Todos los meses estaban dedicados a sendas divinidades, como veremos más adelante. Sin embargo, a partir del quinto, la sucesión de los nombres de todos los meses hasta el décimo era lineal y se correspondía con su ubicación ordinal en el calendario. *Quintilis* —julio— era el quinto mes, *Sextilis* el sexto, *September* el séptimo y así ocurría sucesivamente del mismo modo con *October*, *November* y *December*, mes que cerraba el año antes de volver a iniciar un nuevo ciclo con *Martius*. Esta construcción, atribuida a Rómulo por los estudiosos romanos de épocas posteriores, hacía que el año —de diez meses— tuviera un total de trescientos cuatro días.

Autores como Ovidio intentaron justificar *a posteriori* la elección de un año de solo diez meses por parte de Rómulo. En sus *Fastos*, como es lógico, excusa Ovidio al fundador de Roma de su error alegando que «conocía mejor las armas que los astros» (*Fastos* I, 29). Rómulo, según cuentan otras fuentes clásicas, decidió que el año debía contener los mismos meses que la gestación de un ser humano: nueve meses lunares, redondeados al alza en esta explicación a diez meses solares. También eran diez los meses que una esposa debía velar la muerte de su marido en viudedad, el número de manípulos que formaba cada una de las líneas de combate de una legión o el número de curias con las que contaba cada una de las tribus originarias —Ramnes, Tities y Luceres— en las que Rómulo dividió a los ciudadanos de Roma.

¿Qué pasaba entonces con el resto de días que faltaban hasta completar el año solar? Macrobio, escritor romano del siglo IV, opinaba que los 61 días restantes se vivían hasta completar el ciclo de las estaciones, pero no se les daba nombre. Otros autores opinaban que se hacía uso de algún tipo de sistema de corrección temporal para reajustar periódicamente el año con las estaciones naturales. Como podemos observar, los sistemas para hacer coincidir el calendario civil con el de la naturaleza todavía eran rudimentarios en este periodo aunque, como descubriremos a continuación, supusieron el germen de la próxima evolución que estaba por llegar.

Lógicamente, sobre todo si es la primera vez que uno se acerca a conocer los secretos del calendario romano, puede parecer un sistema extraño y ajeno por el nivel de asimilación mental que tenemos de nuestro propio esquema temporal. Sin embargo, no debemos pensar que los romanos de la época imperial —a partir de finales del siglo I a. C.—, o incluso los que vivieron algunos siglos antes, eran conscientes del origen de todos estos elementos en los que se basaba su calendario. Gran parte de las explicaciones míticas de los meses fueron inventadas *a posteriori* por los propios autores romanos, del mismo modo que lo hicieron con el mito fundacional de su propia civilización.

En nuestra concepción actual tendemos a pensar en Roma como un todo, un conjunto uniforme construido en nuestra mente en el que nada parece cambiar. Nada más lejos de la realidad. Roma como civilización, desde sus más humildes orígenes hasta la caída del Imperio de Occidente —tradicionalmente fijada en el año 476—, duró más de mil años. Comparar a un romano del periodo imperial con otro del periodo arcaico, y pretender que ambos compartieran los mismos conocimientos y experiencias, sería como compararnos a nosotros mismos con una persona de la Edad Media. ¿Acaso en el siglo X existían las redes sociales? Seguramente sería una interesante ucronía, aunque ahora no es el momento para adentrarnos en ese camino de la historia.

Una vez tomada conciencia de las enormes diferencias y los grandes saltos temporales que debemos hacer para tener una visión global del origen y la evolución del calendario romano, podemos continuar observando cómo este primer calendario lunar, irregular y fluctuante, dio paso a un sistema más evolucionado y maduro durante los siglos posteriores.

De Rómulo a Numa: hacia un calendario solar

Superada esta fase arcaica que nos ha proporcionado la cimentación para comprender la estructura originaria del calendario romano, vamos a introducirnos en la primera de las grandes reformas que sobre él se produjeron y lo modificaron, en este caso para acercarlo un poco más al ciclo natural de la Tierra alrededor del Sol. Hablamos del paso de un calendario lunar a otro solar.

Esta reforma fue obra, así nos lo cuentan los autores clásicos, del rey Numa Pompilio, sucesor de Rómulo en el trono de Roma y primer gran legislador de la Urbe. Esta atribución, como tantas otras que los autores romanos le hacían a este rey mítico, era tan solo una forma de justificar la evolución del calendario y, a la vez, otorgar más peso a las grandes figuras de la monarquía que sentaron las bases de su civilización.

En el nuevo calendario se fijaron las fechas que ya hemos comentado antes: *kalendae*, *nonae* e *idus*, regularizando los meses, que dejaron de coincidir exactamente con las fases lunares, perdiendo en parte su naturalidad en favor de una mejora sustancial de la vida civil.

Las *kalendae* seguían representando el primer día del mes, momento en el que los *pontifices* anunciaban la fecha de las *nonae*. El *Pontifex Minor* repetía la invocación: *te kalo Iuno Covella*, cinco veces para anunciar las *nonae* en el quinto día de enero, febrero, abril, junio, agosto, septiembre, noviembre y diciembre y siete veces en marzo, mayo, julio y octubre, cuyas *nonae* caían en el séptimo día. Sin duda, esta era una ficción religiosa que los sacerdotes debían mantener para conservar intacto su poder e influencia sobre el pueblo romano. El calendario civil, ligado a la actividad económica, evolucionaba mientras que el religioso mantuvo las formas arcaicas durante un amplio periodo, algo que ha permitido, en parte, identificar algunas de las prácticas más antiguas conservadas en periodos más recientes de la historia romana.

Por otra parte, dentro de este sistema de dependencia necesaria, en las *nonae*, el *Rex Sacrorum* anunciaba las festividades que se celebrarían durante el resto del mes. Finalmente, las *idus*, la última fecha clave por la que se regía el mes, dependían de la fecha en la que se habían celebrado las *nonae*. Nueve días después —una *nundinae*—, contando de forma inclusiva, llegaba esta fecha dedicada a Júpiter: el día trece en enero, febrero, abril, junio, agosto, septiembre, noviembre y diciembre y el día quince en marzo, mayo, julio y octubre. Seguramente, fue también en este momento cuando comenzó a caer en desuso la cuarta fecha clave del mes, aquella que habíamos identificado como *nundinae post idus.*

Ya fuera Numa el impulsor de esta reforma, como aseguran autores como Tito Livio o Plutarco, o lo fuera el rey Tarquino, como comentan otros, o incluso algún personaje olvidado ya por la historia, lo cierto es que supuso un importante cambio de cara a lo que estaba por llegar siglos después. Estamos viviendo la transformación conceptual de un calendario exclusivamente regido por la luna a otro que, a pesar de mantener —muchas veces de manera forzada y ficticia— este carácter primitivo, comenzaba a regirse por el ciclo solar y de las estaciones del año, elementos cruciales para la organización de la vida agrícola.

Pero, ¿cómo se consiguió igualar el antiguo calendario de Rómulo, con sus 304 días lunares, con un ciclo de 365 solares? Aunque el asunto no fue completamente solucionado todavía —para ello habría que esperar como mínimo a la reforma de Julio César—, se añadieron 51 días para formar un año de 355 días. Este nuevo número coincidía prácticamente con la duración de doce ciclos lunares —unos 354 días—. Sin embargo, el carácter propicio que tenían los números impares en la superstición romana hizo que se añadiera un día más a ese ciclo, provocando un gran desajuste temporal con el paso de los años.

Los nuevos días, junto con otros extraídos de diversos meses hasta contar 57, sirvieron para crear dos meses completos a los que se dio el nombre de *Ianuarius* —enero— y *Februarius* —febrero—, otorgándoles una duración de veintinueve y veintiocho días respectivamente.

A pesar de que ambos meses tuvieron una especial relevancia en el calendario, los autores romanos posteriores no parecen ponerse de acuerdo al asegurar cuales eran las posiciones de enero y febrero en el calendario atribuido a Numa. Por un lado, Plutarco (*Vida de Numa* 18-19) aseguraba que enero y febrero habían sido, desde su creación, el primero y el segundo mes del nuevo año, desplazando así al mes de marzo, el inicio natural del calendario de Rómulo. Esto supondría que el orden de los meses habría sido el mismo desde su inclusión. Sin embargo, otros autores como Ovidio (*Fastos* II, 51) utilizaron la lógica inductiva para extraer conclusiones a partir de las festividades que se celebraban en dichos meses y argumentar que febrero se habría colocado en último lugar, seguido de enero, iniciador del nuevo año.

Ianuarius estaba dedicado a Jano, dios de dos cabezas y protector de los finales y los nuevos comienzos. Su tutela hizo que la mayoría de autores atribuyera la colocación del mes de enero como el primero del año.

Februarius, por su parte, estaba dedicado a los dioses del inframundo, a la purificación y a la expiación personal, por lo que su colocación en último lugar tiene sentido como preparación para entrar purificado y renovado en el nuevo año que se acercaba. De hecho, el 23 de febrero se celebraba la festividad de *terminalia*, en la que se honraba a Término, dios de las demarcaciones territoriales y los límites. Esta dedicación fue tomada al pie de la letra por algunos autores, que la utilizaron para justificar la posición de febrero como final del año.

De todo ello podemos concluir que en esta reforma enero fue seguramente colocado en primera posición y tal vez febrero cerrara el año, al menos hasta el siglo IV a. C., momento en el que con toda probabilidad fue colocado en la posición que ha mantenido hasta hoy.

El calendario, se reestructuró hasta quedar con la siguiente configuración:

Meses	**Días**
Ianuarius	29
Martius	31
Aprilis	29
Maius	31
Iunius	29
Quintilis	31
Sextilis	29
September	29
October	31
November	29
December	29
Februarius	28

Todos los meses contenían un número impar de días, 31 en los llamados *pleni menses* y 29 en los *cavi menses*. Esta disposición hace referencia, una vez más, al misterioso poder que los romanos otorgaban a los números impares. Encontramos ejemplos como el de Virgilio: *Numero deus impare gaudet* ('dios ama los números impares', *Églogas* VIII, 75). Plinio el Viejo también se planteaba el porqué de este poder numérico: *Cur inpares numeros ad omnia vehementiores credimus* ('¿por qué creemos que en cualquier asunto los números impares son más poderosos…?', *Historia natural* XVIII, 23).

Once meses tenían 29 y 31 días, para atraer la buena suerte, y solamente uno 28. Febrero era un mes dedicado a la expiación, a los muertos y a los dioses del inframundo. Es muy probable que estas fueran las razones que se tuvieran en cuenta desde el punto de vista religioso para no otorgar un número impar a este mes funesto, que quedó con un día menos. Tanto es así que todas las reformas posteriores del calendario romano, incluyendo la de César, mantuvieron inalterado, por respeto a los dioses del inframundo, el número de días del mes de febrero, conservándose así hasta nuestros días.

A pesar de los intentos por regularizar este calendario, que ahora podemos considerar lunisolar, era necesario añadir periódicamente un mes entero para mantenerlo estable y así ajustar los ciclos de ambos astros. No conocemos exactamente cómo se llevó a cabo este proceso durante el periodo monárquico de Roma, pero Tito Livio parece darnos una pista cuando comenta que el año solar y el ciclo lunar se regulaban insertando varios meses en periodos de diecinueve años —veinte según las cuentas romanas—. Al final de este periodo, ambos ciclos volvían a coincidir perfectamente si se habían añadido, según los cálculos actuales, un total de siete meses a lo largo de los diecinueve años.

Como en otras ocasiones, nos puede parecer un sistema confuso y demasiado variable, y en parte así era, pero, al igual que ocurriría en otros aspectos de la civilización romana, este era solo el primer paso del proceso de evolución que se produciría en los siglos posteriores.

El calendario republicano y sus reformas

No conocemos los motivos concretos que propiciaron el cambio progresivo del calendario lunar al solar, lo que sí es cierto es que ese proceso de adaptación no culminó hasta bien entrado el periodo republicano. Avanzaremos más allá de la Roma del siglo v a. C., momento en el que Tarquinio, apodado el Soberbio, el último rey de los romanos, fue expulsado de la ciudad, proclamándose la República en el año 509 a. C.

Medio siglo más tarde se constituyó una institución temporal para gobernar Roma conocida como «decemvirato». Este grupo de diez legisladores fue convocado en el año 451 a. C. para establecer un nuevo marco legal para los romanos, que sería plasmado en tablas de bronce colocadas en la Curia del Foro. Así, cualquiera podría verlas y estudiarlas y se evitarían las más variadas interpretaciones de la ley consuetudinaria —regida por la costumbre— que hasta entonces gobernaba sobre la Urbe, provocando graves conflictos entre patricios y plebeyos.

El resultado de este primer decemvirato fue la creación de diez tablas que contenían las leyes, a las que el año siguiente se añadirían otras dos, redactadas por un nuevo grupo de *decemviri*. Este conjunto se conoce con el nombre de «leyes de las XII tablas» y son la base del derecho romano. En ellas se recogían leyes que englobaban todos los ámbitos de la vida, desde la familia o la propiedad hasta los derechos de sucesión o penales de los ciudadanos. A pesar de que hoy en día este sólido código de leyes está perdido, sabemos por algunos autores que la tabla número once hacía referencia, por primera vez de forma escrita, a la intercalación de meses extraordinarios en periodos regulares para mantener la estabilidad del calendario con respecto al ciclo solar.

Por fin conocemos cuál era el sistema que corregía las deficiencias y ajustaba el calendario civil republicano, ya de forma definitiva, con el sol. El mes que debía añadirse se conocía como *Interkalaris* y se colocaba cada dos años. Este nuevo mes tenía un total de 27 días y se situaba al final del año, tras el mes de febrero.

A mediados del siglo V a. C., gracias a los *decemviri,* o tal vez —como se ha propuesto con mayor seguridad— a finales del siglo IV a. C., febrero se convirtió de forma definitiva en el segundo mes del año y, por tradición religiosa, el mes añadido siguió colocándose después de este, perdiendo también su ubicación al final del año. Aun así, el mes intercalar no se añadía exactamente al final de febrero, después del día 28, sino que lo hacía tras el día 23, cuando se celebrara la festividad de las *terminalia*. Este final simbólico del año venía seguido de veintidós días añadidos, más los cinco que habían quedado sueltos del mes de febrero —del 24 al 28—, que pasaban a ser parte del mes *Interkalaris.*

En teoría, este sistema de rectificación de las deficiencias del calendario debía ser suficiente para mantener el año civil en consonancia con el solar. Sin embargo, los patricios, hombres poderosos que controlaban las magistraturas, utilizaron la intercalación en numerosas ocasiones a su favor, añadiendo el mes extra si les interesaba alargar con fines políticos o económicos un año en particular y no haciéndolo —aunque correspondiera— para acortar el año del gobierno de algún rival político.

Del mismo modo, los *pontifices* —elegidos exclusivamente entre los patricios— controlaban desde el poder religioso la organización del día a día. Este poder afectaba en gran medida a los plebeyos, especialmente a los campesinos, que dependían del anuncio de la organización del mes para gestionar los ritmos de sus actividades agrícolas en el campo y comerciales y legales en la ciudad. Este anuncio que, como en tiempos arcaicos, se seguía realizando por parte de los *pontifices*, incluía las fiestas, los días en los que se podía administrar justicia o convocar asambleas y otras actividades necesarias para los plebeyos. Controlar los anuncios era una forma más de opresión sistemática de los patricios hacia aquellos.

Un pequeño número de fuentes griegas, encabezadas por Plutarco, llamaron a este mes *Μερκηδόνιος* o *Μερκίδινος* —*Merkedonios* o *Merkidinos*—, seguramente un apelativo jocoso creado por los ciudadanos romanos para el mes *Interkalaris*. El término, que deriva de *merces* —'salario, pago, interés'—, probablemente tenía que ver con la apropiación política y económica que, como acabamos de ver, muchos personajes públicos hacían de este mes. La lengua nativa de Plutarco era el griego, por lo que seguramente no captó el trasfondo irónico del término —que denotaba la corrupción política existente— y, creyendo que realmente había sido un nombre oficial del mes *Interkalaris*, así lo trasmitió en su obra *Vidas paralelas*.

Esta situación cambió en el año 304 a. C. cuando Cneo Flavio, humilde hijo de un liberto que había sido *scriba* —secretario— del colegio pontificio, fue elegido edil curul. En su posición de secretario había conocido con detalle los mecanismos de la organización del mes y, desde su nuevo cargo político que le permitía actuar con la contundencia necesaria, decidió acabar con la ventaja de los *pontifices*. Según cuentan las fuentes, fue seguramente en ese mismo año cuando Flavio hizo público un calendario completo en tablas que colocó en el Foro. Este calendario público marcaba el carácter de cada uno de los días del año, para que cualquiera pudiera conocer de antemano cuándo se permitían los asuntos legales (sobre los tipos de días del calendario romano: ► págs. 89-98). De este modo el pueblo conseguiría evitar la dependencia de los sacerdotes, que anunciaban todos esos datos de forma controlada, algo que no gustó nada entre los patricios, como era de esperar.

En toda la historia de Roma, sin importar el periodo al que nos refiramos, siempre existió una flagrante separación entre aquellas gentes privilegiadas que acaparaban y controlaban todo el poder, el dinero y su distribución —senadores, caballeros y, más adelante, también decuriones— y esa enorme masa de gente corriente, libres o no, que suponían más del 99% de la población total. Cneo Flavio pertenecía a estos últimos, el pueblo que, a pesar de sufrir siempre una gran desventaja, fue abriéndose paso con esfuerzo, en parte gracias a pequeños gestos como el de este personaje.

Pasaron los siglos y con ellos avanzaba la República de Roma. Comenzaron a fundarse colonias, las conquistas se sucedieron y la luna pasó a un segundo plano en el calendario, a pesar de que se mantendría en el imaginario de la literatura romana hasta muchos siglos después. El propio Ovidio, en el día del aniversario de la dedicación del templo a la diosa Luna en la cima del Aventino —cuya construcción se remontaba según la tradición a la época del rey Servio Tulio— recordaba en sus *Fastos* que «la luna regula los meses» (*Fastos* III, 893-894).

A pesar de la oficialización que se había producido gracias a Cneo Flavio y de la aparente pérdida de control de los patricios sobre los anuncios del calendario, la intercalación siguió siendo un método de control político y económico durante todo el periodo republicano. Gracias a la mención que hace Tito Livio de un eclipse de sol el 11 de julio del año 190 a. C. sabemos que el calendario se había desviado por aquel entonces más de cuatro meses con respecto al año solar. En realidad, astronómicamente dicho eclipse ocurrió el 14 de marzo. Podemos imaginar lo que suponía una irregularidad manifiesta como aquella para la vida general del pueblo romano. El invierno comenzaría en abril y el verano en octubre, haciendo que ni las festividades ni los ciclos coincidieran con sus posiciones tradicionalmente establecidas en el ciclo natural del año. Suetonio da cuenta de que ninguna de las festividades tenía lugar en el momento apropiado: ni las fiestas de la cosecha se producían en verano ni las de la vendimia en otoño... (*Vida de los doce césares,* «César», 40).

A partir de ese momento se llevó a cabo un intento de paliar la situación a través de leyes que controlaran de forma más estricta la intercalación para volver a ajustar el calendario civil con el ciclo solar. Estas medidas consiguieron, *de facto*, reducir la irregularidad a «solo» dos meses y medio en un periodo de unos treinta años.

Sin embargo, todo ello no fue suficiente para conseguir un calendario estable, correctamente regulado y no expuesto a las artimañas y malos usos que sufría por parte de la aristocracia. Además, el sistema era complejo y no tenía una solidez que asegurase un funcionamiento regular.

Entre tanto, Roma había dejado de ser una pequeña población a orillas del Tíber. En el Foro, antes una laguna infecta, se alzaban majestuosos edificios como la llamada basílica Emilia, la Curia Hostilia o el templo de Vesta. En este contexto, el general Marco Fulvio Nobilior, unos años después de su triunfo militar en Ambracia —actualmente en Grecia— dedicó en el año 187 a. C. un templo a Hércules, concebido como un verdadero museo, en el sentido originario del término *museion* —'santurario de las musas'—. Este templo de Hércules *Musarum*, según cuenta Macrobio, contuvo un calendario monumental, el primero del que tenemos constancia en la historia de Roma.

Estos *fasti*, de gran tamaño, estarían tal vez pintados sobre uno de los muros del templo y contendrían todas las festividades y categorías de los días de cada mes del año. Además, seguramente iban acompañados de volúmenes escritos, usualmente en rollos de papiro, que explicaban los pormenores de cada una de las festividades. Por supuesto, no ha llegado hasta nosotros ningún resto de este tipo de *fasti*, por lo que la investigación tan solo puede vislumbrar parcialmente su verdadera naturaleza. A pesar de todo, sabemos que su existencia fue cierta por citas como la siguiente de Ovidio en la que habla de cómo está consultando unos *fasti* para documentarse antes de escribir.

> *Ter quater evolvi signantes tempora fastos, nec Sementiva est ulla reperta dies.*
>
> Tres y cuatro veces desenrollé los fastos que marcan el tiempo y no encontré día alguno dedicado a la siembra.
>
> (Ovidio, *Fastos* I, 657).

A pesar de todo, los *fasti antiates maiores*, el calendario más antiguo que conservamos del mundo romano —realizado hacia el año 55 a. C.— es seguramente un buen reflejo de los *fasti* de Fulvio. Los fragmentos de los *fasti antiates maiores*, que actualmente pueden admirarse en el Palazzo Massimo alle Terme de Roma, nos muestran la realidad que hemos estado describiendo para el periodo republicano. Como puedes ver en la ilustración, que recrea su aspecto original, se aprecian las festividades, determinadas por abreviaturas: *TERMinalia* y *REGIFugium* en febrero, *TVBILustrium* en marzo y mayo, y tantas otras que comentaremos a lo largo de cada uno de los meses del año.

También se pueden ver, abreviados, los nombres de los meses en la zona superior y su duración en días en la inferior; los días clave del mes (*kalendae*, *nonae* e *idus*) y las designaciones con letras del resto de los días, que completan el calendario. Por último, en la parte derecha se conserva una columna añadida a las doce que forman el año, correspondiente al mes *Interkalaris* con sus 27 días, añadidos cada dos años.

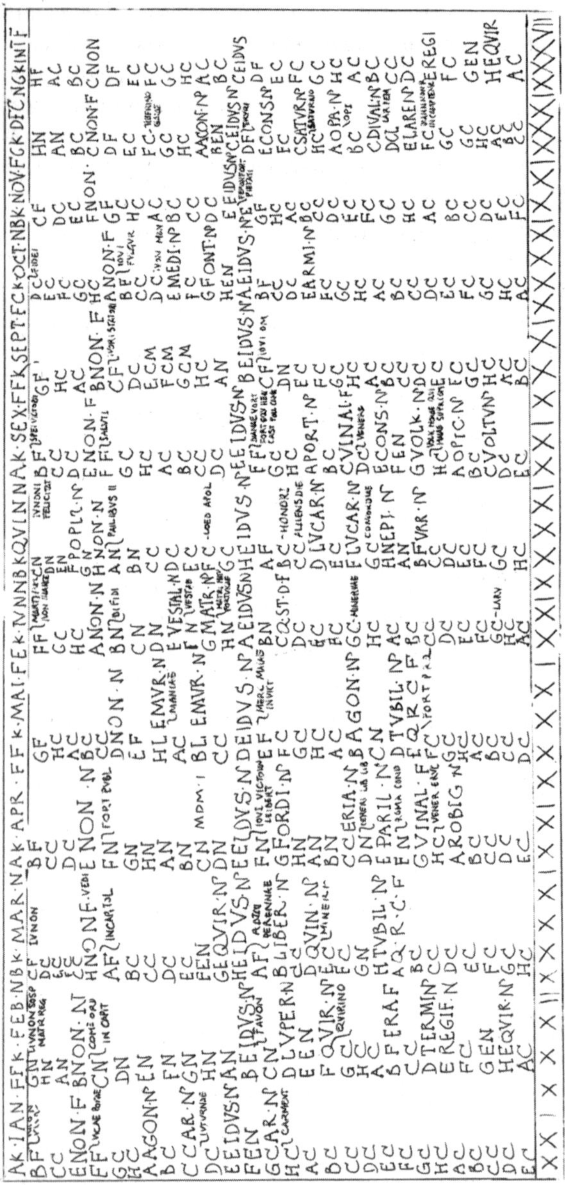

Restitución del aspecto original de los *fasti antiates maiores*, el calendario romano más antiguo que se ha conservado. Museo Nazionale Romano Palazzo Massimo alle Terme, Roma.

Sin embargo, este calendario, sobradamente conocido y extendido, seguía adoleciendo de los graves errores que arrastraba desde su origen, en parte por su mala utilización con fines políticos de moralidad dudosa. Todo ello se producía, por supuesto, en una Roma cada vez más sumida en la corrupción y en el deseo de poder personal por encima de los intereses de la mayoría, una Roma que se vería abocada muy pronto a un cambio radical, nuevos aires políticos y un nuevo calendario, ambos venidos de la mano del general Cayo Julio César.

De la República al Imperio: el calendario juliano

Cayo Julio César fue uno de los personajes más destacados de la historia de Roma. Gran comandante y estratega militar, uno de los más reconocidos en su tiempo y a lo largo de toda la historia posterior. Sus tácticas militares han sido, hasta el día de hoy, estudiadas y replicadas cientos de veces por su efectividad.

Terminada la conquista de la Galia y tras el sometimiento de Vercingetorix, César, que ostentaba el cargo de gobernador de la provincia gala, recibió del Senado, cada vez más opuesto a él, la negativa a concederle el consulado para el año siguiente (49 a. C.). Él respondió cruzando el río Rubicón armado y acompañado por la *Legio XIII Gemina*. Esto se consideraba un acto de traición, al ser este río la frontera de la provincia de Italia, en la que no se podía entrar armado y comandando un ejército.

El Senado, aterrado por las intenciones de César, se puso del lado del general Pompeyo, lo que provocó una guerra civil entre ambos. Este enfrentamiento acabó con el asesinato a traición del general Pompeyo en Egipto, donde había huido para refugiarse tras su derrota en la batalla de Farsalia. Incluso César consideró deshonroso este asesinato al tratarse de un ciudadano romano, aunque fuera su mayor enemigo.

Pero dejemos por ahora al César militar y centrémonos en el César político y administrador, una figura algo menos destacada, dentro, claro está, de la enorme fama del personaje. Fue seguramente tras su victoria en el este y su regreso a Roma, en octubre del 47 a. C., cuando César volvió de nuevo su atención a los asuntos políticos en previsión de conseguir en el siguiente año su tercer nombramiento como cónsul y de renovar el cargo de *dictator* que le había sido concedido el año anterior. Este era un cargo de poder unipersonal que, de forma excepcional y temporal, controlaba la República en momentos de extrema tensión y necesidad.

Tras haber sentenciado prácticamente la guerra civil con su maestría militar y afianzado cada vez más su control político sobre Roma, César comenzó a pensar, entre otras cosas, en una reforma del calendario, o más bien en una completa sustitución del que existía hasta ese momento y la creación de un verdadero calendario solar para Roma.

El sistema en funcionamiento, todavía una adaptación lunisolar del calendario romano arcaico, seguía presentando muchos problemas a la hora de mantener estable el ciclo del año. Hacia mediados del siglo I a. C. la diferencia entre el año civil y el ciclo natural de las estaciones era de más de tres meses. La utilización política maliciosa de la administración, las instituciones y la religión no había hecho más que aumentar en la moribunda República. La clave se encontraba en controlar las herramientas disponibles, nunca en modificarlas en beneficio propio.

Ante todo ello, César vislumbró para el calendario una transformación que, más allá de los avances técnicos, no permitiera un uso político o financiero fraudulento al eliminar la variable de la intercalación de casi un mes entero para regular el año. Se creó un comité de expertos no romanos —sabia decisión por parte de César— entre los que se encontraba Sosígenes de Alejandría, considerado el principal artífice del nuevo calendario.

En primer lugar se estableció la duración del año solar en 365 días y seis horas, seguramente siguiendo la tradición egipcia vigente que ya contemplaba dicha duración. Es impresionante comprobar el nivel de precisión que existía en la antigüedad, puesto que estos cálculos tan solo se desvían unos once minutos de los que se toman como referencia en la actualidad.

Se decidió que para ajustar el año cívico al solar debían añadirse diez días a los 355 que ya contenía el calendario anual. Estos *dies additi* fueron añadidos con suma cautela y premeditación para interferir lo menos posible en el aspecto externo del calendario. Era muy importante mantener unas características similares al anterior, principalmente por motivos políticos y religiosos, para que la asimilación fuese buena y la reforma no fracasara. Por esa misma razón, el número, la ordenación y los nombres de los meses no fueron alterados, manteniéndose exactamente como los conocemos hoy en día, con la salvedad del mes *Interkalaris* que desaparecería para siempre con el nuevo calendario.

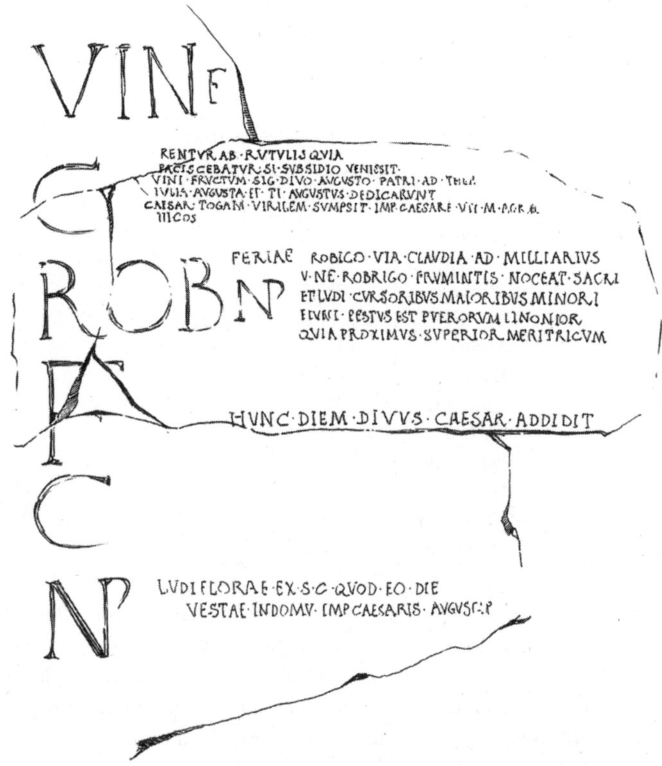

Fragmento de los *fasti praenestini* en el que se puede leer: *hunc diem Divus Caesar addidit* ('este día fue añadido por el divino César'). Museo Nazionale Romano Palazzo Massimo alle Terme, Roma.

Especial consideración se tuvo con el mes de *Februarius*, dedicado al culto de los muertos, los antepasados y la purificación, como ya hemos comentado. Para no intervenir en los aspectos más oscuros de los ritos religiosos del fin de año arcaico, febrero continuó invariable con los 28 días que conservaba desde hacía siglos y que hoy en día seguimos manteniendo. Por otro lado, también se mantuvieron invariables los meses de *Martius*, *Maius*, *Quintilis* —que pronto pasaría a ser *Iulius*— y *October*, que ya contaban con treinta y un días, el máximo posible en el nuevo calendario. Finalmente se añadieron, como se puede comprobar en la siguiente tabla, uno o dos días respectivamente a los meses restantes: *Ianuarius*, *Aprilis*, *Iunius*, *Sextilis*, *September*, *November* y *December*.

Mes	**Duración en días**	
	calendario prejuliano	**calendario juliano**
Ianuarius	29	31
Februarius	28	28
Martius	31	31
Aprilis	29	30
Maius	31	31
Iunius	29	30
Quintilis	31	31
Sextilis	29	31
September	29	30
October	31	31
November	29	30
December	29	31

La posición en la que fueron colocados los nuevos días añadidos también fue cuidadosamente estudiada para modificar lo menos posible las actividades del mes romano y su distribución interna. Todos los días añadidos fueron colocados en la segunda parte del mes para no interferir en modo alguno con la distribución de la mayor parte de las festividades, localizadas entre las *kalendae* y las *idus*.

Si bien el impacto fue bastante bajo, sobre todo para las generaciones posteriores, es cierto que, para aquellos que vivieron el cambio, cosas tan sencillas como la fecha de un cumpleaños empezaron a presentar ciertos problemas. Los ciudadanos que habían nacido entre las *idus* y el final de los meses a los que se habían añadido días, debían elegir si mantenían el día natural o la fecha de su cumpleaños. Algunos, como la emperatriz Livia, decidieron mantener la fecha. Ella nació el 28 de enero del año 58 a. C. *—ante diem III Kalendas Februarias—*, una fecha que en el nuevo calendario ya no se correspondía con el día 28, sino con el 30; todo ello a pesar de que en el antiguo calendario no existía el 30 de enero, al tener este mes solo 29 días.

Otros en cambio, como su marido, el emperador Augusto, decidieron conservar el día, a pesar de que cambiara nominalmente la fecha de su cumpleaños. Su motivo particular fue mantener el vínculo que tenía con Apolo, su dios protector, pues había nacido en el día de su fiesta —23 de septiembre—. La fecha de su cumpleaños antes de la reforma, *ante diem X Kalendas Octobres*, en el nuevo calendario, al haber añadido un día al mes, se correspondería con el 22 de septiembre. Así, a pesar de que la fecha de su cumpleaños pasó a ser el *ante diem IX Kalendas Octobres*, el día siguió siendo el 23 de septiembre, fiesta del dios Apolo.

El último punto que debieron tener en cuenta en el nuevo calendario era el problema de la intercalación, hasta entonces resuelto de forma compleja y farragosa pero que encontró en el calendario juliano una solución mucho más simple y avanzada. Las seis horas de más que contiene el año solar —365 días y seis horas— con respecto al cívico —365 días— se compensaron añadiendo un solo día en el mes de febrero cada cuatro años y no un mes completo, como se había hecho hasta entonces, lo que evitaba cualquier tipo de manipulación interesada. César, manteniendo las formas tradicionales y desde su privilegiada posición de *Pontifex Maximus*, encomendó al resto de los *pontifices* la tarea de velar y hacer cumplir el nuevo sistema de intercalación.

Este sistema, tan conocido para nosotros, se ha mantenido hasta la actualidad prácticamente invariable, aunque con alguna pequeña modificación. Como ya hemos comprobado, el respeto de este nuevo calendario por las tradiciones religiosas fue total, manteniendo incluso la tradición de la intercalación después de la fiesta de las *terminalia*, celebradas el día 23 de febrero. Después de este final simbólico del año y antes del día 24 de febrero (*ante diem sextum Kalendas Martias*) se añadía el día intercalar, literalmente duplicando el día que venía después (*ante diem bis sextum Kalendas Martias*). De hecho, nuestro término *bisiesto* proviene de esta expresión latina *bis sextum*, 'el sexto día, de nuevo'. Así se conseguía compensar y corregir cada cuatro años, y así se sigue haciendo en la actualidad, las seis horas de más que se acumulan cada año.

Todo estaba dispuesto para realizar el cambio en el año 46 a. C. Tan solo había un problema: el día 1 de enero del año 45 a. C., cuando el nuevo calendario entrara en vigor, debía coincidir con el inicio del año solar. Según los cálculos actuales, el año 46 a. C. comenzó realmente en lo que debería haber sido octubre del año 47 a. C. lo que significa que el calendario cívico iba tres meses por delante del natural en ese momento.

La solución pasaba por contrarrestar en un solo año todos los días de diferencia que existían entre ambos calendarios. Para ello se añadieron tres meses *Interkalares*, el primero en su lugar acostumbrado tras las *terminalia* de febrero. Los dos restantes, llamados *Interkalaris prior* e *Interkalaris posterior*, se añadieron entre noviembre y diciembre, sumando entre los tres un total de noventa días. Con todo, el año 46 a. C. duró un total de 445 días, siendo el más largo de la historia de Roma y tomando el sobrenombre de *annus confusionis ultimus*, 'el último año de la confusión'.

Los *fasti anni iuliani*, o calendario juliano, comenzaron oficialmente el 1 de enero del año 45 a. C., quizá sin demasiado entusiasmo por parte de aquellos a quienes les tocó sufrir los desastres del calendario anterior y los reajustes del nuevo, pero sin duda sin oposición, brindando un nuevo calendario resistente y duradero, tanto que dos mil años después somos herederos directos de ese mismo sistema.

Apenas un año después de haber instaurado el nuevo calendario, y tras haber sido nombrado *dictator perpetuus* —'dictador de por vida'—, los *hados* de César reclamaron su presencia ante los dioses. En las *idus* de marzo del año 44 a. C. César fue víctima de una conjura política contra él, que acabó con su vida. Veintitrés puñaladas asestadas por más de sesenta senadores horadaron su cuerpo en la Curia de Pompeyo, acabando así de forma abrupta con sus aspiraciones políticas y militares.

Unos meses después del asesinato, Marco Antonio, cónsul ordinario de ese año, propuso que el mes de *Quintilis* cambiara de nombre a *Iulius* para honrar a César, pues ese había sido su mes de nacimiento. Desde ese año, en el día de su natalicio —el 12 de julio— se realizaron sacrificios oficiales en su honor, algo sin precedentes en la historia de Roma. Fue así como el mes de julio tomó el nombre con el que ha llegado hasta nosotros.

AUGUSTO Y EL PODER DEL CALENDARIO

Tras un duro enfrentamiento político y militar entre Octaviano, heredero de César, y Marco Antonio, su mano derecha en vida, que terminó con la victoria del primero en la batalla de Accio y con la conquista de Egipto, Roma volvió a retomar un estado de relativa calma. Esta situación, que teóricamente suponía el restablecimiento de los valores de la República romana, era de hecho el comienzo de algo nuevo. El sofisticado manejo de la situación, y en especial el uso de la propaganda política, al que dedicaremos unas líneas más adelante, hizo que el 16 de enero del año 27 a. C. el heredero de César dejara de ser el joven Octaviano para convertirse en Augusto, el *Princeps* de Roma.

Desde su posición de *Princeps*, 'el primero entre los ciudadanos', Augusto supo reestructurar, o conseguir que se reestructurara, de forma muy inteligente el Estado romano desde sus cimientos sin que nadie se opusiera al nuevo sistema que acabaría siendo lo que conocemos como Imperio romano.

Augusto llevó a cabo numerosas reformas, muchas de ellas enfocadas a retomar los antiguos valores de la *virtus*, la *clementia*, la *iustitia* y la *pietas* de sus antepasados. Todos ellos eran valores religiosos de corte tradicionalista que se habían ido perdiendo a lo largo de los últimos tiempos de la República. Augusto devolvió la moral y el respeto a los dioses al primer plano, constituyendo una época de paz y prosperidad conocida como *aurea aetas*, 'edad de oro'.

Escudo de la virtud concedido a Augusto, como se puede leer en él, por su virtud, clemencia, justicia y piedad. Restitución ideal del original en oro de Roma a partir de la copia de mármol conservada. Musée de l'Arles Antique, Arlés.

De todo ello el calendario también se benefició ampliamente, puesto que en él se especificaban cada una de las festividades religiosas que los ciudadanos debían honrar anualmente. Augusto, por supuesto, respetó la reforma del calendario de su, en ese momento ya divino, padre adoptivo. Aun así, tuvo que realizar una rectificación en la aplicación del día bisiesto que los *pontifices* venían realizando desde el año 44 a. C. De no haberlo hecho, las consecuencias para el calendario juliano habrían sido desastrosas.

En el año 8 a. C. se promulgó la *Lex Pacuvia de mense Sextili*, que ordenaba eliminar los bisiestos en los siguientes doce años para devolver el calendario a su estado natural. Este fallo se debió a una mala interpretación de las instrucciones que se habían dado para la puesta en práctica de la intercalación. Desde su implantación, los *pontifices* habían añadido el día bisiesto cada tres años —*quarto anno confecto*, contando de forma inclusiva—, cuando realmente deberían haberlo hecho cada cuatro —*quinto quoque incipiente anno*, 'al comienzo del quinto año' contando, de nuevo, a la manera inclusiva romana—. Esto había provocado que el calendario civil adelantara en varios días al solar. De no haber hecho esta rectificación, al cabo de varios siglos, la desviación habría sido muy notable, siendo necesario un segundo «último año de la confusión», que gracias a Augusto nunca existió.

La misma ley que solucionó este problema también modificó, a la manera que se había hecho con el mes de julio, el nombre del mes de *Sextilis*, transformándolo en *Augustus* en conmemoración del *Princeps*. Este honor, uno de tantos que recibió Augusto en vida, se le concedió por ser agosto el mes en el que había conquistado Egipto —en el año 30 a. C.— y en el que había celebrado su triple triunfo en el año 29 a. C. por sus victorias militares más destacadas.

En la época augustea, el calendario se popularizó y se universalizó en el mundo romano, inclusive en sus versiones físicas, tanto públicas como especialmente privadas, cuyo número aumentó exponencialmente. Más del ochenta por ciento de los poco más de cincuenta ejemplares de calendarios romanos que conservamos en la actualidad —todos ellos fragmentarios— pertenecen al periodo augusteo-tiberiano.

La renovación que, a nivel temporal, supuso el calendario juliano también influyó ampliamente en la creación de nuevos ejemplares físicos. En ese periodo se destruyeron muchos de los que hasta entonces habían existido, en su mayoría pintados en paredes. De ellos, solo los *fasti antiates maiores*, de los que ya hemos hablado, han llegado hasta nosotros.

En la Roma de Augusto, la prosperidad y la abundancia fueron elementos principales. El propio emperador, antes de morir, recordaba cómo había encontrado una Roma de barro y la había dejado cubierta de mármol. Algo similar ocurrió en ese momento con los calendarios, muchos de los cuales habían sido pintados hasta entonces. De este periodo casi todos los calendarios que han sobrevivido son monumentales y están esculpidos en mármol. El ejemplo más conocido son los *fasti praenestini*, los cuales conservamos solo en estado fragmentario.

Descubre aquí con todo detalle los fragmentos de los fasti praenestini.

La mayor parte de los calendarios que se han conservado provienen de Roma o de la zona central de Italia, que recibía una influencia más fuerte de la Urbe. Sin embargo, buena muestra de la integración político-religiosa que ya existía en las provincias en época de Augusto es el descubrimiento de algunos fragmentos de calendario en Hispania, como los *fasti astigitani* (Écija) y el recentísimo hallazgo en Cádiz de un pequeño fragmento —inicio del mes de julio— de un nuevo calendario: los *fasti gaditani*, también fechable en época de Augusto.

Fragmento de los *fasti astigitani*, correspondiente al mes de marzo. Es —ahora junto a los *fasti gaditani*— el único ejemplo de *fasti* provinciales de este periodo hallado fuera de Italia.

La elite de esta comunidad estaba formada por militares ya licenciados —retirados— del ejército que habían sido reubicados en una nueva y próspera ciudad. La enorme vinculación moral y afectiva hacía que se sintieran muy integrados con Roma, por lo que la utilización de los símbolos oficiales de la política y la religión estatal les permitía vivir en consonancia con la propia Urbe.

Por supuesto, los calendarios no solo se presentaban en su forma monumental de mármol, sino que también existían otros de menor tamaño, y seguramente más abundantes, plasmados sobre papiro, algo así como los calendarios de bolsillo. La diferencia está en que ninguno de esos calendarios de mano de este periodo se han conservado hasta la actualidad, por lo perecedero de su soporte.

A este periodo pertenece una obra escrita, aunque incompleta, que aúna perfectamente los conceptos que Augusto trataba de aplicar con su propaganda política moralizante y patriota: los *Fastos* de Ovidio. Enclavados en el principado de Augusto, esta obra de la que su autor solo pudo completar los seis primeros meses del año por haber sido exiliado posteriormente por el propio Augusto, nos cuenta los orígenes y los rituales de todas y cada una de las festividades del año. Además, los *Fastos* de Ovidio representan un estilo de adulación y propaganda hacia Augusto y su familia muy característico del periodo en tantos otros aspectos de la vida pública.

Augusto fue uno de los genios políticos más importantes del mundo antiguo y quizá de la historia de la humanidad. El gran éxito de su plan vital es la prueba. La literatura, el arte e incluso las monedas dan buena cuenta de ello. El calendario, como no podía ser de otra manera, también formaba parte del plan propagandístico de Augusto. El calendario era mucho más que una forma de controlar el tiempo: constituía un elemento social y político en el que se mostraban las bondades del *Princeps*, los modelos de la virtud y la tradición romanas y, en definitiva, un estilo de vida centrado en las *feriae* —festividades— a lo largo del año.

No pasaban muchos días sin una fiesta o conmemoración hacia el *Princeps*, sus logros políticos y militares o sus divinidades predilectas y todo ello servía para ejercer una presión positiva en la sociedad a través de este medio de proyección del nuevo orden estatal de Roma. Por supuesto, todo ello estaba especialmente dirigido a las elites, ese pequeño porcentaje de la sociedad que no llegaba a las 200.000 personas en un imperio que contaba con unos 50 o 60 millones de habitantes. Este ínfimo porcentaje de ricos, conocidos como *honestiores* —'los más honestos'— acumulaba todo el poder sobre los *humiliores* —literalmente 'los inferiores'—, o gente corriente, en un esquema social descaradamente clasista y estructurado en clave económica.

El periodo augusteo supuso indudablemente un antes y un después en el mundo romano, pudiendo considerarse incluso como una suerte de refundación de la propia Roma, que recuperó sus costumbres más tradicionales. Tanto es así que la estructura del calendario, sus festividades y la producción física de copias oficiales en mármol quedó prácticamente paralizada en periodos posteriores. Las únicas festividades destacadas que se añadirían más tarde al calendario estarían, en muchos casos, relacionadas con la figura de algún emperador destacado ya fallecido. El periodo de renacimiento y estabilidad augusteas y la paralización de la evolución del calendario hicieron que las festividades en honor de Augusto y su familia siguieran estando muy presentes en los siglos posteriores.

Un claro ejemplo de ello es el llamado *feriale duranum*, un papiro que contiene una lista redactada de festividades religiosas y militares a lo largo de todo un año. Este documento perteneció a la *Cohors XX Palmyrenorum*, un destacamento auxiliar de soldados procedentes de Palmira ubicados en la ciudad de Dura Europos, ambas tristemente famosas por su actual situación de destrucción y expolio a causa de la guerra en Siria. Esta lista de festividades de época del emperador Alejandro Severo, concretamente 225-227 d. C, fue hallada durante la campaña de excavaciones del templo de Artemisa de la misma ciudad romanosiria en 1931. Si bien no es un calendario al uso, sí nos permite ver cómo en el siglo III todavía se celebraban numerosas festividades en honor del emperador Augusto y su familia, denotando el enorme peso e importancia que tuvo la *Domus Augusta* ('la casa —entendida como dinastía— de Augusto') en la memoria colectiva a lo largo de todo el periodo imperial.

Sin embargo, esta estabilidad aparentemente inalterable del calendario no duró eternamente. Si hubo un hecho que supuso una nueva revolución para el calendario, y para toda la sociedad romana, fue sin duda la encarnizada pugna religiosa que culminó a finales del siglo IV con la adopción del cristianismo como religión oficial de Roma.

El Bajo Imperio y la cristianización del calendario

Ya durante el siglo III existía en Roma una amplia variedad de cultos religiosos distintos: divinidades oficiales, dioses orientales y muchos otros pugnaban por conseguir adeptos en la capital del mundo. Entre ellos, cabe destacar el culto a ciertas divinidades que, por sus características formales y similitudes entre ellas, son conocidas en conjunto como religiones mistéricas. Todas ellas compartían rituales en los que se llevaba a cabo una iniciación de los fieles e incluso el ciclo de muerte y vuelta a la vida de la divinidad. Mitra, Atis, Helios, Adonis o Cristo eran algunos de los dioses que destacaban en la moral religiosa de la sociedad romana del siglo III.

Tendremos tiempo de hablar sobre ellos más adelante, pero ahora nos centraremos en el último periodo de esa pugna: el siglo IV. La llegada al poder del emperador Constantino, tras la derrota de Majencio en la famosa batalla del puente Milvio del año 312, supuso un cambio religioso importante que favoreció el auge de un ya poderoso cristianismo. En el año 313 se promulgó el *Edictum Mediolanense*, o Edicto de Milán, en el que se declaraba una completa libertad religiosa en el Imperio que no afectaba solamente a los cristianos, pero sí les favorecía sustancialmente.

Constantino también promulgó un decreto que cambiaría de forma decisiva la manera de concebir la semana, que estaba comenzando a tomar importancia en esos momentos. En el año 321 fue decretado que el *dies Solis* —el 'día del Sol', nuestro domingo— debía ser considerado como el día oficial del descanso, rasgo que todavía se mantiene en nuestros días. No se podía realizar ninguna labor en el *dies Solis*, ya fuera legal o comercial, con la única excepción explícita de los trabajos agrícolas. Esta postura se mantuvo hasta el siglo VI, en que se estableció también el abandono de las tareas agrícolas en domingo. A pesar de ello, esta medida no fue aceptada por la mayor parte de la población, que continuó con el trabajo del campo durante toda la Edad Media incumpliendo, con razón, esta medida nada factible en la realidad.

Todos estos cambios, religiosos, políticos y sociales, se vieron reflejados también en el calendario, que pasó de ser un elemento oficial, público y notorio para volver, irónicamente, a sus orígenes en los que era un elemento privado y personal. Los grandes calendarios de mármol del Alto Imperio eran ya reliquias del pasado que se conservaban en parte en los llamados *parapegmata* —pequeños almanaques personales para controlar el paso del tiempo en el día a día— y principalmente a los libros calendario. Estas obras, de carácter privado, ya existían en periodos precedentes pero por desgracia no conservamos pista alguna sobre ningún ejemplar anterior al siglo IV.

Los llamados *fasti filocali* son, sin duda, todo un tesoro para el estudio de la evolución del calendario romano en este periodo. Se trata de un códice que contiene, entre otros muchos textos, unos *fasti* completos, de enero a diciembre, con fiestas, nacimientos de emperadores e indicaciones para la medición del tiempo. El códice de los *fasti filocali*, fechado en año 354, fue realizado por Furio Dionisio Filócalo, seguramente el escriba más famoso de su época, para un tal Valentino. En él se aprecia un cambio en el estilo general del calendario en lo que respecta a su iconografía, puesto que las ilustraciones pasaron de ser anecdóticas a convertirse en el elemento principal que precedía a cada mes.

Portada de los *fasti filocali*, en la que Filócalo le desea a Valentino una feliz lectura.

Aunque en su origen las ilustraciones estarían ricamente decoradas con colores para disfrute del noble poseedor del códice, desgraciadamente en la actualidad tán solo conservamos copias cuasi monocromas posteriores al manuscrito original. Este proceso, que es muy frecuente en prácticamente todas las obras del mundo antiguo, se basaba en la copia de manuscritos para evitar su desaparición aunque el original se deteriorara o se perdiera. El mejor ejemplar de este calendario que ha llegado hasta nosotros, conservado en la Biblioteca Apostólica Vaticana, fue realizado en el siglo XVII a partir de un manuscrito del siglo IX, a su vez fue copiado del original romano del siglo IV.

En estos *fasti* encontramos reflejada una sociedad en la que todavía tenían importancia las festividades tradicionales y que mantenía el sistema clásico de medición del tiempo del mundo romano *—kalendae, nonae* e *idus—*. También aporta novedades, como la aparición de los ciclos de las semanas de siete días que comenzaban a imponerse de forma paulatina a las *nundinae* —ciclos de ocho días—. Sin embargo, estas últimas también están presentes de forma paralela en el calendario, manteniendo una tradición destinada a desaparecer menos de un siglo después. Por otra parte, a pesar de los cambios sociopolíticos y religiosos de la época, los *fasti filocali* mantienen muy presente la celebración de festividades tradicionales de la religión romana, lo que demuestra el especial periodo de tolerancia religiosa que vivió el Imperio a lo largo del siglo IV, desde la liberalización del culto en el año 313 y hasta la proclamación teodosiana del triunfo cristiano sobre las demás religiones.

En el año 380, poco más de medio siglo después de la ya citada proclamación de libertad religiosa de Constantino, el emperador Teodosio, de origen hispano, decretó el Edicto de Tesalónica o *Constitutio Cunctos Populos*, a través del cual se llevó a cabo la definitiva oficialización del cristianismo como religión estatal romana, prohibiendo de forma implacable cualquier otro culto existente hasta el momento. La nueva legislación, que dejaría paso a un ambiente de enfrentamiento religioso en comparación con la relativa estabilidad que había logrado Constantino, marcó el punto final del calendario tradicional romano, ocultado y denostado desde ese momento por la fe cristiana como parte de la labor iconoclasta extendida en contra del resto de religiones de la época.

Dentro de la nueva política oficial cristiana, el *dies Solis* pasó a ser el *dies Dominicus* —'día del Señor'— para honrar al dios cristiano y no al dios Sol. Existen indicios de la utilización activa e interesada de la figura de Cristo como el verdadero dios Sol —Sol *Iustitiae*— frente al Sol *Invictus* pagano, como forma de ganar nuevos fieles entre los adoradores de este último (sobre la cristianización de ciertas festividades romanas, como el 25 de diciembre: ▶ pág. 312-320). Así fue como el día oficial de descanso pasó a llevar el nuevo nombre que con el tiempo ha derivado en nuestro domingo.

En el periodo que siguió a esta revolución religiosa se enclava el segundo y último ejemplar de códice calendario que ha sobrevivido desde la antigüedad. Se trata del *laterculus polemi silvi*, escrito hacia el año 448-449 en el sureste de la Galia, probablemente en Lugdunum —Lyon— por Polemio Silvio, un cristiano de alto nivel social que afrontó la tarea de adaptar el calendario tradicional romano a la nueva realidad cristiana.

A diferencia de los *fasti filocali*, en los que la tradición pagana estaba todavía muy presente, Polemio Silvio tuvo que anotar un calendario con festividades cristianas que todavía estaban en fase de desarrollo y fijación. Aun así, mantuvo algunos elementos de la tradición romana, tras omitir aquellos considerados ofensivos y paganos para la moral cristiana. Fueron Honorio y Arcadio, hijos y herederos del emperador Teodosio, quienes en el año 395 habían decretado la eliminación oficial y definitiva de las festividades paganas del calendario. En comparación con otros, encontramos que este está bastante menguado en cuanto a su contenido y muchas de las anotaciones para rellenar los espacios libres son astronómicas o incluso meteorológicas.

Polemio Silvio también omitió en su calendario el antiguo ciclo de ocho días de las *nundinae*, que ya había caído en desuso en favor de la semana de siete días. A pesar de todo ello, es curioso comprobar cómo se mantuvo la fecha de nacimiento de personajes muy destacados de tiempos pasados, como Virgilio o Cicerón, o emperadores, como Vespasiano y Septimio Severo, además de otros como Constantino o Teodosio —relacionados tradicionalmente con el auge cristiano—. También algunas de las fiestas de la tradición romana lograron, por extraño que parezca, conservar su lugar en este calendario, algo que el tiempo también se encargaría de borrar. Entre ellas cabe destacar las *lupercalia* o el *septimontium*, aunque no son muchas más las que superaron la criba del cristianismo, como es de suponer, por su marcado carácter religioso pagano.

Cuando se trataba de silenciar una fiesta pagana, la iglesia cristiana siempre fue muy directa, superponiendo, en muchos casos, una nueva festividad religiosa a la antigua tradición en un proceso de sustitución que fue completándose paulatinamente.

Este es, sin duda, el último calendario romano que mantuvo la tradición de los *fasti* que había comenzado mil años antes en el periodo más arcaico de Roma. A pesar de ello, el estilo enumerativo de festividades y conmemoraciones se mantuvo en los santorales cristianos y, por supuesto, en el calendario juliano que, con los ajustes promulgados por el papa Gregorio XIII, ha llegado hasta nosotros y está presente en nuestro día a día de una forma tan natural que parece tan antiguo como el tiempo mismo.

El calendario gregoriano

Uno de los muchos rescoldos que todavía mantienen activa la profunda llama romana en la que se basa nuestra sociedad es sin duda el calendario, en este caso el juliano, que todavía conservamos y usamos en el día a día. A pesar de que esta afirmación es correcta en sus fundamentos, todos conocemos nuestro calendario actual como gregoriano por la reforma que del calendario juliano ordenó el papa Gregorio XIII en el siglo XVI.

El cálculo romano del año solar realizado por Sosígenes de Alejandría estableció una duración de 365 días y 6 horas. Un cálculo tecnológicamente más avanzando y preciso muestra el pequeño error que arrastra ese resultado. La realidad es que el año solar tiene una duración aproximada de 365 días, 5 horas, 49 minutos y 12 segundos, una diferencia de menos de 11 minutos con respecto al cálculo original empleado en el diseño del calendario juliano del año 45 a. C.

Esta pequeña diferencia, prácticamente imperceptible a lo largo de todo el Imperio romano, sí supone una preocupación cuando tenemos en cuenta que este calendario se mantuvo en funcionamiento durante toda la Edad Media y parte de la Moderna, arrastrando un error de diez días en el siglo XVI. Dicho de otra manera, el calendario juliano acumula un error de tres días cada 400 años. En la actualidad el desfase con respecto al calendario juliano sería de unos trece días, que hay que sumar a la fecha de hoy. Si retrotrajéramos el calendario gregoriano hacia el pasado, al periodo anterior a su creación —lo que se conoce como «calendario gregoriano proléptico»—, este se sincronizaría perfectamente con el calendario juliano en el siglo III.

Muchos eruditos de la época, y también de periodos anteriores, se dieron cuenta del desfase y trataron de enmendar el error proponiendo diferentes maneras de reformar el calendario para devolverlo a su curso. Entre las propuestas, dos procedían de la Universidad de Salamanca, una de 1515 y otra de 1578, siendo esta última finalmente acogida por el Vaticano.

Aunque fue el papa Pablo III quien primero la propuso, fue finalmente Gregorio XIII el que, aduciendo como motivo la restitución de la fecha originaria de la Pascua, llevó a cabo la reforma, que fue realizada por el jesuita alemán Cristóforo Clavio. El 24 de febrero de 1582 el Papa publicó la *bulla inter gravissimas*, en la que se detallaba la reforma que se haría efectiva en octubre de ese mismo año.

En la bula se instituía el nuevo calendario gregoriano y se acordaban dos medidas para corregir el error de cálculo del calendario juliano. La primera de ellas era la de establecer ciclos de 400 años en los que no habría 100 bisiestos, sino tan solo 97, eliminando la intercalación de los años que cumplieran la norma de ser divisibles entre 100 —1700, 1800, 1900, 2000, 2100…— pero no así los que a su vez fueran divisibles entre 400, como el año 2000 que, de hecho, fue bisiesto.

La segunda medida corregiría de forma instantánea la acumulación de diez días de error que ya existía en esos momentos. Se decidió que el jueves 4 de octubre de 1582, regido todavía por el calendario juliano, fuera seguido del viernes 15 de octubre de ese mismo año, sometido ya a las directrices del calendario gregoriano.

La medida fue adoptada de inmediato en Italia, Portugal, España y todas sus colonias, sometidos todos ellos a la voluntad de la Iglesia, pero muchos otros lugares tardarían años, e incluso varios siglos, en adoptar la reforma y con ella los designios del Vaticano. Entre ellos Inglaterra, que solo adoptó el cambio en 1752. Algunos países como Rusia o Grecia, regidos por la Iglesia ortodoxa, tuvieron que esperar incluso hasta el siglo XX para alinear su calendario civil con el gregoriano, aunque litúrgicamente se sigue manteniendo el juliano hasta el día de hoy.

Este desfase produjo varios errores historiográficos interesantes, como la fecha coincidente de las muertes de los famosos literatos Miguel de Cervantes y William Shakespeare, celebrada hoy en día a nivel internacional como el Día del Libro. Ambos murieron el día 23 de abril de 1616, aunque realmente el español lo hizo en la fecha gregoriana y el inglés todavía en la juliana, unos diez días más tarde en la realidad del calendario actual.

Actualmente, una gran parte del mundo se rige por el calendario gregoriano, que al fin y al cabo no es más que una ligera corrección del calendario juliano, en activo en su esencia de forma ininterrumpida desde el año 45 a. C., cuando Cayo Julio César lo implantó en la República romana, hasta el siglo XXI en el que vivimos.

CÓMO CONTABAN EN LA ANTIGUA ROMA

Si alguien nos preguntase cuántos días pasan desde que empieza hasta que acaba una semana, ninguno de nosotros tendría problema alguno en afirmar que son siete los días que transcurren. Y sin embargo, para un romano de a pie, esta respuesta no sería correcta.

En la antigüedad, de forma general y extendida, las cuentas eran inclusivas, algo que debemos tener muy presente a la hora de interpretar los siguientes apartados, en los que trataremos los diversos elementos —del más grande al más pequeño— que consideraban los romanos para medir el paso del tiempo.

Las cuentas inclusivas son aquellas en las que se contabiliza tanto la primera como la última unidad del intervalo que se desea calcular, a diferencia de nuestra forma de hacerlo en la que la primera unidad no se toma en consideración; algo que hacemos de forma natural.

Prácticamente todas las civilizaciones de la antigüedad utilizaron las cuentas inclusivas. Por ejemplo, en Grecia el periodo de tiempo que transcurría entre la celebración de dos juegos olímpicos —que tenían lugar, igual que en la actualidad, cada cuatro años— conocido como olimpiada, era un πεντετηρίς, literalmente traducido como 'cada cinco años', aunque en realidad, solo es así si contamos inclusivamente: el año de celebración de los juegos, los tres años posteriores y finalmente el año de los siguientes juegos.

Del mismo modo, los romanos usaban las cuentas inclusivas en todos los aspectos de su vida a la hora de contabilizar intervalos, en este caso temporales. Más adelante veremos un claro ejemplo que suele causar muchos quebraderos de cabeza a los no iniciados en el asunto, como es el caso de los días del mes. Otro claro ejemplo romano son las *nundinae*, periodos de ocho días que había entre las jornadas en las que tradicionalmente se instalaba el mercado en la ciudad. Como se puede comprobar, la palabra *nundinum* tiene su origen en *nonum* —'nueve'—, puesto que este periodo de ocho días sería de nueve al contar de forma inclusiva.

A pesar de que este tipo de cálculo está desfasado hoy en día, sigue conviviendo con nosotros sin que apenas nos demos cuenta de su existencia en numerosos ejemplos. En la religión cristiana, cuya doctrina y escrituras fueron plasmadas siguiendo las cuentas inclusivas, Jesucristo murió el Viernes Santo y resucitó al *tercer* día, Domingo de Resurrección. Es curioso comprobar cómo a pesar de que para nosotros del viernes al domingo tan solo transcurren dos días —sábado y domingo—, la doctrina se ha mantenido de forma inclusiva, contradiciendo la lógica actual al seguir contando tres. Otros ejemplos de reminiscencia los encontramos incluso en diferentes lenguas actuales como el francés, donde *huit jours* —'ocho días'— sigue siendo una forma para denominar a la semana, o nuestra «quincena», que por definición es un periodo de dos semanas —catorce días—, aunque se ha terminado asimilando también a quince días y se utiliza de forma indistinta con ambos sentidos.

Una vez aclarado este concepto básico, es hora de comentar, siguiendo el mismo esquema que usarían los autores de la antigüedad clásica —de lo general a lo particular—, cómo se contabilizaba el tiempo en la antigua Roma: siglos, años, meses, semanas, días e incluso horas.

LOS SIGLOS

Vivimos nuestro día a día sin pararnos a pensar en las implicaciones culturales que sustentan las bases de nuestro sistema temporal y por ello, muchas veces, cuando nos planteamos el de los romanos tendemos a extrapolar nuestra propia experiencia, arraigada en lo más profundo del sistema social actual.

Uno de los ejemplos más claros de este comportamiento puede verse cuando pensamos en el significado de los siglos en la antigua Roma. Esta palabra, que proviene del latín *saeculum*, tiene para nosotros un claro significado: un periodo de cien años que va aumentando de forma lineal desde un punto inicial fijado en el tiempo.

Sin embargo, el *saeculum* romano dista mucho de esta definición. En primer lugar, era una unidad de tiempo que estaba por encima de los hombres, un elemento natural que realmente nadie podía llegar a experimentar de forma completa. Además, su duración era variable, pues representaba el periodo de tiempo máximo que podía durar la vida de un ser humano.

Tomando en consideración esta definición, las posibilidades que se abren ante nosotros para saber la duración aproximada de un *saeculum* son muy variadas. Por ejemplo, Herodoto decía que Argantonio, el mítico rey de Tartesos, había vivido ciento cincuenta años y otros autores griegos incluso llegaban a asegurar que los antiguos reyes habían vivido más de trescientos años. Plinio el Viejo, por su parte, reflejaba datos similares y argumentaba que, para aquellos antiguos hombres que no controlaban el calendario, cada año podía durar tres meses o menos, haciendo posible que vivieran tal cantidad de años.

En Roma existía una amplia variedad de opiniones sobre lo que duraba un *saeculum,* que iban desde los 80 años hasta más de 100. También se creía que la duración máxima de la vida humana no era igual en todos los lugares, sino que estaba condicionada por la localización de los territorios en el globo e influida por la inclinación de las estrellas en el firmamento. Lógicamente, la esperanza de vida media de la época se encontraba muy por debajo de esa cifra, entre los treinta y los cincuenta años dependiendo de la zona y el estatus social.

Por motivos prácticos, no naturales sino civiles, como cuenta el escritor romano del siglo I a. C. Marco Terencio Varrón, la duración del *saeculum* solía fijarse en 100 años. Sin embargo, poco después de la muerte de este, la cifra fue modificada oficialmente por el emperador Augusto.

Aun así, el *saeculum* era una unidad móvil, lo que significa que, una vez más, a diferencia de nuestro siglo, su intervalo no estaba marcado por ningún punto de origen, pudiéndose aplicar desde cualquier punto de partida a voluntad para referirse a un amplio periodo de tiempo. Su uso era especialmente destacado en el mundo religioso, siendo empleado sobre todo como elemento determinante en el contexto de profecías futuras.

Los romanos, como para tantas otras cosas, miraron al pasado para ver cómo los etruscos habían dividido sus ciclos *saeculares.* Tomando como punto de partida la fundación de una ciudad o estado, seleccionaban de entre los nacidos el mismo día de la fundación a aquel que hubiera vivido más tiempo. El día de su muerte marcaba el final del primer *saeculum.*

En Roma, las profecías de los augures habían marcado en tiempos remotos que la Urbe, contando desde el momento de su fundación, perduraría durante doce *saecula*, por los doce pájaros que el rey Rómulo había visto volando en formación al decidir dónde se establecería la ciudad. Era una creencia muy extendida que Roma se mantendría viva durante unos 1200 años que, según los propios cálculos romanos, se cumplieron en el año 448 d. C, curiosamente poco antes del momento que tradicionalmente marca el final del Imperio romano de Occidente, el 4 de septiembre del año 476 d. C.

Ludi saeculares: los juegos de los siglos

La tradición romana estableció la celebración de unas ceremonias conocidas como *ludi saeculares*, que marcaban el final de un *saeculum* y anunciaban el comienzo del siguiente. Hasta la llegada del Imperio habían sido conocidos como *ludi terentini* y de ellos poco se sabe con seguridad, ni siquiera las fechas, aunque es conocido que se celebraron en la década de los años cuarenta de los siglos III y II a. C.

Fue Augusto, *Princeps* de Roma y restaurador de la República, así como de las tradiciones y la moral de tiempos pasados, quien en el año 17 a. C. refundó esta celebración en la forma de los *ludi saeculares*. Para tal ocasión, cuya preparación propagandística llevó varios años, se creó toda una historia de los juegos anteriores que coincidían con la nueva definición de *saeculum*: a partir de entonces tendría una duración de 110 años.

Desde la noche del 31 de mayo y hasta el 3 de junio se realizaron los pertinentes sacrificios nocturnos a los dioses del inframundo, creándose además una serie de sacrificios diurnos a los dioses de la luz con Apolo, dios protector de Augusto, a la cabeza. Así comenzaba un nuevo siglo que, tratándose de los quintos juegos que celebraba Roma, también inauguraba una nueva época de paz y prosperidad de acuerdo con los preceptos de la filosofía neopitagórica que aseguraba que la vida humana se regeneraba cada 440 años. Este amplio periodo estaba dividido en ciclos de 110 años —lógicamente, el lapso de tiempo oficializado por Augusto en la forma del *saeculum*— de los cuales el primero era la edad de oro, el segundo la de plata, bronce el tercero y finalmente hierro. La celebración de los quintos juegos suponía la vuelta a la edad de oro, la llamada *aurea aetas*, un periodo de paz, esplendor y abundancia, objetivos fundamentales perfectamente marcados en todo el legado de Augusto.

Los *ludi saeculares*, anunciados como el mayor espectáculo que jamás nadie vivo había visto y que jamás nadie podría volver a ver —por la duración del *saeculum* que mediaba entre dos ediciones de los mismos—, se siguieron celebrando en los siglos posteriores. Domiciano volvió a celebrarlos en el año 88, cuando todavía no se habían cumplido los 110 años establecidos, y de nuevo Septimio Severo, junto a su hijo Caracalla, lo hizo en el año 204, volviendo así a recuperar la fecha correcta en el ciclo de 110 años establecido por Augusto.

> *Tali spectaculo nemo iterum intererit [...] neque ultra quem semel ulli mortalium eos spectare licet...*
>
> Nadie volverá a estar presente en semejante espectáculo [...] ningún mortal podrá verlos más de una vez...
>
> (Fragmento de la inscripción conmemorativa de los *ludi saeculares* del año 17 a. C. *Corpus inscriptionum latinarum* VI, 32323).

Estas ceremonias también estaban dirigidas a evitar, de forma periódica, epidemias, pestes y otras enfermedades graves que podían afectar a la ciudad de forma generalizada. Los sacrificios aplacaban a los dioses del inframundo durante el nuevo *saeculum* que comenzaba. No es de extrañar que Zósimo, historiador pagano de finales del siglo v, aludiera a las calamidades e infortunios que sufría el mundo desde que Constantino decidió no celebrar los siguientes *ludi saeculares* en el año 313, poniendo fin a esta tradición ancestral para siempre.

A partir de ese momento, en la nueva realidad que vendría a imponerse a finales del siglo iv, el cristianismo se aseguró de que no fuera necesario realizar estas celebraciones paganas nunca más. El dios verdadero hacía posible que la prosperidad durara *per saecula saeculorum* —por los siglos de los siglos—, una expresión que todavía se emplea a día de hoy en el ritual cristiano.

Sin embargo, estos no fueron los únicos exponentes de conmemoraciones *saeculares* en Roma. El emperador Claudio en el año 47, movido por el interés político, comenzó un nuevo ciclo de *ludi* que conmemoraban los 800 años de la fundación de Roma. Si bien estos juegos sí se realizaron bajo el nombre de *ludi saeculares*, los siguientes seguramente no lo hicieron por respeto al ciclo original de Augusto. Antonino Pío celebró los 900 años de la fundación en el año 147 y Filipo I tuvo el honor de conmemorar los 1000 años de la fundación de Roma en el año 248 —y no en el 247, como veremos más adelante— con una celebración grandiosa con miles de espectáculos.

Como se puede observar, en Roma tenían muy presente la fecha de la fundación de la ciudad, a partir de la cual se creó una forma de medir el tiempo. Por otra parte, esta forma de contabilizar los años no fue la única y ni siquiera fue la más extendida en la antigua Roma.

Los años

El año romano, al igual que el nuestro, contó con 365 días desde la reforma del calendario que llevó a cabo Julio César. Sin embargo, existía un concepto superior al del año natural en el mundo romano: el «gran año». Esta unidad de tiempo era variable en cuanto que ni los autores del mundo antiguo se ponían de acuerdo en su duración exacta. Para los romanos, el gran año era lo mismo que un *lustrum*, periodo de cinco años de donde viene nuestra palabra *lustro*. Fue instituido, según la tradición, bajo el reinado de Servio Tulio, que ordenó la realización del censo de la ciudadanía al final de cada *lustrum*.

Centrémonos en la forma en que los romanos contabilizaban los años. A diferencia de nuestro sistema actual, en la antigua Roma no existía solo un método para saber en qué año estaban o para referirse a momentos del pasado. A grandes rasgos, podemos dividir los sistemas de cómputo en lineales, comenzando a contar desde un momento concreto, y no lineales, en los que los años no se identifican con una sucesión ascendente de números. Veamos entonces qué formas eran las más utilizadas dentro de estas dos opciones.

Datación consular

Aunque actualmente nos parezca extraño, la forma más común para designar el paso de los años en Roma no era una sucesión lineal de años como la nuestra, sino lo que se denomina datación consular. Desde el año 509 a. C., en el que Roma se libró de su monarquía y estableció la nueva República, cada año el máximo cargo del poder ejecutivo del Estado lo ejercían dos magistrados de forma conjunta, elegidos de entre los ciudadanos con un mínimo de 42 años de edad: los cónsules.

Al tratarse de una magistratura anual, desde ese momento, los años comenzaron a identificarse con los nombres de los cónsules que habían gobernado durante ese periodo. Por ejemplo, el año 509 a. C., el primero de la República romana, sería el año en que Lucio Junio Bruto y Lucio Tarquinio Colatino fueron cónsules. La fórmula latina más común sería la siguiente: *L Iunio Bruto L Tarquinio Collatino consulibus.* Se trata de una forma compleja desde nuestra óptica y que, sin embargo, refleja el respeto que Roma tenía a sus cónsules, los personajes más destacados de cada año.

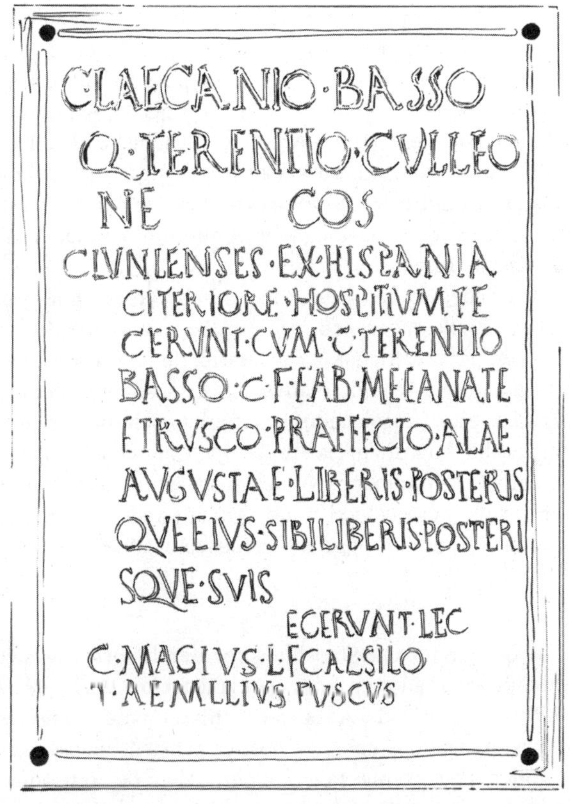

Pacto de hospitalidad entre la ciudad de Clunia y un prefecto de caballería fechado en el año 40 mediante datación consular, indicada en la parte superior. Museo Arqueológico Nacional, Madrid.

También existía la posibilidad de que un cónsul epónimo —el que daba nombre al año— muriera en batalla, sobre todo durante los periodos más convulsos, o lo hiciera por cualquier otro motivo. En estos casos se debía designar un sustituto que ocupara el cargo el resto del año —*consul suffectus*—. Aunque este nuevo cónsul sustituyera al anterior, el año mantenía el nombre del cónsul original o *consul ordinarius*. Paradójicamente, en el caso de darse la situación del cónsul sustituto, uno se podía preguntar a modo de broma: «¿Bajo qué cónsules fue este cónsul, cónsul?».

Ya durante el Imperio esta práctica se siguió manteniendo, aunque también surgieron otras formas de contabilizar los años. Existen numerosas referencias a la datación consular en las fuentes clásicas, en textos legales y en todo tipo de restos escritos que conservamos de la antigua Roma. Por suerte para nosotros, en la actualidad la investigación ha sido capaz de reconstruir completamente la lista de cónsules romanos año tras año, desde el comienzo de la República hasta el final del Imperio, por lo que podemos saber a qué año se refiere cualquier datación consular romana.

Esa lista de cónsules también se ha conservado de manera parcial en mármol en los llamados *fasti capitolini*. La palabra *fasti*, que ya hemos empleado para referirnos al calendario, tiene una segunda acepción en forma de la lista enumerativa de los cónsules de Roma. Estos *fasti consulares* estarían colocados seguramente en un arco dedicado por el emperador Augusto hacia el año 19 a. C. junto al templo de *Divus Iulius*, en el Foro Romano. Numerosos fragmentos fueron descubiertos en el siglo XVI y colocados de forma permanente en el Palacio de los Conservadores, hoy parte de los Museos Capitolinos.

Las eras

A pesar de que, como acabamos de comentar, la forma más común para contabilizar los años en Roma era la datación consular, existían otras formas, todas ellas basadas en la utilización de diferentes eras. Este sistema de cálculo temporal se basa en el uso de una secuencia lineal de números que comienza en un punto de inflexión común para quienes emplean dicha era.

> ληπτέον δὲ καὶ τοῖς καιροῖς ὁμολογουμένην καὶ γνωριζομένην ἀρχὴν παρ' ἅπασι καὶ τοῖς πράγμασι δυναμένην αὐτὴν ἐξ αὑτῆς θεωρεῖσθαι
>
> Debe escogerse como principio [de una era] un momento reconocido y aceptado por todos, que permita por sí mismo la visión de los acontecimientos.
>
> (Polibio, *Historias* I, 5, 4).

En la actualidad, la mayor parte de la población mundial se rige por una misma era, la cristiana, que comienza con el nacimiento de Jesucristo. Del surgimiento de esta hablaremos después, porque es pertinente introducir primero otras eras cuya creación fue anterior en el tiempo. El término *aera*, viene del latín *aes-aeris*, que significa 'bronce' o 'dinero'. Lo empleaban comúnmente los soldados para indicar la cantidad de pagas anuales que habían recibido hasta el momento, calculando cuántos años de servicio llevaban en la legión.

Son varios los motivos que pueden provocar un cambio de era: la muerte de un personaje destacado, un suceso importante a nivel general, la creación de una nueva comunidad social, etc. En el mundo antiguo, cada ciudad, provincia o estado tenía sus propios puntos de referencia, existiendo diversas eras a lo largo del Mediterráneo que convivirían, por lo general, sin mayores problemas.

La era ab Urbe condita

Sin duda la más conocida entre las eras empleadas por los romanos es aquella que comenzaba con la fundación de la ciudad de Roma. Abreviada como *AUC*, la era *ab Urbe condita*, nos indica literalmente que su camino temporal viene 'desde la fundación de la Ciudad' —en el año 753 a. C. para nosotros—. A pesar de que puede parecer un sistema perfecto tanto temporal como propagandísticamente, no era ni de lejos el sistema de datación más empleado en Roma. Esto era debido a varios motivos, entre los que destaca el hecho de que ni siquiera los propios romanos se ponían de acuerdo en señalar el año exacto de la fundación de Roma. Hasta, al menos, el siglo III a. C. los escritores romanos no se pusieron de acuerdo en aceptar lo que hoy denominaríamos mediados del siglo VIII a. C. como el momento de la fundación. A pesar de ser una fundación mítica, ideada por los propios romanos para glorificar sus orígenes, las disputas siguieron sucediéndose: 751, 748, 750 o 753 a. C. fueron algunas de las fechas que barajaron los diferentes autores republicanos para establecer la fecha de la fundación de Roma.

En el siglo I a. C. el erudito Marco Terencio Varrón calculó la que posteriormente sería la fecha oficial de la fundación de Roma: el año 753 a. C. A partir de ese momento se estableció, ya en época imperial, una seguridad dogmática sobre esta fecha, que pasó a ser la oficialmente correcta y que ha llegado hasta nuestros días. Por otro lado, hay que tener en cuenta un detalle al hablar sobre los años *AUC* y es que, estrictamente hablando, no deben comenzar el 1 de enero, sino el 21 de abril, día de la fundación de la ciudad, aunque en la práctica la diferencia sea mínima.

Al no ser un sistema de datación propiamente dicho, sino una forma empleada para referirse a ciertos años de la historia de Roma, no son excesivamente abundantes los ejemplos que conservamos de su uso fuera de las fuentes eruditas. Estas comenzaron a emplear en época imperial de forma conjunta la datación *AUC* y la consular para fechas concretas de la historia de Roma.

Siguiendo siempre los cálculos de Varrón, a partir del reinado del emperador Claudio se institucionalizó la celebración de los aniversarios más destacados desde la fundación de la Urbe, un cambio de época paralelo al de los *ludi saeculares* que ya hemos comentado. En el año 47 se conmemoraron los 800 años de la fundación. En el 147, Antonino Pío recuperó la celebración para el 900.º aniversario y, finalmente, el emperador Filipo I celebró el milenario de Roma en el año 248.

Esta última fecha ni es un error ni es trivial. En este caso podemos estar seguros de que los romanos de aquella época no se equivocaron al hacer los cálculos, sino que en el año 1001 celebraron el comienzo del nuevo milenio de Roma, y no el final del primer milenio en el año 1000 —247—, como sí se había hecho en los centenarios anteriores. Prueba de ello es una moneda de un militar llamado Pacatiano, que trató de usurpar el trono a Filipo en el año 248.

Antoniniano de plata acuñado por el usurpador Pacatiano en el año 248 para conmemorar el nuevo milenio de Roma.

Este aspirante a emperador acuñó en ese mismo año una moneda, única en su género, en la que se puede leer: *ROMA AETERNAE ANNO MILLESIMO ET PRIMO*, o lo que es lo mismo: 'Roma eterna, año 1001'. Este antoniniano de plata es, por tanto, la prueba de que lo que realmente se celebraba era el inicio del nuevo milenio en el año 1001 —248—, de donde surge la discordancia con las celebraciones de siglos anteriores.

Siguiendo el ejemplo numismático, tan solo existe otra moneda en toda la historia de Roma que contenga la datación *AUC*. Se trata de un tipo conmemorativo acuñado en oro y bronce en el año 121 que porta la leyenda: *ANNORVM DCCCLXXIIII NATALIS VRBIS*, en castellano '874 años desde el nacimiento de la ciudad'.

Áureo acuñado en el año 121, bajo el reinado del emperador Adriano, que muestra la datación *AUC*.

Hay que tener en cuenta que el 21 de abril del año 753 a. C. no era el único punto fundacional para los romanos. La inflexión social y política que tuvo lugar en el año 509 a. C. provocó que también esta fecha fuera tenida en cuenta como una era en sí misma. En ese año fue expulsado el último rey de Roma, Tarquinio el Soberbio, creándose entonces la nueva República. También a ese momento la tradición atribuía la dedicación del templo capitolino de Júpiter Óptimo Máximo, el más importante del mundo romano.

Para conmemorar esta era romana, empleada por los autores hasta el final de la República, existía un ritual simbólico anual. En las *idus* de septiembre, dedicadas a Júpiter, se clavaba en la puerta de su templo capitolino un clavo para marcar el paso de un nuevo año desde la fundación de la República. También se pensaba que el clavo contenía las plagas y epidemias durante un año más.

Las eras imperatoriales

Con la llegada del Imperio comenzó también a emplearse un nuevo sistema de eras basadas en cada uno de los emperadores y sus años de reinado. Sin embargo, no fue con un emperador de Roma sino con el último *dictator* de la República, Cayo Julio César, con quien se inauguró esta tendencia. La creación del nuevo calendario juliano hizo que se empezara a hablar de la era juliana, siendo el primer año de esta el 45 a. C., en el que se instauró el nuevo sistema de cómputo anual.

Octaviano, *Princeps* de Roma, también tuvo su propia era, que dio comienzo en el año 27 a. C. cuando el Senado le honró entregándole su nuevo nombre: Augusto, «por la salvación de la República». Los *anni augustani* serían una forma empleada por los autores de la época y posteriores para referirse al reinado de Augusto, que fue uno de los más largos que conoció Roma, durando hasta el *anno augustano XLI*, o el año 14 d. C.

Posteriormente, otros emperadores emplearon sus propias eras como puntos de referencia hasta la imposición del cristianismo en el siglo IV, cuando la datación consular —que había convivido hasta entonces con las eras imperatoriales— fue sustituida por el sistema de las eras de los emperadores cristianos. A pesar de ello, el sistema consular siguió empleándose incluso después de la caída del Imperio de Occidente. Allí hubo cónsules hasta el año 534 y en Oriente hasta el año 541, fecha en que Justiniano I abolió definitivamente la magistratura del consulado.

Entre las eras tardías de Roma, cabe destacar la que conmemoraba el reinado del emperador Diocleciano. Este emperador de finales del siglo III abolió el sistema administrativo específico que hasta entonces había tenido Egipto, imponiendo la datación consular. Hasta esa fecha los años se contaban a través de las eras de los diferentes emperadores en su estatus de reyes de Egipto de forma oficial y única. Sin embargo, muchos egipcios, entre los que se encontraban fundamentalmente astrónomos, mantuvieron la tradición y siguieron contando los años de la era de Diocleciano, incluso después de su muerte. De hecho, los cristianos coptos de Egipto continuaron empleando este sistema a lo largo de los siglos —incluso hasta la actualidad—, sustituyendo el nombre del emperador por la de «Era de los Mártires», refiriéndose a las persecuciones que Diocleciano había llevado a cabo contra los cristianos.

La era cristiana

Por supuesto, no podíamos dejar de mencionar la era en la que todos nosotros vivimos hoy en día y que ha llegado a ser el sistema de cómputo temporal más simple y extendido a lo largo de la historia, perdurando desde la antigüedad hasta nuestros días. Sustituyó a una gran variedad de sistemas en su mayoría complejos como la datación consular, *ab Urbe condita* o las eras de los emperadores entre muchos otros.

La datación mediante la era cristiana lleva existiendo más de quince siglos. Se trata de un cómputo que toma como momento inicial la encarnación de Jesucristo, fechándola en el año 753 *AUC*, o lo que es lo mismo, el año 1 a. C. Aunque el debate de la fecha exacta en la que la tradición cristiana debe fijar la fecha de dicho nacimiento es amplio y llega hasta la actualidad, la primera vez que fue planteado como punto inicial para un cómputo ocurrió en el año 525 de la mano de un monje escita llamado Dionisio que vivió en la Roma del siglo VI.

Dionisio, conocido como el Exiguo, trató de reconstruir la línea temporal para llegar a la fecha de la encarnación de Jesucristo, pero no para crear un sistema de datación sino para conseguir un método más efectivo que el que existía por entonces para calcular la fecha de la Pascua cristiana. No era su tarea, ni fue nunca su intención principal, averiguar la fecha exacta del nacimiento de Cristo. A pesar de todo, en este momento ya existía cierta controversia generada por otros autores que aseguraban que Cristo había nacido, según sus cálculos, en los años 5, 3 o 1 antes de Cristo —por raro que parezca—.

En el siglo VIII, concretamente en el año 725, en su obra *De temporum ratione* —'sobre el cómputo del tiempo'—, Beda el Venerable, conociendo los escritos de Dionisio, estableció por primera vez de forma sistemática el método de datación *Anno Domini*, la era cristiana. Este fue, sin duda, un punto de inflexión crucial que estaba llamado a influir en el destino de millones de personas a lo largo de toda la historia. Ese fue el origen de la era que rige año tras año el avance de nuestras vidas hacia el futuro y la razón de que vivamos en el siglo XXI.

Por otro lado, y a pesar de que el sistema comenzó a difundirse rápidamente a partir del siglo IX, los años anteriores al nacimiento de

Cristo seguían fechándose por la era de la fundación de Roma o por la datación consular. Y es que, una vez más, todos tenemos tan interiorizada nuestra era que nos es imposible comprender lo extraño que resultaría, en el mundo antiguo y medieval, contabilizar los años hacia atrás desde una fecha prefijada.

El surgimiento de la forma *ante Christum,* o a. C., no la encontramos, como mínimo, hasta año 1292 en la obra anónima *Flores Temporum*, donde se utilizó por primera vez. Aun así, no fue un sistema común durante la Edad Media por la controversia generada acerca de la verdadera fecha del nacimiento de Cristo. Posteriormente comenzó a establecerse de forma gradual a lo largo de la Edad Moderna para regularizar de forma completa la nomenclatura, comprendiendo que no se correspondía necesariamente con el nacimiento real, sino con un punto acordado de forma consensuada a partir del que datar cualquier acontecimiento de la historia.

Las eras locales

Ya hemos visto que, a pesar de los progresivos cambios, dentro de la unidad del Imperio existía una regularidad en cuanto a los sistemas de cómputo temporal. Sin embargo, podemos resaltar un caso especialmente interesante que se sale de la norma y que merece la pena comentar por su singularidad y su cercanía a nosotros: la era hispánica.

Conocemos como era hispánica una forma de medir el paso de los años que tenía su punto inicial el 1 de enero del año 38 a. C. en relación con las guerras de conquista del norte peninsular que llevó a cabo Octaviano, el futuro Augusto, para la pacificación definitiva de toda Hispania. Incluso llevó el nombre de «era de Augusto» en su honor.

Los ejemplos más antiguos de documentos fechados por la era hispánica se remontan tan solo a finales del siglo IV, siendo un sistema local que no dejó rastro escrito hasta entonces, quizá por estar poco extendido. A partir de ese momento, empezó a ganar fuerza en las inscripciones cristianas, tanto que llegó a convertirse en la era oficial del reino visigodo. Esta era estuvo en uso en la península Ibérica hasta bien entrada la Edad Media. Su implantación fue especialmente fuerte en la zona occidental, siendo Portugal el último lugar en abandonar su uso en favor de la era cristiana en 1422. Otras zonas, como Castilla, la emplearon hasta 1383 y en el área mediterránea se mantuvo en parte hasta el siglo XIV.

Pero incluso dentro de Hispania existió otra era, conocida como *aera consularis*, un sistema poco conocido que se empleó en la zona cántabra y que usaba su propio sistema de cómputo anual continuo del que no conocemos su motivación o su punto inicial. Se han hallado varias inscripciones que usan esta era, atestiguada a partir del siglo IV y en uso al menos hasta el siglo VI.

LOS MESES

Los meses eran en Roma, y siguen siendo para nosotros, la unidad principal que divide el año. Como ya vimos, su origen en el mundo antiguo tenía una estrecha relación con la luna, pues su duración en los momentos más arcaicos era la misma que la del ciclo lunar (sobre la relación de la luna con los meses: ▶ pág. 28).

A pesar de su origen natural, la división del año en los doce meses que conocemos hoy en día es una creación humana que no tiene que ver con los ciclos que rigen el año de forma natural; hablamos, lógicamente, de las estaciones. A este respecto el poeta Claudiano nos dejó esta hermosa cita que alaba las bendiciones de la vida en el campo:

> *Felix, qui propriis aevum transegit in arvis, ipsa domus puerum quem videt, ipsa senem; [...] frugibus alternis, non consule computat annum: autumnum pomis, ver sibi flore notat.*
>
> Feliz aquel que ha pasado su vida en el campo, aquel que la misma casa de su infancia ve en su vejez; [...] Para él las estaciones, no los cónsules, marcan el año; conoce su otoño por los frutos y su primavera por las flores.
>
> (Claudiano, *Poemas* XX).

El ciclo de las cuatro estaciones, *ver* —primavera—, *aestas* —verano—, *autumnus* —otoño—, *hiems* —invierno—, sigue siendo el mismo que en época romana. El cambio de las estaciones es, sin duda, un punto de inflexión que ha influido en tradiciones y culturas desde mucho antes del periodo romano. Tan solo hay que pensar en la cantidad de festividades religiosas que en el mundo antiguo estaban relacionadas con el cambio meteorológico de las estaciones, fundamentalmente con el solsticio de invierno. Este día, conocido en latín como *bruma* —contracción de *brevissima,* por ser el día más corto del año—, simbolizaba el renacimiento de muchas divinidades como el dios Sol Invicto, Mitra o Jesucristo, al igual que el astro rey volvía a renacer desde el solsticio haciendo que los días fueran cada vez más largos. Las variaciones y reajustes en el calendario han provocado que en la actualidad la fecha de solsticios y equinoccios se haya adelantado hasta cuatro días con respecto a la Edad Antigua. Entre los siglos I y III estos coincidían con los días 25 de marzo, junio, septiembre y diciembre respectivamente.

A pesar de que hoy en día los solsticios y los equinoccios marcan para nosotros el inicio de las cuatro estaciones del año, y teniendo en cuenta que en situaciones como la antes descrita estos momentos llegaron a tener gran importancia en la antigüedad, los romanos y otras civilizaciones no computaban las estaciones como los hacemos en la actualidad. Por suerte, algunos autores, como Varrón o Plinio el Viejo, dejaron por escrito las fechas en las que en su concepción se producía el cambio de las estaciones. Para ellos estos cambios tenían lugar hacia los puntos medios entre equinoccios y solsticios, coincidiendo con la aparición o desaparición en el cielo de constelaciones como las Pléyades —conocidas como *Vergiliae*— o la Lira.

Así, la llegada de la primavera se producía el 7 u 8 de febrero; el verano comenzaba hacia el 9 o 10 de mayo; entre el 10 o el 11 de agosto empezaba el otoño y el invierno llegaba entre los días 10 y 11 de noviembre. Las pequeñas diferencias existentes entre las fechas de uno y otro autor seguramente se deban a la diferencia temporal de un siglo que separa sus obras, tiempo en el que solsticios y equinoccios se habían desplazado ligeramente en el calendario. El cambio de paradigma, al considerar los solsticios y equinoccios como el comienzo de las estaciones y no como sus puntos medios, se produjo seguramente hacia el siglo IV, conservándose así hasta la actualidad.

Sin embargo, estos cálculos estacionales precisos en relación al calendario solo fueron posibles a partir de la implantación del nuevo sistema juliano, que permitía relacionar de forma sencilla los ciclos de tiempo naturales y civiles. En periodos anteriores, aunque también después de la reforma entre aquellos que no hacían tanto caso de los astros como de la meteorología, los cambios estacionales se apreciaban un poco más adelante, aunque no se podían fijar fechas demasiado precisas, y acaso tampoco les importaba hacerlo.

Pero pongamos atención ya a los meses, en cuyos orígenes y significados ahondaremos en la segunda parte de este libro. Fueron varios los cambios de nombre que sufrieron a lo largo del periodo imperial, aunque de todos ellos solo dos se mantuvieron: julio y agosto en sustitución de *Quintilis* y *Sextilis,* en honor de César y Augusto respectivamente.

Tiberio, por su parte, rechazó que se cambiara el nombre de septiembre y octubre por el suyo propio y el de su madre y Nerón trató de imponer, sin éxito, que abril llevara el nombre de *Neroneus*. Domiciano también intentó que octubre, el mes de su nacimiento, portara su nombre para toda la eternidad y Cómodo llegó a modificar la denominación de todos los meses con títulos imperiales que se había otorgado a sí mismo. Así, durante parte de su reinado, el calendario se compuso de los siguientes doce meses: *Amazonius, Invictus, Pius, Felix, Lucius, Aelius, Aurelius, Commodus, Augustus, Herculeus, Romanus* y *Exsuperatorius.* En todos los casos, tras la *damnatio memoriae* impuesta a estos emperadores, se recuperaron los nombres originales de los meses modificados.

Si bien hasta ahora hemos visto que la estructura de los doce meses del año romano se mantuvo igual a la que conocemos hoy en día, la ordenación interna de cada mes sí difiere totalmente de cualquier sistema actual y por ello nos puede resultar muy ajena y compleja.

Los meses en Roma estaban ordenados a través de tres fechas fundamentales a partir de las que se contaban todos los demás días. Las *kalendae*, *nonae* e *idus* eran los hitos que marcaban la vida de los romanos. Las *kalendae*, de donde viene nuestra palabra calendario, marcaban siempre el primer día de cada mes. Las *nonae* por su parte eran variables, como ya hemos explicado anteriormente, siendo el día 5 o el 7 dependiendo del mes. Finalmente las *idus* tenían lugar el día 13 o 15, algo que dependía de la fecha de las *nonae*, pues ambas fechas debían estar separadas siempre por una nundina.

Cada uno de los días del mes no estaba numerado como lo haríamos nosotros, sino que se contaban los días que quedaban para llegar a una de las tres fechas importantes de las que hemos hablado. Un ejemplo nos permitirá comprenderlo mejor. Pasadas las *kalendae* del mes, pongamos como ejemplo enero, el día dos lo contaríamos pensando cuántos días quedan para el día cinco, en el que tendrían lugar las *nonae.* Contando de forma inclusiva diríamos que es el cuarto día antes de las nonas de enero o, en latín, *ante diem quartum Nonas Ianuarias*. El periodo más largo del mes era el que iba desde las *idus* hasta el final del mismo. En ese caso, el día 18 de enero sería el decimoquinto día antes de las kalendas ¡de febrero! o, en latín, *ante diem quintum decimum Kalendas Februarias.*

Pero no hay que pensar que este era un sistema empleado por todas las civilizaciones de la antigüedad: todo lo contrario, solo los romanos lo utilizaron. Tanto los griegos como otros pueblos orientales contaban los días del mes de la misma forma que lo hacemos nosotros. En el mundo occidental, el sistema romano de las *kalendae*, *nonae* e *idus* se empleó hasta el final de la Edad Media, momento en el que se impuso finalmente el sistema lineal del 1 al 28, 30 o 31 de cada mes.

Las semanas

Las *nundinae*

Hablando de los ciclos recurrentes en el año, Ovidio en sus *Fastos* menciona que, además de los meses, existía otro ciclo independiente que regresaba cada ocho días. Efectivamente, ocho y no siete eran los días que para los romanos tenía tradicionalmente una semana. Las *nundinae* eran ciclos de ocho días —nueve si contamos de forma inclusiva, de donde viene su nombre— que marcaban la fecha en la que se celebraba el mercado en Roma.

Este ciclo estaba especialmente diseñado para que los habitantes del campo contaran con un día fijo en el que abandonar sus labores agrícolas para ir a la ciudad a comprar y vender productos, así como a emprender acciones legales en los tribunales. La tradición se remontaba, según los propios autores romanos, al rey Rómulo para unos y al rey Servio Tulio para otros.

Cada *nundinum*, o día de mercado, estaba consagrado a Júpiter, por lo que la mujer del *Flamen Dialis*, el sacerdote supremo de su culto, sacrificaba un cordero en honor del rey de los dioses en la Regia. También se celebraban banquetes, o al menos comidas más abundantes que en los demás días, y los niños no tenían obligación de asistir a la escuela pues los maestros solían aprovechar para declamar en público su conocimiento para que este llegara a una mayor cantidad de gente venida de fuera de la ciudad. Muchos romanos tenían la costumbre de bañarse, afeitarse o cortarse las uñas —en silencio y empezando siempre por la del dedo índice— en los días de nundina. Como podemos deducir, no era ni mucho menos habitual bañarse o ducharse a diario entre las clases bajas de la sociedad y sobre todo hasta la llegada del Imperio, como nos recuerda Séneca en una de sus epístolas:

> *Nam, ut aiunt, qui priscos mores urbis tradiderunt, brachia et crura cotidie abluebant, quae scilicet sordes opere collegerant, ceterum toti nundinis lavabantur.*

> Pues, según cuentan quienes nos han transmitido las viejas costumbres de la ciudad, la gente se lavaba cada día los brazos y las piernas que se ensuciaban con el trabajo, en cambio el resto del cuerpo se lo lavaban cada nundina.
>
> (Séneca, *Cartas a Lucilio* XIII, 86, 12).

Podríamos decir que se trataba, verdaderamente, de una jornada festiva pero a la vez ajetreada y abarrotada en la que la gente aprovechaba para comprar, vender y, en definitiva, relacionarse y socializar. También era normal que los magistrados anunciaran las leyes en ese día para asegurar una mayor difusión de su contenido, no solo entre las gentes de la ciudad, sino también entre los foráneos. Sin embargo, a medida que pasó el tiempo y Roma creció, las multitudes comenzaron a llenar la ciudad día sí y día también, *internundino etiam,* entre *nundinae* o, para hacernos una idea y salvando las distancias, «entre semana».

El sistema de las *nundinae* estaba representado en los calendarios con las ocho primeras letras del abecedario, de la A a la H, con la salvedad de que la letra G no apareció en el alfabeto latino hasta el siglo III a. C., por lo que hasta entonces encontraríamos, en cambio, la letra Z. Cada año, el día de mercado caía en una de las letras, generando un ciclo continuo en el que cada día del año tenía asignada una letra, como vemos en la columna lateral izquierda de muchos calendarios públicos. Este sistema hacía que la letra que se correspondía con el día de mercado fuera distinta año tras año, pero la misma durante cada uno de ellos, para que los ciudadanos pudieran identificar qué día era el apropiado en cada momento.

Las arraigadas creencias supersticiosas de los romanos provocaban que, si el día de mercado caía en las *nonae* de algún mes, se considerase como un signo *perniciosum rei publicae* —perjudicial para el Estado—. Cuando el 1 de enero coincidía con el día de mercado, el año entero era considerado como *luctuosus* —'triste' o 'lúgubre'—.

Avanzando en el tiempo, es interesante ver que la evolución de la propia Roma y su territorio hizo que se extendiera este mismo modelo, haciendo que cada ciudad siguiera su propio ciclo de *nundinae*, lo que provocaba que siempre fuera día de mercado en alguna población bajo el control de la Ciudad Eterna.

Fragmento de los *fasti praenestini*, correspondiente al comienzo de diciembre, en el que se identifica la secuencia de letras de las *nundinae*.

Las semanas

Como acabamos de comentar, Roma contaba con un ciclo de ocho días que regía la vida de la población de la ciudad y del campo. Sin embargo, como en tantos otros aspectos de la vida romana, las *nundinae* no fueron el único modelo utilizado. De hecho, hubo otro ciclo artificial que convivió con ellas y que finalmente las superó, tanto que hoy en día seguimos usándolo: hablamos de la semana.

La semana de siete días, tal y como la conocemos, surgió probablemente durante el periodo helenístico —siglos II y I a. C.—, siendo utilizada sobre todo por los astrónomos de Alejandría. Estaba basada en siete divinidades planetarias que regían cada uno de los días de este ciclo. Su uso en Egipto, y la devoción que este pueblo sentía por el dios Sol, hizo que el historiador del siglo II Dion Casio sostuviera que los egipcios habían sido los creadores de este sistema. Su verdadero origen, sin embargo, debemos buscarlo en el pueblo babilonio, que creía que el mundo estaba regido por una entidad divina formada por siete divinidades diferentes fusionadas.

Sea como fuere, la enorme difusión que tuvo este sistema, sobre todo en el oriente mediterráneo, facilitó que su fama llegara hasta la propia Roma ya en el siglo I a. C., momento en el que encontramos las primeras referencias del comienzo de su implantación en la sociedad, conviviendo a partir de entonces, incluso en los calendarios, con el sistema de las *nundinae*.

Siete dioses daban su nombre a las estrellas más brillantes que los astrónomos conocían en el firmamento y a los que llamaban planetas. La palabra *planeta* procede del griego *πλανήτης*, 'errante', porque observaban que eran las únicas estrellas que no se movían de forma conjunta con todas las demás del firmamento, sino que lo hacían de forma errática y particular. Estos planetas se ubicaban de forma concéntrica en siete esferas. Ordenándolos por distancia a la Tierra desde el más lejano al más próximo, los planetas serían: Saturno, Júpiter, Marte, Sol, Venus, Mercurio y Luna.

Visto desde una perspectiva actual puede parecer que todo esto tiene poco o ningún sentido, pero el desarrollo de una mejor explicación del sistema astronómico que conocemos hoy en día tardaría mucho en llegar y lo haría de forma paulatina. Por otra parte, cabe destacar que, en esta época, los astrónomos ya habían identificado la mayoría de los cuerpos celestes del sistema solar, ya fueran planetas como Saturno,

Júpiter, Marte, Venus y Mercurio, satélites como la Luna o estrellas como el Sol.

Cada uno de estos cuerpos celestes se correspondía con una divinidad. A cada uno se le asignaba de forma seriada una hora del día, comenzando con el más lejano: Saturno. Así, cada día recibía el nombre de la divinidad a la que correspondía la primera hora de luz, empezando desde el *dies Saturni*.

Aunque puede parecer un sistema complejo, el orden de los días de la semana que conocemos apareció gracias a este sistema de asignación de un planeta a cada una de las horas del día. Así, la primera hora de luz del segundo día de la semana estaba bajo la tutela del Sol, la del tercer día de la Luna y así sucesivamente con Marte, Mercurio, Júpiter y Venus, con la que terminaba el ciclo de siete días. La ordenación final de la semana, basándonos en el dios tutelar de la primera hora de cada día, sería: sábado, domingo, lunes, martes, miércoles, jueves, viernes y de nuevo sábado, para comenzar una nueva semana.

En págs. 84-85 reproducimos la representación de los días de la semana según el códice calendario de Filócalo (para mayor detalle se incluyen también, ampliadas a página completa, en págs. 346-352). Como puede verse, cada inscripción —que hemos traducido del original latino por motivos prácticos— explica a qué ámbitos es bueno dedicarse cada día de la semana, el destino de los niños en ellos nacidos y de las personas que en ellos enfermen, así como algunas recomendaciones generales más. Junto a la figura central que personifica el día, flanqueándola a derecha e izquierda, aparecen unas tablas en las que se detalla la secuencia horaria completa así como la asignación de cada uno de los dioses planetarios a las distintas horas del día y el carácter de cada una de ellas (sobre el carácter de las horas: ▶ 106-107).

Por lo general, excepto Marte y Saturno, ambos dioses vengativos y crueles, todos los días eran benignos para los ciudadanos. En la actualidad todavía conservamos varias supersticiones en el refranero popular español sobre el carácter perjudicial del día dedicado al dios Marte: «En martes, ni te cases ni te embarques» o «Para los desgraciados, todos los días son martes».

En latín, los nombres de cada uno de estos días eran: *dies Saturni* (sábado), *dies Solis* (domingo), *dies Lunae* (lunes), *dies Martis* (martes), *dies Mercurii* (miércoles), *dies Iovis* (jueves), *dies veneris* (viernes). En esta lista se puede ver perfectamente la evolución de los nombres latinos hasta llegar a convertirse en los actuales que todos usamos, aunque con algunas excepciones que ahora veremos.

La denominación del *dies Saturni*, se ha perdido en castellano por la influencia del *sabbath* judío, que da como resultado nuestro sábado, pero en otros idiomas, como el inglés, Saturno sigue muy presente: *Saturday*.

Al *dies Solis* le ocurre algo parecido, en este caso por la influencia cristiana posterior, como veremos más adelante. Una vez más, otras lenguas como el inglés conservan fosilizado perfectamente el nombre latino: *Sunday*, literalmente 'el día del Sol'.

El *dies Lunae* ha evolucionado de una forma lógica hasta convertirse en nuestro lunes. Otros idiomas también conservan estos rasgos, como el italiano con su *lunedì* o en inglés con *Monday*, que surge de *moon*, 'luna'.

El *dies Martis* es uno de los que mayor reflejo tienen en castellano, habiendo evolucionado a nuestro martes. Por otra parte, el *dies Mercurii*, dio lugar a nuestro miércoles, el *dies Iovis* a nuestro jueves y el *dies Veneris* al viernes. En los casos del martes, miércoles, jueves y viernes otras lenguas, como la inglesa, sustituyeron las divinidades romanas por sus homónimos nórdicos por la influencia de esta cultura en la formación del inglés antiguo: *Tuesday* viene del dios de la guerra *Tiw* o *Tyr*; *Wednesday* surge de *Odín*, llamado *Woden* en inglés antiguo; *Thursday* de *Thor* y *Friday* de la diosa *Frigg*, asimilada con Venus.

En la vida cotidiana de Roma existían muchas representaciones de los siete dioses planetarios, al fin y al cabo, el siete es, tal vez junto con el tres, el número mágico más poderoso en la tradición numerológica del mundo antiguo. Las esferas celestes, la armonía de la música divina, las vocales del alfabeto griego, las leyendas de héroes y dioses… en todas ellas está presente el número siete; tanto es así, que en la actualidad se sigue considerando como un número místico asociado con la buena suerte.

En Roma existieron incluso grandes estructuras que integraron el siete en su arquitectura o decoración. Las termas del emperador Trajano, situadas en el monte Opio, junto al Coliseo, contaban con siete grandes bañeras dedicadas a cada uno de los siete dioses de la semana. Otro ejemplo lo encontramos en el *Septizodium*, un monumento mandado construir por el emperador Septimio Severo junto al Circo Máximo en el año 203 —demolido en el siglo XVI—. Su propio nombre hacía referencia al número siete y a la palabra *septisolium*, 'templo de los siete soles', es decir, los siete dioses planetarios.

Sábado – *Saturni dies*

Domingo – *Solis dies*

Lunes – *Lunae dies*

Martes – *Martis dies*

Miércoles – *Mercurii dies*

Jueves – *Iovis dies*

Viernes – *Veneris dies*

Restitución ideal de las representaciones de los días de la semana en los *fasti filocali* del siglo IV. (Para mayor detalle se reproducen individualmente, a página completa, al final del libro: ▸ págs. 346-352).

Incluso en los espacios privados estuvo muy presente la representación de los siete dioses de la semana de formas diversas entre las que destacan los mosaicos como el que se descubrió en la llamada «Casa del Planetario», en la ciudad de Itálica, junto a Sevilla, cuna de los emperadores Trajano y Adriano, o también en los llamados *parapegmata*, pequeños almanaques para contar el tiempo tallados en mármol, terracota o incluso grabados en el yeso de las paredes de tiendas y casas.

Mosaico con los siete planetas que representan los siete días de la semana, procedente de la ciudad de Itálica.

Este tipo de pequeños calendarios solían tener las representaciones de los siete dioses de la semana y bajo ellos sendos agujeros para introducir un marcador de hueso con el que indicar qué día era. El más famoso de ellos es sin duda el hallado junto a las termas de Trajano en Roma, formando parte del muro de una pequeña iglesia cristiana. Por desgracia la pieza desapareció en el siglo XIX y nadie ha vuelto a verla jamás, pero se conservan dibujos de su configuración.

Un *parapegma* podía contar con anotaciones diversas además de los días de la semana. Indicaciones de los signos del zodiaco para guiarse a lo largo del año, días de las *nundinae* o de la luna eran añadidos frecuentes en este tipo de pequeños almanaques personales que ayudaban a sus dueños a orientarse en los diferentes sistemas temporales que dominaron Roma de forma conjunta a partir del siglo I.

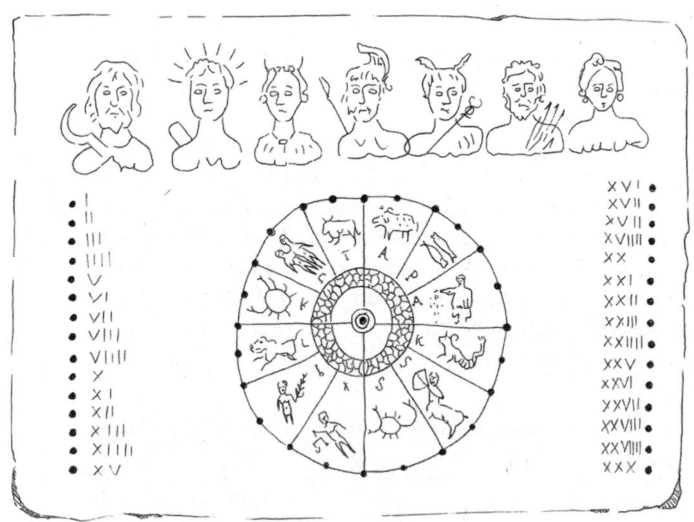

Parapegma hallado junto a las termas de Trajano en Roma, hoy desaparecido.

A lo largo de los siglos II y III el uso de la semana de siete días se fue extendiendo cada vez más, en parte por el auge del cristianismo, conviviendo hasta, al menos, el siglo V con las *nundinae* de ocho días. Como ya hemos comentado, en el año 321 el emperador Constantino impuso el *dies Solis* como el día de descanso oficial de la semana, lo que nos da una idea de que en el siglo IV la semana planetaria tenía ya mucha más importancia que el ciclo de mercado de ocho días, que fue sustituido *de facto* al pasar a celebrarse el mercado todos los domingos.

Sin embargo, y a pesar de que la concepción pagana y cristiana de la semana eran muy similares, este gesto de Constantino no tuvo nada que ver directamente con el cristianismo, pues se declaró que el día de descanso era el de la veneración al dios Sol. La denominación de los días de la semana no gustaba en la Iglesia cristiana por el contenido de adoración a los dioses planetarios, por lo que trató de sustituir los nombres de los días siguiendo el modelo judío, que fue modificado para que el primer día de la semana fuera el domingo —*dies Dominicus* o día del Señor— y no el sábado —el *sabbath* judío—. A partir del lunes, el resto de la semana estaba compuesto por las llamadas *feriae* a las que se añadía un número ordinal: *feria secunda, tertia, quarta, quinta, sexta* y *Sabbatum*. Se empleaba la palabra *feria* —'fiesta'—, porque cada día era una festividad bajo el manto del dios cristiano.

A pesar de que la nomenclatura cristiana no tuvo buena acogida general entre los ciudadanos —incluso entre los cristianos— y se mantuvo tan solo como un elemento litúrgico, algunas lenguas como el portugués sí han conservado hasta nuestros días esta forma de denominar los días de la semana de los que nosotros solo hemos adoptado el domingo. El resto de los días, con la excepción del sábado, con origen en el *sabbath* judío, han llegado hasta nosotros con pocos cambios, manteniendo su dedicación a los dioses planetarios romanos.

LATÍN	CASTELLANO	INGLÉS	ITALIANO	FRANCÉS
dies Lunae	lunes	Monday	lunedì	lundi
dies Martis	martes	Tuesday	martedì	mardi
dies Mercurii	miércoles	Wednesday	mercoledì	mercredi
dies Iovis	jueves	Thursday	giovedì	jeudi
dies Veneris	viernes	Friday	venerdì	vendredi
dies Saturni	sábado	Saturday	sabato	samedi
dies Solis	domingo	Sunday	domenica	dimanche

LATÍN	CATALÁN	ECLESIÁSTICO	PORTUGUÈS
dies Lunae	dilluns	feria secunda	segunda-feira
dies Martis	dimarts	feria tertia	terça-feira
dies Mercurii	dimecres	feria quarta	quarta-feira
dies Iovis	dijous	feria quinta	quinta-feira
dies Veneris	divendres	feria sexta	sexta-feira
dies Saturni	dissabte	Sabbatum	sábado
dies Solis	diumenge	dies Dominicus	domingo

Los días

Ahora que ya hemos comprendido la forma en la que los días se estructuraban para formar parte de los meses, de las *nundinae* e incluso de las semanas, vamos a centrarnos en el día como unidad, en su importancia y en su carácter variable a lo largo del año. No todos los días en Roma, como en la actualidad, eran iguales, sino que tenían diversas categorías que determinaban lo que se podía y lo que no se podía hacer en cada jornada. Sirva como ejemplo nuestra diferenciación de los días laborables y festivos, salvando las distancias temporales y conceptuales, como ahora descubriremos.

Fragmento de los *fasti praenestini*, correspondiente al final del mes de enero, en el que se pueden ver los diferentes atributos asignados a los días del mes.

Seguramente a finales del siglo IV a. C. se gestó la creación de los diversos tipos de días, cuyos matices fueron variando a lo largo del tiempo. Las restricciones de cada día se combinaban de forma irregular —aunque no carente de significado— a lo largo del año, formando un sistema complejo que atendía, como en el caso de las *nundinae*, a las necesidades de la población rural.

La acumulación de días «no laborables» en la ciudad, durante la primavera y parte del verano, seguramente servía para evitar que aquellos de los que dependía la producción agrícola se vieran obligados a abandonar sus labores para dedicarse a asuntos públicos o legales. Desde la publicación de los primeros *fasti* por Cneo Flavio a finales del siglo IV a. C., todos los calendarios de Roma llevaban, junto a las demás indicaciones que ya conocemos, las letras que representaban el carácter de cada uno de los días para evitar cualquier tipo de confusión o ambigüedad.

Las tres letras más comunes, que puedes ver en los *fasti praenestini* reproducidos en la página anterior, eran *C*, *F* y *N*, a las que se añadían las poco comprendidas *NP* y las más infrecuentes *EN*, *QRCF* y *QStDF*. ¿Qué significaban todas estas letras? ¿Realmente existían tantos tipos diferentes de días en la antigua Roma? Vamos a comprobarlo.

La primera gran división que debemos hacer antes de adentrarnos en las sutiles variaciones de los días en la antigua Roma es la de los días laborables, llamados *profesti*, de los que había varios tipos y los días festivos, conocidos como *festi*, especialmente dedicados a los dioses y a su culto. Sin embargo, como ya hemos dicho, los calendarios marcaban muchas más diferencias entre los diversos tipos de días, por lo que lo mejor será que abordemos cada uno de ellos de forma individual.

Dies fasti

Los días marcados con la letra *F* en los calendarios eran los llamados *dies fasti* o días con carácter *fas*, es decir, lo que está admitido por la ley divina. En ellos se permitía el desarrollo de la actividad humana, con especial énfasis en las tareas públicas y judiciales. Estos días, de los que se cuentan poco más de cuarenta en todo el año y que, junto con los *comitiales* —más numerosos—, eran considerados *dies profesti* —laborables—, marcaban el criterio por el que se distinguían unos días de otros en el calendario.

La denominación del calendario como *fasti* está relacionada con la necesidad de conocer el carácter de cada día para actuar de forma acorde con las leyes divinas. Al comenzar un nuevo día cada cual debía preguntarse si el carácter del mismo era *fas* —permitido por los dioses— o no.

Los *dies fasti* eran los que solía elegir el Senado para reunirse y debatir. Aunque estaba permitido que las reuniones se realizaran en cualquier momento, convocar a los senadores en alguna otra fecha requería de unas circunstancias específicas de gran importancia. Por otra parte, estos días también eran los elegidos para que muchos otros magistrados de Roma realizaran sus labores asignadas, en especial los *praetores*, que en los *dies fasti* —y también en los *comitiales*, como veremos— escuchaban las instancias y requerimientos de aquellos ciudadanos que presentaran casos judiciales.

El *praetor* presidía la primera parte de los juicios, o *legis actiones*, en la que escuchaba las causas judiciales presentadas ante él y determinaba si procedía continuar con la causa y el tipo de *ius* —derecho— que se debía aplicar según el caso. Esta primera parte del juicio era el llamado *ius dicere*, literalmente 'declarar el derecho', de donde viene nuestra palabra *jurisdicción*, o la determinación de la autoridad para aplicar una ley.

Este sistema preliminar era tan común en los juicios romanos que las fuentes clásicas se refieren a él como «el momento en el que el *praetor* dice las tres palabras solemnes» —*tria verba sollemnia*—: *do, dico, addico* ('doy, digo, adjudico'; Varrón, *Sobre la lengua latina* VI, 4). Estas tres palabras formaban parte de una fórmula legal empleada por el magistrado para administrar la primera fase del juicio.

Basándose en la importancia de las acciones legales llevadas a cabo por los *praetores* en los *dies fasti*, los propios autores romanos relacionaban la palabra *fas* con el verbo *fari* ('hablar'), por la capacidad del magistrado de pronunciar las tres palabras sagradas antes mencionadas. Hoy en día sabemos que se trata de una etimología incorrecta pero nos deja entrever la enorme importancia que los propios romanos otorgaban a estas acciones judiciales.

Dies comitiales

Similares a los *dies fasti*, los *comitiales*, marcados con la letra C en el calendario, eran sin duda los más abundantes a lo largo del año. Estaban especialmente indicados para los asuntos públicos y legales; todo lo que estaba permitido en un día *fasti*, lo estaba en uno *comitialis*, pero no a la inversa, pues los *comitiales* eran los únicos días en los que se podían convocar asambleas populares. Estas asambleas, conocidas como *comitia* y que podían ser de varios tipos atendiendo a su forma y poderes (*centuriata*, *tributa* o *curiata*), eran los principales órganos de representación política del pueblo romano.

En las asambleas populares los ciudadanos votaban cargos, refrendaban propuestas y, en definitiva, decidían, teóricamente, el destino político del Estado. De ahí que más de 180 días al año fueran *comitiales*, para poder realizar este tipo de asambleas con frecuencia, asegurando la tranquilidad de la ciudadanía y su participación directa en la vida política de Roma.

Aunque podríamos pensar que el calendario romano, al primer vistazo, estaba formado por numerosísimas festividades y días de culto a los dioses, sumando los días *comitiales* con los días *fasti* averiguaremos que en Roma había 220 días al año que podríamos considerar laborables. Si lo comparamos con nuestro calendario actual, en España tenemos, por norma general, entre 240 y 250 días laborables —*profesti*— al año. Si bien es verdad que la regularidad de los días comúnmente laborables dentro de la semana —de lunes a viernes— hace que parezcan más numerosos que los del calendario romano, en realidad ambos calendarios se encuentran bastante próximos en cuanto a días laborables y festivos.

Dies nefasti

Funcionando como antagonistas de los *dies fasti*, los *nefasti* —marcados con la letra *N*— eran días especialmente consagrados a los dioses en los que ciertas acciones, sobre todo legales, no estaban permitidas por la ley divina —*nefas*—. Es el caso de las acciones judiciales del *praetor* que ya hemos comentado anteriormente. Si este magistrado se presentaba a escuchar causas judiciales en un *dies nefasti* incurriría en una ofensa grave ante los ojos de los dioses. Dicha ofensa podía ser perdonada si el *praetor* se había equivocado y había actuado de buena fe y sin mala intención —*imprudens*—. Se le imponía entonces la necesidad de realizar un sacrificio expiatorio —*piacularis hostia*— a los dioses, para calmar su enfado y recuperar su favor. Sin embargo, si un magistrado hacía un mal uso de un día *nefasti* con conocimiento de causa, no existía forma de librarse de su culpa, con la que cargaría para siempre, siendo considerado *impius*.

Aun así, no todas las actividades humanas estaban prohibidas en estos días; de hecho, la parte principal de los juicios, presididos por el *iudex* ('juez'), en la que se dictaban las sentencias, podía llevarse a cabo sin mayores problemas. Así pues, como también recuerda el autor clásico Macrobio al debatir sobre estos asuntos en su obra *Saturnales*, los dioses podían permitir que los hombres hicieran en los *dies nefasti* cualquier cosa que fuera perjudicial dejar de hacer. Esto se ejemplifica en el mismo pasaje diciendo que si un hombre apuntalara una viga de una casa cuyo derrumbe fuera inminente en un *dies nefasti*, no necesitaría expiar su culpa ante los dioses por haber trabajado pues ellos entenderían la necesidad de hacerlo.

Los *dies nefasti*, poco más de sesenta al año, estaban distribuidos de forma aislada a lo largo de todo el calendario, pero se concentraban especialmente en periodos de purificación o relacionados con el culto a los dioses y la expiación de las culpas humanas. Es el caso de febrero, en el que más de la mitad de los días del mes tenían este carácter, algo lógico atendiendo a la consagración de este mes a la purificación y a los dioses del inframundo, o en junio, donde entre el día 5 y el 14 todos los días eran *nefasti*, coincidiendo con la limpieza y purificación anual del templo de la diosa Vesta que custodiaba el fuego eterno, esencia vital de la civilización romana.

Sobra decir que la denominación de este tipo de días dio origen posteriormente a nuestra palabra *nefasto*, que asumió la connotación de ilícito a ojos de los dioses, como impío u horrendo, transformando su significado y apareciendo ya en la Edad Moderna, con el de ominoso o detestable que tiene actualmente.

Dies NP

Existe también una variante de los *dies nefasti* que sin duda ha causado enormes quebraderos de cabeza a todos los investigadores que han intentado averiguar su significado. Debemos tener en cuenta que los ciudadanos estaban tan acostumbrados a este sistema que tan solo con las abreviaturas: *C*, *F*, *N*... comprendían el carácter de cada uno de los días. El problema se nos presenta en el caso de los días marcados con *NP*, puesto que no se ha conservado en ninguna fuente el significado de la abreviatura.

La historia muchas veces tiene lagunas, espacios en blanco que ni siquiera las fuentes, clásicas o posteriores, pueden completar. En este caso sabemos que Sexto Pompeyo Festo, un gramático romano de finales del siglo II, en su obra *De verborum significatione* —'sobre el significado de las palabras'—, recogió la palabra *nefasti*, haciendo referencia precisamente a la abreviatura *NP*. Sin embargo, la única copia que ha llegado hasta nosotros de la obra está en un manuscrito del siglo XI muy mal conservado por el paso del tiempo y por encontrarse parcialmente quemado. La mala fortuna y el destino han hecho que precisamente la línea del texto en la que se conservaba el significado cierto de la letra *P* se haya perdido para siempre, siendo la investigación y la hipotetización nuestras únicas aliadas en este camino.

Han sido muchos los que han intentado acercarse a su significado correcto. Parece claro, como ya avanzábamos, que la *N* tiene que ver con *nefas* por lo que quedaría por resolver solo la letra *P*. Ya los estudiosos del siglo XIX, como T. Mommsen y muchos otros, la interpretaron como *nefas principio*, *prior* o *parte*, aludiendo a que su carácter *nefasti* tan solo se mantenía durante la primera parte del día.

Sin embargo, echando un vistazo rápido al calendario, podemos ver una relación muy intensa entre los días marcados como *NP* y las distintas *feriae* o festividades marcadas de forma específica en los *fasti* así como con las *idus* —consagradas siempre a Júpiter— de cada mes. El carácter religioso de estos días queda fuera de toda duda y es por eso que actualmente *NP* se interpreta como una advertencia especial para las fiestas dedicadas a los dioses, en las que la *P* significaría *piaculum*.

El término *piaculum* se puede referir tanto a una ofensa divina —*piaculum est*— como al sacrificio expiatorio para complacer a los dioses tras el agravio —*piaculum facere*—. Por todo ello, estos días festivos y especialmente dedicados a los dioses tendrían, según esta propuesta, el apelativo de *nefas piaculum*.

Dies fissi

A pesar de que la mayor parte de los días del año respondían a alguna de las cuatro posibilidades que ya hemos expuesto, existían algunos tipos de días más, asignados a ciertas fechas específicas por motivos que residían en la tradición más remota del calendario. Durante la República, y sobre todo a lo largo del Imperio, habían quedado fosilizadas de forma ritual pero sin demasiada funcionalidad real. Existían tres tipos en concreto, cuyo carácter estaba dividido a lo largo de la jornada, de donde viene su nombre: *fissi* ('dividido').

El primer tipo entre estos días divididos es el que en los *fasti* aparece marcado con la abreviatura *EN*, que también ha suscitado muchos problemas interpretativos. Tradicionalmente —desde el siglo XVI— se había leído como *endotercissus*, una forma arcaica de *intercissus*. Más recientemente, en un intento por corregir esa interpretación bastante dudosa, se ha propuesto *endoitio exitio nefas*, omitiendo la doble *E* en la abreviatura. Esta nueva interpretación revela el verdadero significado de estos días, en los que tanto la mañana como la tarde eran tratadas como *dies nefasti* y el mediodía, una vez hechos los sacrificios pertinentes, era *fasti*.

Por otra parte, siguiendo con los días divididos, existen dos más, con abreviaturas más precisas y diferenciadas, que tan solo ocurrían en días muy concretos del año: *QRCF*, el 24 de marzo y el 24 de mayo, y *QStDF* el día 15 de junio.

QRCF, *quando Rex comitiavit fas* o 'cuando el *Rex Sacrorum* hable u oficie en el *Comitium* —en la Roma arcaica, espacio para las asambleas— [habrá] permiso de los dioses'. Esta fórmula indica también un día dividido cuya tradición hunde sus raíces en calendario romano. Una vez que el *Rex* había realizado una determinada acción al comenzar el día, este pasaba a ser *fasti*.

Del mismo modo, el 15 de junio era denominado *QStDF*, *quando stercum delatum fas* o 'cuando la inmundicia se haya eliminado, [habrá] permiso de los dioses'. Esta fecha y su significado están en relación directa con la limpieza anual del templo de Vesta, que terminaba en este día barriendo la suciedad fuera del recinto para purificarlo. Una vez acabada la purificación, que había durado varios días, todos ellos *nefasti*, el día se convertía en *fasti*.

Dies atri

Los *díes atri* ('negros'), también conocidos como *dies religiosi*, eran aquellos que tenían un carácter especialmente lúgubre por existir algún mal presagio sobre ellos que hacía desaconsejable —aunque no estaba estrictamente prohibido— o inapropiado realizar ritos religiosos o cualquier actividad pública. No deben ser confundidos con los *dies vitiosi*, una categoría de día menor con carácter ominoso que desapareció seguramente a comienzos del Imperio y que solo aparece mencionada un par de veces en las fuentes antiguas. En el año 30 a. C. el Senado declaró *vitiosus* el día del nacimiento del general Marco

Antonio tras su derrota y muerte en Alejandría como una forma de manchar su memoria en favor del victorioso Octaviano, que pocos años después se convertiría en Augusto, *Princeps* de Roma.

El origen de los días negros, según cuentan las propias fuentes romanas —Aulo Gelio o Macrobio, entre otros— se remonta a comienzos del siglo IV a. C., cuando tuvo lugar la batalla del río Alia en la que las tropas romanas fueron masacradas por el ejército galo. La tradición cuenta que en año 389 a. C., tan solo un año después de la derrota, que normalmente se fecha el 18 de julio del año 390 a. C. —aunque seguramente la fecha no sea real—, el Senado se reunió para preguntarse por qué Roma había sufrido aquella herida y otras que todavía estaban recientes, como la derrota de Cremera contra los etruscos de la ciudad de Veyes.

Su investigación determinó que el día siguiente a las *idus* de julio, poco antes de la batalla de Alia, se habían hecho los sacrificios para ganar el favor de los dioses en el combate. De ello concluyeron que los días posteriores a las *idus —dies postriduani—* debían ser considerados como ominosos, cosa que se hizo extensiva a los días posteriores a las *kalendae*, a las *nonae* y a otros días festivos, otorgándoles la denominación de *dies atri* o 'días negros'. En ellos estaba desaconsejado y mal considerado viajar, alistarse en el ejército, entrar en combate, casarse, navegar o emprender cualquier acción importante.

Los *dies atri* no eran fechas que estuvieran indicadas en los *fasti* oficiales, puesto que podían coincidir sin mayores problemas con días *fasti*, sino que más bien eran recomendaciones religiosas que muchos ciudadanos seguían por tradición, del mismo modo que en la actualidad mucha gente se cuida de un «martes y 13».

Algunos de los días negros más importantes sí estaban presentes en el calendario, aunque no por ser *atri*, sino por los sucesos o rituales que acontecían en ellos. Por ejemplo, el *dies alliensis*, que conmemoraba el desastre de Alia—18 de julio—, sí aparece en los *fasti* por ser un día especialmente trágico en la historia de Roma. Otros días negros en el calendario, aunque no así indicados directamente, eran los *dies parentales*, en febrero, especialmente dedicados a los antepasados; las *lemuria*, en mayo, festividades de los espíritus malignos; o los tres días al año en los que el pozo *—mundus—* de entrada al inframundo se abría y la tierra de los vivos se unía con la de los muertos, a los que era necesario aplacar. Es curioso, sin embargo, que en los *dies atri* o *religiosi* también estuvieran desaconsejados los funerales, pues en la invocación inicial debían ser mencionados los dioses Jano y Júpiter, algo nada recomendable en este tipo de días.

Con el paso del tiempo los *dies atri* fueron perdiendo su sentido y denominación originales y hacia el siglo IV ya eran llamados *dies aegyptiaci.* Sin que podamos saber exactamente cuando se produjo el cambio, es en los *fasti filocali* del 354 d. C. cuando aparecen por primera vez en la posición de muchos de los días negros. Se les dio ese nombre no porque tuvieran que ver nada con la religión egipcia, sino por darle tal vez un tinte exótico a una tradición que ya le era ajena a una buena parte de los ciudadanos.

Otros días

Además de todos los que ya hemos comentado, existían en el calendario romano otros días de naturaleza diversa que podían estar superpuestos, si las condiciones así lo permitían, a los *dies fasti*, *comitiales*, *nefasti*... Entre ellos destacan los días *proeliares*, adecuados para entablar combate contra el enemigo; otros relacionados con asuntos judiciales, como los *dies stati* —'de vencimiento' o 'designados'— o *comperendini* —'de aplazamiento' o 'moratoria'—; días trascendentales y muy concretos, como el 19 de agosto del año 14, fecha de la muerte del emperador Augusto, declarado como *dies tristissimus;* o incluso aquellos que no afectaban más que a una persona, como el *dies lustricus,* en el que se le daba su nombre a un recién nacido, nueve días —contando de forma inclusiva— después del parto, cuando el cordón umbilical ya se había desprendido. Hasta entonces, como recuerda Plutarco (*Cuestiones romanas,* 102) el recién nacido era más una planta, que seguía teniendo sus raíces en la madre, que un niño.

Finalmente cabe destacar los días *caniculares* ('de perros'), nombre con el que se conocía a los días más calurosos del año, generalmente desde finales de julio, cuando aparecía en el cielo la estrella *canicular*, Sirio. Esta estrella pertenece a la constelación del Can Mayor, que se asocia con la forma de un perro, de ahí la asimilación del calor con los perros. De hecho esta expresión ha llegado a nosotros: «hace un día de perros» tiene siempre una connotación mala que viene por su asociación en la antigüedad con los días de calor más insoportable.

El final de la nomenclatura de los días tal y como los hemos analizado sobrevino en el año 389 con una ley promulgada por los emperadores

Teodosio, Valentiniano y Arcadio, que transformó el calendario de días *fasti* y *nefasti* en un *feriale* o listado de festividades. Esta y otras medidas que fomentaban la persecución de todo lo pagano en una Roma ya cristianizada, supusieron el golpe definitivo para el calendario tradicional. *Kalendae*, *nonae* e *idus* quedaron como meros elementos de cálculo, vacíos de todo su significado original pero manteniendo, sin embargo, su esencia oculta a través del tiempo.

Las horas

A diferencia de años, meses o días, y aunque parezca extraño, las horas y su medición hicieron su aparición en Roma en un periodo en el que la ciudad ya había consolidado su poder en Italia y estaba avanzando contra Cartago. Hasta el siglo III a. C. la única forma de contabilizar el paso del día era la observación de la posición del sol en el cielo, lo que llamamos día natural —del amanecer al ocaso— en oposición al día civil que se refiere a una rotación completa de la Tierra durante 24 horas.

El tiempo en el día natural

El día natural, muy en relación con el campo y sus labores, pero también con la ciudad hasta la introducción de los instrumentos de medición, tenía varias fases. No podían ser medidas con precisión y aunque un día sin horas en la actualidad nos pueda extrañar e incluso desorientar, la vida era algo más sencilla entonces y este sistema era suficiente para desarrollar sin problemas las labores del día a día. Debemos tener en cuenta que cuando el sol se escondía, dando paso a la noche, prácticamente toda la vida se apagaba, pues la única iluminación de que disponían era la de velas, lucernas y antorchas.

Conocemos la estructura del día natural gracias a varios autores que la dejaron por escrito, entre ellos Varrón, Frontón, Censorino y Macrobio, considerándola la medición rural del tiempo, al escribir todos ellos en momentos en los que ya se contabilizaba el día por sus horas.

El día comenzaba al amanecer, llamado *solis ortus*, literalmente 'la salida del sol'. Después llegaba la mañana, conocida como *mane*, una palabra relacionada con la buenaventura. El siguiente punto importante del día era el *meridies* —mediodía—, momento que solía anunciarse, hasta mediados del siglo III a. C., por medio de un heraldo público que observaba cuándo se situaba el sol entre los *rostra* y la *graecostasis*, las dos tribunas de oradores del Foro. La tarde o *postmeridiem*, de donde surge la abreviatura PM que a veces se coloca detrás de las horas, se dividía en su parte final en varios periodos que reflejaban los últimos momentos del día. *Suprema* se denominaba a la última hora de luz, tras la que llegaba el *solis occasus*, la puesta de sol.

Antes del anochecer *—vespera—*, se producía el *crepusculum*, ese breve lapso de tiempo en el que el cielo todavía conserva algo de luz, para pasar finalmente a la noche *—nox—*, el momento en el que se encendían las lámparas de aceite *—luminibus accensis—* y las primeras antorchas *—prima faces—*. Con la única iluminación del fuego, llegaba la hora de dormir *—concubium* o *concubia nocte—*, antes de la *media nox*.

Pasada la medianoche era el momento de mayor intensidad nocturna *—intempesta nox—*, en la que el silencio y la quietud eran totales *—conticinium* o *silentium noctis—*. Finalmente llegaba la hora del canto del gallo —el *gallicinium—* y los últimos momentos de oscuridad *— ante lucem—*, en los que aparecía la *prima lux* del crepúsculo de la mañana *—diluculum—* que precedía, un día más, al amanecer.

La medición de las horas

En Roma, durante toda la antigüedad, se siguieron utilizando los términos naturales que acabamos de ver, prueba de ello es que los autores que los mencionan son posteriores a la aparición de las horas y que nosotros mismos seguimos empleándolos. Aun así, es cierto que la introducción de la medición del día civil supuso toda una revolución sin precedentes en la sociedad romana.

La invención de los sistemas de medición no fue un mérito de Roma, a donde llegó bastante tarde, puesto que para entonces los griegos estaban ya muy avanzados en la materia, aplicando lo aprendido de los egipcios y sobre todo de los babilonios, seguramente los verdaderos inventores de los primeros relojes. Fue, por tanto, la influencia griega la que llevó a Roma el primer reloj *—horologium—* de su historia, así como la propia palabra *hora* que designaba las divisiones del día en 24 partes.

El tipo de reloj más antiguo y tradicional era el de sol, conocido en latín como *horologium solarium*, que marca las horas gracias a la inclinación de la sombra que proyecta el sol sobre una *aguja* medidora o *gnomon*. Aunque existen algunos relatos que difieren, Plinio el Viejo, en su vasto conocimiento, nos transmite que el primer reloj de sol que llegó a Roma fue el que Lucio Papirio Cursor dispuso frente al templo del dios Quirino el 17 de febrero del año 293 a. C. Lo hizo durante la ceremonia de dedicación del propio templo, honrando así a su padre que lo había mandado edificar en la colina del Quirinal en el año 325 a. C. (*Historia natural* VII, 212-215).

Restitución ideal del templo de Quirino en Roma frente al cual se situó el primer reloj de sol de la ciudad.

Según pasaron los años, el uso de los relojes de sol para medir las horas del día se fue extendiendo por toda la ciudad en forma de *horologia solaria* monumentales en espacios públicos y también otros relojes privados en casas de familias acomodadas. Sin embargo, este sistema de medición dependía necesariamente del sol para funcionar, existiendo dos grandes inconvenientes hasta entonces irresolubles: cómo medir las horas en los días nublados y durante las noches.

En el año 159 a. C., Publio Cornelio Escipión Nassica mandó colocar en la basílica Emilia del Foro un nuevo invento, también traído de Grecia, que permitiría desde entonces solucionar la dependencia del sol para la medición de las horas. Se podía usar en días nublados, de noche e incluso en interiores: nos referimos al reloj de agua *—horologium ex aqua—*. Una vez calibrado con el sol, un reloj de agua, también llamado *clepsydra*, era capaz de mantenerse activo todo un día y una noche si era necesario. A partir de entonces fue ampliamente utilizado para limitar el tiempo de los discursos y las réplicas en el Senado, en los tribunales y en otros espacios públicos.

Con la llegada del Imperio se extendió el uso de *horologia* en la mayor parte de las ciudades, que así podían conocer las horas gracias a las innovaciones tecnológicas que les brindaba Roma. También se extendió el uso de los relojes de sol de bolsillo e incluso, en las familias ricas, se encomendaba a un esclavo la labor de anunciar la llegada de las diferentes horas del día, como si de un reloj humano se tratase.

Sin duda, el reloj más famoso de la historia de Roma es el conocido como *horologium augusti*, mandado construir en el año 10 a. C. por el emperador Augusto en el Campo de Marte. Estaba formado por un enorme obelisco egipcio, el primero transportado hasta Roma, que ejercía como gran *gnomon*, proyectando su sombra sobre una línea meridiana incrustada en bronce sobre un pavimento de mármol. Aunque las hipótesis tradicionales lo consideraron un reloj de sol al uso, actualmente se tiende a pensar que estaría más enfocado a determinar los signos del zodiaco a lo largo del año y a medir la variación en la duración de los días a lo largo de las diferentes estaciones. Por supuesto, este monumento, diseñado por Facundo Novio, también tenía un carácter propagandístico al construirse junto al *Ara Pacis* con la que formaba seguramente una alineación solar en el día de la fiesta del dios Apolo, protector del emperador Augusto. En cualquier caso, como refiere Plinio el Viejo, ya en su época —mediados-finales del siglo I— había dejado de funcionar correctamente (*Historia natural* XXXVI, 72-73). Las excavaciones actuales han hallado algunos fragmentos de la línea de bronce todavía sobre el pavimento original, a más de ocho metros de profundidad, y el obelisco, reconstruido en el siglo XVIII, puede verse hoy en día cerca de su ubicación original en la Piazza di Montecitorio de Roma.

La división civil del día

La idea de dividir el día en 24 horas fue introducida junto con la invención del reloj de sol. A pesar de que los días romanos tenían 24 horas como los nuestros, existía una diferencia crucial que para nosotros, acostumbrados a vivir con normalidad la precisión de cada segundo, puede resultar muy extraña: las horas romanas no duraban sesenta minutos.

O más bien, no siempre duraban sesenta minutos. De hecho, solo lo hacían durante los equinoccios, cuando el día tiene la misma duración —*aequus*— que la noche —*nox*—, de donde proviene la palabra latina *aequinoctium*. Las horas tenían una duración variable porque no se regían por ser la vigesimocuarta parte del día natural, sino la duodécima parte del día civil, es decir, doce partes iguales desde el amanecer hasta el ocaso y desde el anochecer hasta el alba en el caso de la noche. Sin instrumentos de precisión capaces de medir el tiempo sin depender directa o indirectamente del sol, el día estaba compuesto siempre por doce horas y la noche por otras doce. Si imaginamos un reloj de sol es sencillo comprender la lógica detrás de este sistema de horas variables. La sombra que va pasando por cada una de las marcas de las horas del día se moverá más rápido en invierno, por haber menos horas de luz y más lentamente en verano, pero siempre pasará por las mismas doce marcas del reloj.

En verano, cuando hay más horas de luz, en Roma amanecía sobre las 4:30 de la madrugada y atardecía sobre las 19:30, y así seguiría siendo de no ser por la implantación en el siglo XX del cambio horario en verano, que retrasa el amanecer y el atardecer una hora. En invierno amanecía sobre las 7:30 y atardecía hacia las 16:30, quedando en un punto intermedio en primavera y otoño, cuando amanecía cada día sobre las 6:00 y llegaba el ocaso hacia las 18:00. Por ello, excepto en los equinoccios de primavera y otoño, como hemos comentado, cada una de las horas romanas podía llegar a durar alrededor de una hora y media actuales en verano y unos 45 minutos durante el invierno.

Por otra parte, el uso de este sistema no implicaba que los romanos no conocieran las 24 horas de duración fija, u horas equinocciales. Estas eran empleadas por los astrónomos para hacer sus cálculos y cómputos y aparecen indicadas en los llamados *menologia rustica* —'altares del zodiaco'— y en obras naturalistas como la de Plinio el Viejo. Sin embargo, no eran la norma entre los ciudadanos en el día a día, debido a que los instrumentos de medición estaban basados en el sol y no existía una forma simple de calcular sobre la marcha las horas equinocciales. Este sistema se siguió utilizando en algunos casos durante buena parte de la Edad Media puesto que solo hacia el año 1500 los relojes mecánicos empezaron a ser más precisos, marcando los cuartos de hora. Sin embargo, no se consiguió indicar de forma exacta los minutos hasta la invención del reloj de péndulo en 1657, bien entrada ya la Edad Moderna.

En la antigua Roma las 24 horas de cada día se contaban desde la medianoche, momento en el que se producía el cambio de fecha. Aun así, en el mundo antiguo, cada cultura comenzaba sus días en momentos distintos. Los babilonios empezaban a contarlos desde el amanecer, los atenienses desde que anochecía e incluso los umbros, un pueblo itálico conquistado por Roma en el siglo III a. C., lo hacían, extrañamente, de mediodía a mediodía.

Las horas, que podían dividirse por la mitad —*semihora*— y hasta en doce partes, estaban numeradas durante el día desde el amanecer en adelante y durante la noche desde el ocaso hasta el alba. *Hora prima* —primera hora—, *hora secunda*, *tertia*, *quarta*, *quinta*, *sexta* —que coincidía con el mediodía—, *septima*, *octava*, *nona*, *decima* y *undecima*. La última de ellas, la *hora duodecima*, prácticamente no era conocida con este nombre, puesto que se empleaban los términos relacionados con el ocaso del día natural.

Durante la noche, por la dificultad añadida para medir las horas y la menor importancia individual de las mismas, se utilizaban de forma común, sobre todo en ambientes militares, cuatro divisiones que se correspondían con las guardias —*vigiliae*— de los campamentos: *vigilia prima*, *secunda*, *tertia* y *quarta*, cada una de ellas de tres horas romanas de duración. Aun así, cada una de las horas nocturnas también recibían nombre: *hora prima noctis*, *hora secunda noctis*, etc., hasta llegar de nuevo al amanecer.

La organización del día romano

Ya hemos visto el sistema horario romano, en un primer momento únicamente expresado a través de la observación del día natural y posteriormente a través de la medición de las horas temporarias o variables según la estación del año. Pero, ¿cómo se organizaba la vida de la ciudad a lo largo del día?

La mayoría de los ciudadanos se levantaban hacia la *hora prima*, para comenzar el día y aprovechar al máximo posible las horas de sol disponibles, sobre todo en invierno, cuando eran más escasas. Sin embargo, encontramos ejemplos de madrugadores, como el erudito Plinio el Viejo, que se levantaba de madrugada para tener más tiempo que dedicar a escribir, a la *hora septima noctis* o incluso a la *sexta*, como cuenta su sobrino Plinio el Joven en una de sus cartas.

> *Sed erat acre ingenium, incredibile studium, summa vigilantia. Lucubrare Vulcanalibus incipiebat non auspicandi causa sed studendi statim a nocte multa, hieme vero ab hora septima vel cum tardissime octava, saepe sexta. Erat sane somni paratissimi, non numquam etiam inter ipsa studia instantis et deserentis. Ante lucem ibat ad Vespasianum imperatorem —nam ille quoque noctibus utebatur—, inde ad delegatum sibi officium. Reversus domum quod reliquum temporis studiis reddebat. Post cibum saepe —quem interdiu levem et facilem veterum more sumebat— aestate si quid otii iacebat in sole, liber legebatur, adnotabat excerpebatque. Nihil enim legit quod non excerperet; dicere etiam solebat nullum esse librum tam malum ut non aliqua parte prodesset. Post solem plerumque frigida lavabatur, deinde gustabat dormiebatque minimum; mox quasi alio die studebat in cenae tempus. Super hanc liber legebatur adnotabatur, et quidem cursim.*
>
> [Plinio] era hombre de agudo ingenio, increíble capacidad de estudio, y una mínima necesidad de dormir. A partir de las fiestas de Vulcano empezaba a trabajar a la luz de las lámparas a media noche, no para conseguir un comienzo del día favorable, sino para tener más tiempo de estudio; en invierno desde la hora séptima, o lo más tarde desde la octava, a menudo desde la sexta. Además caía en el sueño con suma facilidad, a veces incluso se dormía y se despertaba en medio de los estudios. Antes del amanecer visitaba al emperador Vespasiano —pues éste también trabajaba de noche—, y de allí se dirigía a atender sus obligaciones públicas. Una vez que regresaba a casa, dedicaba el resto de la jornada a sus estudios. A menudo, después de tomar algún alimento, que durante el día era ligero y simple según una antigua costumbre, en verano, si tenía algún tiempo libre, se tumbaba al sol y se hacía leer un libro, mientras tomaba notas y copiaba algún pasaje. Pues, de todo lo que leía siempre copiaba algún pasaje; incluso solía decir que ningún libro era tan malo que no fuese útil en algún apartado. Después de este baño de sol, generalmente tomaba un baño de agua fría, luego comía algo y dormía un momento; después, como si se tratase de un nuevo día, estudiaba hasta la hora de la cena.
>
> (Plinio el Joven, *Cartas* III, 5, 8-11).

También había quienes, a diferencia de Plinio, apreciaban mucho más quedarse en la cama hasta tarde, como el propio emperador Calígula, del que Suetonio nos cuenta que el día 24 de enero del año 41, bien entrada ya la mañana —hacia la *hora septima*—, todavía estaba dudando si debía levantarse tras los excesos del día anterior. Cuando persuadido por sus amigos por fin lo hizo, aciago destino le sobrevino, pues ese fue el día de su asesinato (*Vida de los doce césares,* «Calígula», 58).

Con los primeros rayos de sol la ciudad comenzaba a despertar, siendo los asuntos legales y públicos los más tempranos en comenzar cada mañana para exprimir al máximo el día. Era común que cualquier decreto del Senado hecho antes de amanecer o después de la puesta de sol, o incluso después de la *hora decima*, no se considerara válido. También los tribunales comenzaban a dirimir casos desde primera hora de la mañana, haciendo que muchas veces se pudiera tomar una decisión por la tarde y así cerrar el juicio antes del ocaso.

También los comercios abrían sus puertas a lo largo de la mañana, aunque si en alguno de ellos se servía vino no estaba permitido que lo hiciera antes de la *hora quarta*. Todavía antes del mediodía, entre las *horae quarta* y *quinta*, llegaba el tiempo del almuerzo. Era el momento en el que muchos *thermopolia* comenzaban a servir viandas para los romanos que no podían permitirse volver a sus casas a comer.

Terminada la comida era el momento perfecto para cumplir con una tradición que hemos sabido mantener intacta hasta la actualidad. A la *hora sexta* —mediodía—, el periodo de más calor en verano, muchos aprovechaban para hacer un pequeño alto en el día y disfrutar de una *meridiatio*, lo que hoy conocemos como una siesta. Incluso el emperador Augusto disfrutaba cada día de un buen descanso después de comer, como recuerda Suetonio.

> *Post cibum meridianum, ita ut vestitus calciatusque erat, retectis pedibus paulisper conquiescebat opposita ad oculos manu.*
>
> Después del almuerzo, vestido y calzado como estaba, reposaba un poco sin taparse los pies, con una mano puesta sobre los ojos.
>
> (Suetonio, *Vida de los doce césares,* «Augusto», 78).

Su nombre, en efecto, no es aleatorio, dado que su etimología proviene de la hora en la que más comúnmente tenía lugar, la *sexta*. El paso del tiempo, y la perduración de la tradición, propiciaron que la denominación de la hora terminara por ser también la de la siesta.

La tarde era el momento preferido por los romanos para ir a los baños, en los que disfrutar de la relajación y el ambiente social después de un duro día de trabajo. En el caso de las ciudades que no contaran con baños separados para hombres y mujeres, desde el amanecer hasta la *hora septima* los baños estaban abiertos para ellas y, a partir de la octava y hasta el ocaso —ciertamente, el mejor horario—, para ellos. Quienes se lo podían permitir también aprovechaban para bañarse en sus casas entre la *hora octava* y la *nona*, justo antes de cenar.

Ya con poco tiempo de luz restante en el día los ciudadanos cenaban, la mayoría en sus casas, entre la *hora nona* y la puesta de sol, aunque cuando se celebraban los ocasionales banquetes —*convivia*— la cena se podía alargar hasta bien entrada la noche gracias a la iluminación de las lamparillas de aceite y las antorchas. Aquellos que no podían, o que simplemente no deseaban asistir a tales opulentos banquetes, tenían la opción de ir a la taberna, que hacia la *hora undecima* comenzaba a llenarse de hombres ansiosos de gastarse un *as* en una copa de vino, normalmente de dudosa calidad. Plinio, apasionado por la enología, cuenta en su *Historia natural* (XIV, 8, 70) que incluso los mejores caldos de Pompeya eran capaces de causar dolores de cabeza que duraban hasta la *hora sexta* del día siguiente.

Finalmente, cuando el día terminaba y la gente dormía, los carros transitaban transportando mercancías por las calles de las ciudades, ya calmadas, algo que estaba prohibido durante el día para evitar las aglomeraciones, especialmente en Roma, donde el tráfico se había convertido en un problema especialmente grave que afectaba seriamente el desarrollo de las actividades diarias de los ciudadanos.

El carácter de las horas

Con la llegada en el siglo I a. C. de la semana planetaria y su progresivo avance en la vida diaria de Roma, surgió también la dedicación de cada una de las horas del día a uno de los siete planetas de la semana. El dios que gobernaba sobre la primera hora de cada uno de los días, como ya vimos, daba su nombre a esa jornada, formando la ordenación convencional de la semana, comenzando en el sábado. Además, cada una de las horas estaban marcadas con un carácter que influía en ellas de forma determinante.

En las ilustraciones del ciclo semanal de las páginas 346-352, extraídas del modelo de los *fasti filocali*, aparecen cada una de las horas del día seguidas de una letra que indica su carácter: beneficioso (*B: bona*), perjudicial (*N: noxia*) o neutral (*C: communis*). El carácter de cada hora influía en la elección del mejor momento para realizar determinadas acciones a lo largo del día. En su creencia, demasiados malos signos que señalaran hacia un punto concreto podían significar echar a perder un buen negocio o dar al traste con un asunto público delicado.

El carácter de las horas estaba influido, o más bien determinado, por el dios que gobernaba sobre ellas. Las horas perjudiciales (*N*) eran las que estaban bajo la tutela de los dioses Marte y Saturno, crueles y vengativos; las horas buenas (*B*) se asociaban con Venus, diosa del amor y la belleza, y con Júpiter, el rey de los dioses; el resto de las horas, dedicadas a la Luna, Mercurio y el Sol, eran las neutrales (*C*).

Con este sistema las horas se distribuían de forma regular, haciendo que cada día tuviera entre seis y siete horas buenas y perjudiciales y diez u once horas neutrales, excepto el *dies Mercurii*, el único día que tenía ocho horas perjudiciales, cuatro durante la noche y otras cuatro durante el día.

Después de haber examinado, de lo general a lo particular, todos los elementos que componían el calendario romano hemos podido comprender su estructura básica. Todo ello nos servirá, a continuación, para guiarnos a través de todo un año en la vida de la Roma clásica y asistir a las festividades, ritos y costumbres de aquellos que los vivieron como propios en su día a día.

PARTE II

EL CALENDARIO ROMANO:
festividades y vida cotidiana

INTRODUCCIÓN

Ahora que ya conocemos de forma más profunda los inicios y el desarrollo del calendario romano desde sus orígenes más remotos hasta nuestros días con todos sus detalles y complejidad, podemos acercarnos a su contenido. Festividades, fechas señaladas, aniversarios de acontecimientos y muchos otros sucesos que fueron marcados en los *fasti* a lo largo de la historia de Roma nos servirán para ver reflejadas a todas las personas que utilizaban el calendario en su día a día, su costumbres y los ritos que definieron la sociedad romana.

La estructura de esta segunda parte será la de los doce meses del año juliano. Miraremos al calendario en toda su extensión, con referencias a momentos anteriores a la implantación del sistema juliano en el año 45 a. C. y también a épocas posteriores, en algunos casos hasta el siglo v, puesto que no todas las festividades tuvieron la misma importancia a lo largo de los más de mil años de historia de Roma. De este modo podremos comprobar su evolución y las diferentes formas de entenderlas.

Siguiendo los modelos de la antigüedad, las siguientes páginas se convertirán en unos verdaderos *fasti contemporanii* del siglo xxi, una recopilación de la historia de Roma a través de su calendario para la consulta cotidiana y como homenaje a sus fuentes, en las que basaremos su contenido y formato. Ovidio, Varrón, Macrobio y muchos otros autores, así como los diferentes *fasti* que conocemos en la actualidad, tanto públicos, en soportes marmóreos (*amiternini, praenestini, maffeiani*...), como privados, especialmente el códice calendario del año 354 o *fasti filocali*, serán nuestros puntos de referencia.

De este último tomaremos en parte su estructura que, aunque tardía, nos da una idea de lo que serían los calendarios privados, en este caso en forma de códice, popularizada desde finales del siglo iii, aunque debió existir desde tiempo atrás. Cada uno de los meses de nuestros *fasti* están precedidos de una representación iconográfica basada en aquella que se conserva en dos códices del siglo XVII que guarda la Biblioteca Apostólica Vaticana. Ambos copian a otro códice, este del siglo IX, hoy perdido, que era copia a su vez del original del año 354, también destruido hace ya muchos siglos. Cada una de las ilustraciones representa una festividad del mes, una costumbre o simplemente una idealización de los conceptos relacionados con el mes al que se refiere. Bajo cada representación, encontramos los versos dísticos originales que la acompañan en el códice, conservados también en una recopilación de poemas conocida como *Antología latina* (665) y que comentan algún aspecto interesante de cada mes. De ellos no sabemos su autor o su fecha, pero debieron ser muy conocidos a lo largo de todo el Imperio, quizás incluso desde época de Augusto.

También encontraremos en cada mes una representación ideal de la estructura de los *fasti* con las fechas, el carácter de los días y las festividades más destacadas, basándonos en los restos de más de cincuenta calendarios, muchos de época augustea, entre los que destacan los *fasti maffeiani*, los más completos que se conocen, los *amiternini* o los *praenestini*, la copia más lujosa de un calendario romano que ha llegado hasta nosotros.

Indicaremos las ocho letras de las *nundinae* de *A* a *H*, las *kalendae* (*K*), *nonae* (*NON*) e *idus* (*EID*) de cada mes, así como los días que faltan para llegar a cada una de estas fechas. También estarán marcados los *dies fasti* (*F*), *comitiales* (*C*), *nefasti* (*N*), *nefas piaculum* (*NP*), *endoitio exitio nefas* (*EN*), así como los más raros *quando Rex comitiavit fas* (*QRCF*) y *quando stercum delatum fas* (*QStDF*) (▶ categorías vistas en págs. 90-97). Por último, las *feriae* más destacadas por los propios calendarios romanos en cada mes se encontrarán abreviadas; por ejemplo *LVPER* como referencia a las *lupercalia*, que después desarrollaremos en el texto.

Dentro de cada mes descubriremos su origen, dedicación, festividades y otros hitos importantes que tuvieron lugar a lo largo de la historia de Roma. Para ello nos serviremos de todas las fuentes posibles que ya hemos mencionado en la primera parte de esta obra y en las líneas anteriores de esta introducción, así como algunas otras muy interesantes como los llamados *menologia rustica*, el *vallense* —desaparecido— y el *colotianum*, dos singulares altares zodiacales que muestran los doce meses del año y dan algunas indicaciones interesantes sobre ellos y su relación con los trabajos del campo.

El *menologium rusticum colotianum* muestra los doce meses del año y las tareas agrícolas más importantes a realizar en cada uno de ellos. Museo Archeologico Nazionale, Nápoles.

A lo largo de cada uno de los meses del año, la principal función del calendario romano era la de recoger las fechas de las festividades o *feriae* públicas del Estado. Las *feriae* eran los principales *dies festi* o festivos, que implicaban detener cualquier actividad laboral. Los *flamines*, sacerdotes responsables del culto a los principales dioses romanos, no tenían permitido siquiera ver a alguien trabajar, por lo que al salir a la calle en estos días lo hacían siempre precedidos de heraldos que instaban a cualquier persona que se encontraran trabajando a que parara, so pena de pagar una multa o tener que ofrecer un cerdo como sacrificio para expiar su culpa.

Otros días, como aquellos en los que se celebraban espectáculos gladiatorios, carreras o representaciones teatrales, también eran *dies festi*; no llegaban a la categoría de *feriae*, aunque normalmente sí aparecían en el calendario oficial por ser celebraciones multitudinarias. En los días de *ludi* ('juegos' o 'espectáculos') —casi ochenta al año a finales de la República—, al no ser fiestas *piaculares* —especialmente consagradas a los dioses—, la actividad pública y económica se podía mantener sin incurrir en ninguna ofensa divina. Su origen estaba ligado al desarrollo de la República como forma de realizar ofrendas especiales a Júpiter Óptimo Máximo para ganar su favor en el campo de batalla, los llamados *ludi romani.* De ahí que, a lo largo de su historia, algunos de los *ludi* más celebrados fueran los que se realizaban para honrar victorias militares.

Las *feriae* también tenían un fundamental componente de dedicación a los dioses pues habían sido creadas para ellos, como recuerda Varrón: *Dies deorum causa instituti* ('[Las fiestas fueron] días establecidos en atención a los dioses'; *Sobre la lengua latina* VI, 12). Aunque también existían otro tipo de *feriae*, en este caso privadas, en honor de personajes ilustres o familias, estas no eran celebradas por el común de los ciudadanos, con la excepción de las de la familia imperial, que sí eran de carácter público. Otras *feriae privatae*, aunque menos festivas en el sentido actual del término, eran las *feriae denicales*, celebradas durante diez días después de la muerte de un familiar. Por último, cada persona hacía *feria* su *dies natalis* —su cumpleaños— o cualquier otro día con un significado especialmente importante en su vida.

Entre las *feriae publicae* distinguimos tres grupos: *stativae*, *conceptivae* e *imperativae*. Las *feriae stativae* eran las fiestas fijas que se celebraban cada año en una fecha determinada y las únicas que se reflejaban en los calendarios oficiales al ser fijas año tras año. El segundo tipo, las *feriae conceptivae,* también se celebraban año tras año en ciertos periodos estipulados, pero en este caso eran los magistrados o los sacerdotes los que debían fijar la fecha exacta en cada ocasión. Por ello, no podían ser reflejadas en los calendarios marmóreos sino que eran anunciadas públicamente con antelación. Finalmente, existían también las *feriae imperativae*, fiestas de carácter inconstante y de fecha determinada de manera particular en cada uno de los casos. Se celebraban por orden de los cónsules, de los *praetores* o de un *dictator* para conmemorar una victoria, expiar una grave ofensa o paliar una catástrofe.

Todas las *feriae publicae*, sin importar su carácter, estaban especialmente orientadas a servir como acción de gracias o expiación a los dioses para el beneficio del pueblo romano y era el Estado el que costeaba los sacrificios y rituales que fueran apropiados en cada situación. Los ciudadanos no tenían la obligación de realizar por sí mismos ningún tipo de ritual u ofrenda, aunque podían hacerlo de forma particular si así lo deseaban. La religión romana contaba con infinidad de divinidades, unas más importantes que otras, que protegían y velaban por los distintos aspectos de la vida diaria, funciones que en el cristianismo fueron asociadas posteriormente con los santos protectores o patrones.

Los rituales incluían normalmente el sacrificio de una víctima animal, excepto a aquellas divinidades extremadamente puras como Carmenta, que no podía tener ninguna relación con la muerte al ser la diosa protectora de los nacimientos. El sacrificio, ejecutado por los sacerdotes del culto a la divinidad correspondiente, se solía realizar en un altar colocado frente al templo o santuario y solía ir acompañado de un banquete ritual.

Por último, el calendario también indicaba otras fechas destacadas como victorias —o derrotas— militares importantes, fechas de dedicación de los templos a los diversos dioses romanos e incluso algunos hechos sobrenaturales como la caída de rayos sobre estatuas, malos augurios de los que convenía protegerse. Todos ellos aparecerán reflejados en nuestra particular versión del calendario romano.

ENERO — *IANVARIVS*

Primus, Iane, tibi sacratur ut omnia mensis
undique cui semper cuncta videre licet.

El primer mes, por su nombre, está consagrado a ti, Jano,
quien tiene permitido verlo todo en derredor.

MENSIS IANVARIVS DIES XXXI

1	A	K·IAN·F		ANNVS·NOVVS INQVIPIT
2	B	IIII	F	
3	C	III	C	
4	D	PR	C	
5	E	NON·F		
6	F	VIII	F	
7	G	VII	C	
8	H	VI	C	
9	A	V	AGON·NP	
10	B	IIII	EN	
11	C	III	CAR·NP	
12	D	PR	C	IVTVRNAE
13	E	EID·NP		
14	F	XIX	EN	DIES·VITIOS EX·S·C
15	G	XIIX	CAR·NP	
16	H	XVII	C	IMP·CAES·AVG APPELLATVS·EST
17	A	XVI	C	ARA·NVMINIS·AVG DEDICATA·EST
18	B	XV	C	
19	C	XIIII	C	
20	D	XIII	C	
21	E	XII	C	LVDI·PALATINI
22	F	XI	C	LVDI
23	G	X	C	LVDI
24	H	VIIII	C	
25	A	VIII	C	
26	B	VII	C	
27	C	VI	C	CASTORI·POLLVCI AD·FORVM
28	D	V	C	
29	E	IIII	F	DIVVS·CAESAR·ADDIDIT
30	F	III	NP	ARA·PACIS·DEDICATA·EST
31	G	PR	C	
	XXXI			

INCIPIT MENSIS IANUARIUS

El mes de *Ianuarius* —enero—, que comenzaba bajo la protección de Capricornio, era el primero del año romano en el calendario juliano y también en el prejuliano, quizás incluso desde la reforma que los propios romanos atribuían al rey Numa Pompilio. El origen de su nombre y su dedicación están relacionados con el dios Jano —*Ianus*—, divinidad de dos caras que se consideraba protectora de los comienzos y los finales de todas las cosas. Una de sus caras miraba siempre hacia el pasado y la otra hacia el futuro, siendo el dios al que los romanos dirigían sus plegarias en las *kalendae* de enero para pedir su protección en cada nuevo año que comenzaba. Asimismo, en toda circunstancia, las plegarias a cualquier otro dios solían estar precedidas de una invocación a Jano por su condición de dios iniciador.

> *Iane biceps, anni tacite labentis origo, [...] dexter ades patribusque tuis populoque Quirini, et resera nutu candida templa tuo. Prospera lux oritur: linguis animisque favete! Nunc dicenda bona sunt bona verba die.*
>
> Jano bicéfalo, origen callado del año que se desliza, [...] muéstrate propicio a tus senadores y al pueblo de Quirino, y abre con tu consentimiento los templos relucientes. Una luz próspera se origina: ¡evitad palabras y pensamiento de mal agüero! Ahora hay que decir buenas palabras en el buen día.
>
> (Ovidio, *Fastos* I, 65-75).

Este mes era, para la población rural, un momento de descanso antes de comenzar la nueva siembra de los campos. En la ciudad, los dos cónsules, máximos representantes del poder ejecutivo de Roma, juraban sus nuevos cargos para el año que comenzaba. Aunque hasta mediados del siglo II a. C. los cónsules iniciaban su mandato en las *idus* de marzo —15 de marzo— y en periodos anteriores lo hacían en otros momentos, la guerra en Hispania cambió la fecha a las *kalendae* de enero de forma definitiva; pero de ello hablaremos cuando llegue el turno del mes de marzo.

Enero contaba con 29 días hasta la implantación del calendario juliano, momento en que, como vimos, le fueron añadidos dos más para conseguir 31. En cuanto a su posición en el año, debemos tener en cuenta que puede que no siempre fuera el primero, aunque ni los propios autores romanos se ponían de acuerdo en ello. Tanto enero como febrero, añadidos al año por el rey mítico Numa Pompilio, fueron colocados, según Plutarco, desde su origen en la primera y la segunda posición (*Vida de Numa*, 18-19). Otros como Ovidio (*Fastos* II, 51) aseguraban que enero fue el primer mes y febrero el último, por sus festividades purificadoras que conoceremos pronto. Es difícil asegurar nada en un sentido u otro, pues no debemos olvidar que la concepción arcaica del calendario romano fue una construcción posterior de los propios autores clásicos. Aun así, como ya vimos anteriormente, la opción más factible es que enero estuviera colocado desde su origen en la primera posición del año.

1 de enero	ANNUS NOVUS INCIPIT	*Kalendis Ianuariis*

La escena que ilustra el mes de enero está directamente relacionada con los buenos augurios que se pedían en el primer día del año para la prosperidad de Roma en un nuevo comienzo. En ella vemos a un hombre vestido con una túnica sobre la que se coloca una gran toga lujosamente decorada que se descuelga sobre su brazo izquierdo. Se trata de uno de los dos cónsules en la ceremonia de aceptación de su cargo, haciendo la primera ofrenda para pedir a Júpiter su favor en el año que comenzaba *—votorum nuncupatio pro salute rei publicae—*. Su mano derecha derrama incienso sobre las llamas y junto a él un gallo nos recuerda que se está realizando un sacrificio matutino. Completa la escena el trébol de su mano izquierda, que alude una vez más a los buenos augurios y a la buena fortuna.

Este era solo uno de los numerosos ritos que se realizaban en las *kalendae* de enero con el fin de atraer la suerte y el favor de los dioses para Roma, para los cónsules y, ya durante el Imperio, especialmente para el emperador. Los rituales de la mañana se realizaban en el Foro, usualmente en un espacio conocido como *auguraculum* o ‘lugar en el que se ven los augurios', donde se esperaba una señal favorable de los dioses interpretando el vuelo de los pájaros.

Fecha variable	COMPITALIA	*feriae conceptivae*

La primera festividad del año romano eran las *compitalia*, una de las *feriae conceptivae* —sin fecha fija en el calendario—, en este caso probablemente para elegir el mejor día atendiendo a las condiciones meteorológicas. Era una festividad muy antigua que fue perdiendo interés hasta prácticamente desaparecer a finales de la República. Posteriormente, como tantas otras festividades religiosas, fue restaurada por Augusto en el año 7 a. C. y se mantuvo hasta el final del Imperio, momento en el que acabó por fijarse definitivamente en el día 3 de enero.

> *Dienoni populo Romano Quiritibus Compitalia erunt; quando concepta fuerint, nefas.*
>
> Al noveno día tendrán lugar las *compitalia* para el pueblo romano de los *Quirites*; cuando hayan sido anunciadas, el día no será apto para usos profanos —no habrá permiso de los dioses—.
>
> (Aulo Gelio, *Noches áticas* X, 24, 3).

Las *compitalia* estaban dedicadas a los Lares, considerados espíritus benignos, en su advocación de *compitales* o protectores de los cruces de caminos. En las ciudades su protección se extendía a todos los vecindarios, que necesariamente debían contar con un altar de culto —*sacellum*— a estas divinidades para ganar su favor. La fiesta era especialmente celebrada por la plebe y aun más por los esclavos, a quienes se dejaba libertad de movimiento por un día. Las puertas de las casas se adornaban con cabezas de ajo porque la tradición más arcaica hablaba de que un oráculo del dios Apolo había determinado que esta fiesta requería cabezas como sacrificio. Durante un tiempo se habrían inmolado niños para satisfacer a los dioses —aunque esto quizás no sea más que un mito—, hasta que Lucio Junio Bruto, instaurador de la República, decretó que las cabezas del sacrificio fueran de ajo y no humanas.

La principal tradición de las *compitalia* consistía en una limpieza ritual o *lustratio*. En ella se paseaba un cerdo por las calles para purificarlas hasta llegar al altar de los Lares —*compitum*—, donde era sacrificado. De ello se encargaban los *magistri vici*, cargos normalmente desempeñados por libertos —esclavos liberados— cuya función era la de mantener limpios y en orden los vecindarios —*vici*— de la ciudad, que en Roma llegaban hasta los 265. El uso de estos altares vecinales caló más tarde en la tradición cristiana, sobre todo en áreas del sur de Italia y España, donde todavía hoy se pueden ver en las calles pequeñas capillas dedicadas a los santos o a la Virgen María.

La fiesta se cerraba con la celebración de espectáculos teatrales, musicales y de danza en lo que se denominaban *ludi compitalicii*, celebrados incluso hasta dos días después de que pasara el día oficial de fiesta. Una vez más, eran los plebeyos y los esclavos quienes más disfrutaban de estos espectáculos por su contenido divertido y jocoso que les permitía escapar de la rutina.

9 de enero	AGONALIA	*ante diem V Idus Ianuarias*

Esta fiesta era una de las más arcaicas de la religión romana y ni siquiera los autores más ilustrados en la materia sabían decir a ciencia cierta cuál era su origen real. Existían varias fiestas *agonales* a lo largo del calendario, aunque difícilmente se puede encontrar una conexión cierta entre ellas. La primera *agonal* del año estaba dedicada al dios Jano, a quien el *Rex Sacrorum* sacrificaba un carnero en la Regia —la casa del *Rex*— del Foro. El concepto del sacrificio animal centraba, ya para los antiguos, las hipótesis del origen del nombre de la fiesta.

Ovidio, siguiendo a Varrón, pensaba que podía provenir de *agone?* ('¿actúo?'), la pregunta que el sacerdote de los sacrificios hacía antes de ejecutar a la víctima, cuya respuesta ritual era *hoc age* ('hazlo, actúa'). También podía provenir de *agere* ('acarrear'), porque las víctimas de los sacrificios no estaban allí por voluntad propia, o incluso de la agonía del animal en su sacrificio (Ovidio, *Fastos* I, 319-332; Varrón, *Sobre la lengua latina* VI, 12).

10 de enero	IACTA ALEA EST	*ante diem IV Idus Ianuarias*

La noche del 10 de enero del año 49 a. C. Cayo Julio César, comandante victorioso en las Galias, se encontró en una de las encrucijadas más importantes de su vida. Armado y con la *Legio XIII* acompañándole, se dispuso a atravesar el río Rubicón, frontera de Italia, a través de la cual, según la ley romana, no podía pasar ningún ejército armado.

El Senado, nutrido por las difamaciones y las amenazas de aquellos que le eran contrarios, con Catón el Joven a la cabeza, intentaban destruir políticamente a César de una vez por todas en favor de Pompeyo. Ante tal desafío, César no dudó ni un solo momento. Aquella misma noche se excusó ante los soldados para reunirse en secreto con sus caballeros de mayor confianza y así cruzar con ellos el río para sorprender a sus enemigos. Ello supuso, de forma inmediata, la declaración de una guerra civil que duraría años y que le enfrentaría batalla tras batalla al general Pompeyo.

César sabía lo que suponía aquel desafío, para él mismo y para Roma entera, por lo que antes de dar el paso decisivo hacia el punto de no retorno pronunció una frase que quedaría grabada para siempre en la historia. *Iacta alea est* es la traducción que Suetonio (*Vida de los doce césares*, «César», 32, 1) transmitió para la posteridad: «Los dados han sido lanzados» o, como comúnmente se conoce hoy en día, «La suerte está echada».

Otros autores, como Plutarco, transmitieron otra frase que, si bien es similar, tiene un significado mucho más profundo que la historia no ha sabido reconocer justamente y que con seguridad representa mucho mejor las sensaciones de César.

> εἶτα, ὥσπερ οἱ πρὸς βάθοςἀφιέντες ἀχανὲς ἀπὸ κρημνοῦ τινος ἑαυτούς, μύσας τῷ λογισμῷ καὶπαρακαλυψάμενος πρὸς τὸ δεινόν, καὶ τοσοῦτον μόνονἙλληνιστὶ πρὸς τοὺςπαρόντας ἐκβοήσας, 'ἀνερρίφθω κύβος,' διεβίβαζε τὸν στρατόν
>
> Después, como aquellos que se lanzan desde un precipicio a un abismo profundo, hizo callar a la razón, apartó la vista del peligro y, gritando ante los presentes sólo estas palabras en griego: «Sea lanzado el dado», hizo que su ejército cruzase el río.
>
> (Plutarco, *Vida de Pompeyo* 60, 2).

César, en un momento tan trascendental no habló en latín, sino en griego, lengua culta por excelencia en la antigüedad, para citar al comediógrafo Menandro con la frase: ἀνερρίφθω κύβος, «Sea lanzado el dado». La suerte no estaba echada para César, ni los dados habían sido ya lanzados como nos había hecho creer Suetonio. El dado, en manos de César, todavía debía ser lanzado, la partida estaba a punto de empezar y solo el tiempo encumbraría al vencedor.

11 y 15 de enero	CARMENTALIA	*ante diem III Idus Ianuarias et ante diem XVIII Kalendas Februarias*

Los días once y quince de enero se celebraban las *carmentalia*. Era muy común que, como iremos viendo a lo largo el año, las *feriae* se celebrasen en días impares por ser más apropiados que los pares en la superstición romana. Si una fiesta duraba más de una jornada se solía dejar pasar un día par entre los dos de fiesta. En este caso, las *carmentalia*, que deberían haberse celebrado el once y el trece del mes, lo hacían el once y el quince, sin que sepamos muy bien el porqué.

Esta festividad, de carácter oscuro y antiguo, estaba dedicada a la diosa Carmenta, cuyo nombre proviene de *carmen*, que significa 'canto, poema' o incluso 'hechizo'. Por ello, una de las cualidades más antiguas de Carmenta era el don de la profecía. También a ella se le atribuía, ni más ni menos, que la invención del alfabeto latino, que fue introducido en Italia por su hijo Evandro, rey de los arcadios.

Evandro era un héroe que se había establecido en lo que más adelante sería el monte Palatino de Roma, muchos años antes de que existiera como tal. Llegó a Italia procedente de la región de Arcadia, en Grecia, unos sesenta años antes de la guerra de Troya. Establecido allí, consagró a Hércules un altar después de que este venciera al monstruo Caco, que tenía aterrorizada a la población del Aventino, un monte cercano. Dicho altar se conoce como el *Ara Maxima* de Hércules y se localiza en el Foro Boario de Roma. Tiempo después, Evandro también ayudó a Eneas en su lucha contra el rey Turno y los rútulos, antagonistas del héroe troyano en la *Eneida* de Virgilio.

Los romanos tenían una especial devoción por Evandro y su madre Carmenta, ya fuera por los hechos que hemos visto o por otros que se les atribuían en algunos casos como la institución de las *lupercalia*, de las que hablaremos en el mes de febrero. Ella era una diosa importante para los romanos, a pesar de su antigüedad. Tenía un sacerdote dedicado a su culto, el *Flamen Carmentalis*, e incluso un templo cerca del Foro Holitorio, junto a una de las puertas de la ciudad, conocida precisamente como *Porta Carmentalis*. Las mujeres, a quienes se atribuía la construcción del templo, le tenían una gran devoción, pues Carmenta era también la diosa protectora de los nacimientos. Por ello en su templo, el *flamen* ofrecía sacrificios incruentos, a fin de que la diosa de los nacimientos no tuviera ninguna relación con la muerte. Tampoco estaba permitido entrar en su santuario con vestidos hechos de pieles de animal, para mantener así la pureza de su fuego.

Como nos cuentan los autores clásicos, para evitar complicaciones en los partos en los que el bebé iba a nacer con los pies por delante, se le ofrecían dos sacrificios distintos a la diosa. Para ello existían en su templo dos altares, en uno se la veneraba como *prorsa* —para los nacidos hacia delante— y en el otro como *postverta* —para los nacidos hacia atrás—.

Es interesante imaginar el porqué de una fiesta de los nacimientos a comienzos de enero. Si retrocedemos los nueve meses de rigor conceptivo en el calendario descubriremos la razón: el mes de abril, dedicado a Venus, diosa del amor, estaba especialmente indicado para los matrimonios y, sin embargo, tanto el mes de mayo como una buena parte de junio eran meses de malos augurios para las bodas. Durante este tiempo estaban, si no prohibidas, si firmemente desaconsejadas por el carácter impuro de muchos de sus días.

14 de enero	DIES VITIOSUS EX SC	*ante diem XIX Kalendas Februarias*

Tras el suicidio de Marco Antonio y Cleopatra los días 1 y 12 de agosto del año 30 a. C. respectivamente, por decreto del Senado —*ex Senato Consulto*— el día 14 de enero, en el que había nacido Antonio, sería considerado desde entonces como un *dies vitiosus*. Este tipo de días eran considerados de muy mal agüero, por lo que esta decisión estaba especialmente pensada para destruir la memoria del general Marco Antonio tras su muerte.

16 de enero	IMPERATOR CAESAR AUGUSTUS APPELLATUS EST	*ante diem XVII Kalendas Februarias*

El 16 de enero del año 27 a. C. Octaviano, que tan solo tres días antes había proclamando «la vuelta de la República», fue recompensado con el título de *Augustus*, su nuevo nombre a partir de entonces. En el siguiente fragmento de su testamento político, el propio Augusto, ya anciano, narra las gestas de juventud que le hicieron llegar a ser el *Princeps* de Roma. En este pasaje habla de los méritos y honores que le fueron entregados por parte del Senado de Roma después de haber perseguido y derrotado, desde Grecia hasta Egipto, a Cleopatra y Marco Antonio en el año 30 a. C. «por el bien de la República».

> *Quo pro merito meo senatus consulto Augustus appellatus sum et laureis postes aedium mearum vestiti publice coronaque civica super ianuam meam fixa est et clupeus aureus in Curia Iulia positus, quem mihi senatum populumque Romanum dare virtutis clementiaeque et iustitiae et pietatis caussa testatum est per eius clupei inscriptionem. Post id tempus auctoritate omnibus praestiti, potestatis autem nihilo amplius habui quam ceteri qui mihi quoque in magistratu conlegae fuerunt.*
>
> En virtud de ese acto meritorio [la victoria sobre Egipto] fui llamado Augusto por decisión del Senado y fueron adornadas públicamente con laureles las jambas de mi casa y se colocó la corona cívica sobre mi puerta y se puso en la Curia Julia un escudo de oro, que me otorgaron el Senado y el pueblo romanos por mi valor y mi clemencia, por mi sentido de la justicia y mi piedad, como atestigua la inscripción que hay en el propio escudo. Después de aquel momento gocé de un prestigio superior a todos, pero nunca tuve poderes más amplios que el resto de los que fueron colegas míos en las magistraturas.
>
> (*Res Gestae Divi Augusti, Monumentum Ancyranum* 34, 2-3).

Augusto, a diferencia de Julio César, se preocupó mucho por restringir los honores que se le brindaban y por demostrar que los que finalmente se le concedían habían sido propuestos por el Senado, colocándose así en una posición mucho más tolerable que la que había tenido su padre adoptivo. Solo así podía asegurarse no acabar asesinado por un complot de opositores a su persona como el que había hecho sucumbir a César.

Así fue acumulando honores: la corona cívica, los laureles en las jambas de su casa, el *clipeus virtutis* de oro que se colocó en su honor en la Curia... La restitución de la República y la salvación del pueblo romano, que oficialmente se acababan de proclamar, no eran ni mucho menos aquello, sino la concentración de todo el poder de Roma en la figura del *Princeps*, el primero entre iguales, y el comienzo de una nueva forma de gobierno: el Imperio romano.

17 de enero	LUDI PALATINI	*ante diem XVI Kalendas Februarias*

El 17 de enero ganó importancia en los calendarios a partir del periodo augusteo y no fueron pocos los motivos que hicieron de este día una fiesta para los romanos. En primer lugar, tras su adopción por parte de Augusto como sucesor, Tiberio le dedicó un altar en el monte Palatino, donde se situaba el palacio imperial, al *numen* de Augusto. Este espíritu aseguraba la protección plena del emperador. Su adoración era una forma muy inteligente de rendirle culto en vida prácticamente como a un dios sin considerarle tal cosa abiertamente, lo cual hubiera sido un escándalo. De esta forma se asociaba el bienestar del emperador con la prosperidad del Imperio.

Cada 17 de enero, varios rangos de sacerdotes como los *pontifices*, los *augures*, los *quindecimviri sacris faciundis* o los *septemviri epulones*, sacrificaban víctimas animales en el altar, que debía de estar situado muy cerca del templo de Apolo Palatino. Tiberio eligió este día para la dedicación del *Ara Numinis Augusti* como forma de agradecimiento, tanto en su nombre como en el de su madre, Livia Drusila, puesto que también fue un 17 de enero cuando ambos entraron a formar parte de la vida de Augusto. En el año 38 a. C. ella había contraído matrimonio con Octaviano, el futuro Augusto, tan solo un día después de divorciarse de su anterior marido, Tiberio Claudio Nerón, con el que tenía dos hijos, Tiberio, de tres años, y el recién nacido —o a punto de nacer, según algunas fuentes— Druso.

Livia siempre fue una mujer poderosa y muy inteligente, que supo ejercer como ninguna otra su papel de compañera de Augusto, en el sentido más moderno de la palabra, pues no estaba por debajo del emperador —recibió diversos honores compartidos con él—, sino que le apoyó y le aconsejó en sus decisiones durante los 52 años que estuvieron casados. Por desgracia, historiadores misóginos posteriores, como Tácito, ayudaron a generar una mala imagen de la emperatriz. En la concepción machista de la época, ¿cómo era posible que una mujer con poder no fuera malvada o conspiradora? Desde ese momento solo tuvo que pasar el tiempo suficiente como para que la historia se enturbiara y la historiografía moderna tomara por ciertos aquellos juicios de valor. No olvidemos, por otra parte, el papel crucial que tuvo Robert Graves y su novela *Yo, Claudio* en este asunto, fosilizando en la cultura popular la figura pérfida de Livia, la envenenadora.

Tras la muerte de Augusto en el año 14, Livia ocupó un lugar más destacado si cabe, al ser rebautizada en el testamento de Augusto como *Iulia Augusta*, adoptándola en la *gens Iulia*, la familia del emperador. Junto con su hijo Tiberio comenzó de inmediato el proceso de divinización de Augusto y la construcción del templo para el nuevo dios. Además, en esta fecha, a partir del año 14 se instituyeron los *ludi palatini*, una gran fiesta celebrada en honor de Augusto incluso por los emperadores posteriores, en la que se organizaban juegos escénicos en un teatro que se construía específicamente para ello en el monte Palatino. A los juegos, que en origen duraban tres días —21, 22 y 23 de enero—, se les añadió otra jornada más —24 de enero— únicamente en el año 41, para consumar, como así se hizo, el plan de asesinar al emperador Calígula.

Fecha variable	SEMENTIVAE	*feriae conceptivae*

Las fiestas de la siembra o *sementivae* eran la segunda de las *feriae conceptivae* del mes de enero. Normalmente eran celebradas hacia el final del mes —entre los días 24 y 26—, cuando el clima era algo más favorable. Podrían estar estrechamente relacionadas con las *paganalia*, si es que no eran la misma festividad, cuyo nombre hace referencia a los *pagi* —'campos'— y por extensión a los *pagani*, los campesinos. De este termino surgió durante el Bajo Imperio la forma de denominar a aquellos que no eran cristianos, los paganos, pues las gentes del campo eran las menos cristianizadas y estaban peor consideradas que los habitantes de las ciudades.

La siembra estaba dedicada principalmente a dos diosas: por un lado Ceres, protectora del campo, la agricultura y el grano, y por otro Tellus, la madre Tierra, que recibía y protegía las semillas para que crecieran. Los meses de la siembra eran principalmente octubre, noviembre y principios de diciembre, por lo que el mes de enero representaba un momento de descanso para la tierra y para aquellos que la cultivaban. Aun así, existía también una siembra de primavera para algunos cultivos específicos, siendo las *sementivae* una festividad para la protección de la siembra que ya se había hecho y la que iba a comenzar en la primavera.

El primero de los dos días que duraba esta fiesta estaba dedicado a Tellus, la diosa Tierra, que recibía las semillas, y el segundo a Ceres, que propiciaba su crecimiento. A ambas se les ofrecía una tarta de espelta y una cerda preñada para proteger los cultivos de los pájaros, las hormigas y cualquier enfermedad que les pudiera afectar. Además, los bueyes, animales empleados para tirar del arado que abría los surcos de la siembra, eran adornados con guirnaldas y se les permitía descansar.

30 de enero	ARA PACIS AUGUSTAE DEDICATA EST	*ante diem III Kalendas Februarias*

Cum ex Hispania Galliaque, rebus in iis provincis prospere gestis, Romam redi, Ti. Nerone P. Quintilio consulibus, aram Pacis Augustae senatus pro reditu meo consacrarandam censuit ad campum Martium, in qua magistratus et sacerdotes Virginesque Vestales anniversarium sacrificium facere iussit.

Cuando regresé a Roma procedente de Hispania y de la Galia, tras haber concluido con éxito mis asuntos en esas provincias, durante el consulado de Tiberio Nerón y Publio Quintilio [13 a. C.], el Senado acordó la consagración de un altar dedicado a la Paz Augusta en el Campo de Marte, en agradecimiento por mi regreso, en el cual ordenó que los magistrados, los sacerdotes y las vírgenes vestales hicieran un sacrificio anual.

(*Res Gestae Divi Augusti, Monumentum Ancyranum* 12, 2).

En este fragmento del testamento político que Augusto legó al pueblo romano, podemos ver cómo él mismo nos cuenta que tras su vuelta de combatir en las revueltas que todavía persistían en la Galia y sobre todo en Hispania, el Senado decretó erigir un altar dedicado a la paz. Este símbolo propagandístico, uno más en la amplia estrategia política del *Princeps*, afianzó su figura como pacificador y salvador de Roma en la nueva era dorada que se había iniciado tan solo unos años antes, en el 17 a. C.

El altar de la paz, consagrado el 4 de julio del año 13 a. C., fue finalmente dedicado —inaugurado—, en sólido mármol de Carrara finamente tallado, el 30 de enero del año 9 a. C. Sus relieves muestran de una forma exquisita la propaganda de Augusto. Por un lado, la procesión sagrada en la que estaban presentes toda la *gens Iulia* y los personajes más destacados de la Roma de la época. Por otro, las representaciones de flora y fauna frondosa y diversa en los zócalos, así como bucráneos y guirnaldas en los muros internos, todos ellos símbolos del florecimiento, la piedad con los dioses y la abundancia de la nueva época.

También destacan los cuatro relieves principales que cierran el conjunto perimetral que rodea al altar. Eneas, hijo de Venus y fundador de la estirpe de los *iulii* en el primero. Rómulo y Remo amamantados por la loba capitolina, con el dios Marte como protector y padre en el siguiente. La diosa Roma, orgullosa del trato recibido por Augusto en el tercero y en el cuarto la representación de la Tierra y la Abundancia en una sola figura femenina, rodeada de animales, niños e incluso con los vientos de la tierra y del mar; todos juntos en uno de los relieves más espectaculares que han llegado hasta nosotros desde esa época.

Relieve del *Ara Pacis Augustae,* con la diosa Tellus representando la abundancia y la prosperidad de la nueva edad de paz del emperador Augusto.

Los restos fragmentados del altar de la paz fueron hallados durante la época de la dictadura fascista de Benito Mussolini. Por orden del dictador, fueron recuperados muchos de ellos del subsuelo del Campo de Marte, en el que permanecían enterrados a gran profundidad, y recolocados en un museo propio junto al mausoleo de Augusto, para conmemorar —aunque fuera con un año de adelanto— el bimilenario del nacimiento del emperador.

Aun así, la historia de los fragmentos del *Ara Pacis Augustae* es mucho más compleja: algunos estuvieron en los Museos Vaticanos, otros encastrados en la fachada de la Villa Medici, en Roma —donde todavía permanecen—, otros fueron a parar al museo del Louvre y muchos jamás han sido hallados. La mayor parte de las piezas que conocemos hoy en día se encuentran en el renovado museo que los acoge, haciendo de este uno de los monumentos más impresionantes que se conservan de la Roma de Augusto.

FEBRERO — *FEBRVARIVS*

Umbrarum est alter, quo mense putatur honore
Pervia terra dato Manibus esse vagis.

Es de los muertos el segundo mes, cuando se cree que
a los Manes errantes se les abre la tierra al honrarlos.

MENSIS FEBRVARIVS DIES XXIIX

1	H	K·FEB·N		IVNONI·SOSPITAE
2	A	IIII	N	
3	B	III	N	
4	C	PR	N	
5	D	NON·N		IMP·CAES·AVG·PATER PATRIAE·APPELLATVS·EST
6	E	VIII	N	
7	F	VII	N	
8	G	VI	N	
9	H	V	N	
10	A	IIII	N	
11	B	III	N	
12	C	PR	N	
13	D	EID·NP		FAVNALIA PARENTALIA
14	E	XVI	N	
15	F	XV	LVPER·NP	
16	G	XIIII	EN	
17	H	XIII	QVIR·NP	
18	A	XII	C	
19	B	XI	C	
20	C	X	C	
21	D	VIIII	FERAL·F	
22	E	VIII	C	CARISTIA
23	F	VII	TER·NP	
24	G	VI	REGIF·N	
25	H	V	C	
26	A	IIII	EN	
27	B	III	EQ·NP	
28	C	PR	C	

XXIIX

Incipit mensis Februarius

Comienza el mes de febrero —*Februarius*— bajo el signo de Acuario y la protección del dios Neptuno, según nos lo hacen saber los calendarios agrícolas, conocidos como *menologia rustica*. En este mes daba comienzo la primavera para los romanos, como nos recuerdan Varrón o Plinio el Viejo: el día 7 u 8 de febrero.

Ante la pronta llegada del buen tiempo los campos comenzaban a prepararse, era el momento de la siembra. Las semillas ya descansaban en la tierra, al igual que los antepasados, cuyos espíritus durante este mes también debían ser recordados. El nombre de *Februarius*, según los propios autores clásicos, provenía de *februa*, una forma arcaica de referirse a los instrumentos sagrados de purificación que se empleaban en los diversos rituales del mes.

Como vimos en los primeros capítulos, febrero no siempre fue el segundo mes del año. Ovidio, en sus *Fastos* (II, 49), hablaba de que su posición en la parte más baja del año se asemejaba a la de aquellos que estaban en el inframundo, en lo más profundo de la tierra. Aunque es difícil remontarse a una realidad de la que ni siquiera los propios romanos tenían certezas, seguramente hasta mediados del siglo v o más bien finales del iv a. C. fue el último mes del año romano.

Eebrero es un mes de festividades arcaicas que permanecieron prácticamente inalteradas durante toda la historia de Roma por el respeto que los ciudadanos y los gobernantes profesaban al carácter sagrado de los muertos y a la purificación. Tanto es así que ni siquiera Julio César, al llevar a cabo su reforma del calendario en la que se añadieron días a los meses, quiso tocar el de febrero, que se mantuvo con 28 días.

En su función de último mes del año, febrero era el momento indicado para realizar una profunda limpieza espiritual y así entrar en el nuevo año libre de cualquier mancha ante los ojos de los dioses. También, como ya vimos, es el mes en el que tanto el calendario arcaico como el juliano añadían la intercalación en los años bisiestos para reajustar el calendario civil con el natural (▶ pág. 38).

En la portada que ilustra este mes encontramos la única representación femenina de todo el calendario. Se trata de una mujer con una capucha en la cabeza que porta una oca en las manos. Se rodea de animales marinos: un gran pez, conchas, calamares y pulpos. También encontramos una cigüeña y una copa que vierte agua sobre ella. Todas las figuras tienen relación con el agua de una u otra forma, por lo que se piensa que seguramente podría tratarse de una representación alegórica del carácter lluvioso del mes de febrero.

5 de febrero	AUGUSTUS PATER PATRIAE	*Nonis Februariis*

Siguiendo con los honores que se le otorgaron a Augusto en su posición predilecta como *Princeps* de Roma, el día 5 de febrero del año 2 a. C. tuvo lugar la concesión de la última gran distinción que recibió por parte del Senado: el título de *Pater Patriae* ('padre de la patria').

> *Senatus et equester ordo populusque Romanus universus appellavit me patrem patriae.*
>
> El Senado, el orden ecuestre y todo el pueblo romano me concedieron el título de Padre de la Patria.
>
> (*Res Gestae Divi Augusti, Monumentum Ancyranum 35, 1*).

El título de *Pater Patriae* no suponía ninguna mayor legitimidad ni un aumento del control político sobre Roma, pero sí era la mayor distinción moral que Roma podía entregar a un gobernante. En los siete siglos anteriores a Augusto en la historia de Roma, tan solo cuatro personajes lo recibieron.

El primero de ellos, indiscutiblemente fue el rey Rómulo, fundador de Roma y por tanto legítimo *Pater Patriae* por derecho. El segundo fue Marco Furio Camilo, quien en el año 390 a. C. —o quizá en el 386 a. C.— salvó Roma tras la terrible derrota contra los galos en la batalla de Alia. Ya en el siglo I a. C., tanto Cicerón como Julio César recibieron el título, mostrando la tendencia que continuaría durante todo el Imperio, en el que se ofreció este título a más de veinte emperadores. Algunos de ellos, como Tiberio, lo rechazó sin miramientos y otros lo aceptaron de buen grado, aunque la norma era esperar cierto tiempo antes de emplearlo públicamente, como gesto de humildad.

Fecha variable	AMBURBIUM	*feria conceptivae*

Hablando sobre el mes de febrero, dedicado a la purificación personal antes de la llegada del nuevo año en el calendario arcaico, no es de extrañar que existiera una festividad cuya función era la de purificar la propia ciudad. El *amburbium* era la ocasión indicada por el rey Numa para realizar la *lustratio urbis*, limpieza ritual de Roma, realizando sacrificios a los dioses Manes —espíritus de los antepasados—.

Las ceremonias, cuya fecha era anunciada por los *pontifices*, son poco conocidas por nosotros hoy en día, aunque estaban en relación con la festividad de las *ambarvalia*, una purificación del campo que tenía lugar en mayo. Los actos sagrados que se realizaban tenían el nombre de *suovetaurilia*, un término que aúna el sacrificio de un cerdo *—sus—*, una oveja *—ovis—* y un toro *—taurus—*. Este tipo de sacrificio era empleado solo en ocasiones especiales en las que era necesario llevar a cabo una expiación excepcional, que afectaba, en este caso, a toda la ciudad.

Los animales eran conducidos alrededor del *pomerium*, que marcaba los límites sagrados de la ciudad de Roma. Dichos límites habían sido trazados, según la tradición, por el *sulcus primigenius* —surco primigenio— que con el arado había marcado el rey Rómulo al fundar la ciudad. El *pomerium* inicial de Roma, que con el tiempo se fue expandiendo acorde con el crecimiento de la Urbe, se ceñía a la zona del Palatino, el Capitolio y el Foro Romano. Al final de la procesión lustral, a la que asistían las vírgenes vestales, los *quindecimviri*, los *augures* y otros sacerdotes de la religión romana, los tres animales antes mencionados eran sacrificados para complacer a los dioses y a los antepasados.

13 de febrero	FAUNALIA	*Idibus Februariis*

El 13 de febrero se celebraba en Roma la fiesta dedicada al dios Fauno, protector del campo y de los agricultores. A él le dedicaban también una festividad el 5 de diciembre. En este día se le rendía culto en su templo de la isla Tiberina, consagrado en el año 194 a. C. y del que en la actualidad conocemos muy poco. Es posible que su culto rural y alocado no cuadrara demasiado bien en una Roma que ya en el siglo II a. C. comenzaba a tener un alto grado de sofisticación urbana.

13 de febrero	GENS FABIA	*Idibus Februariis*

La *gens Fabia* era una de las familias aristocráticas más poderosas y antiguas de Roma. Una de sus leyendas más arcaicas, transmitida por autores como Tito Livio (*Desde la fundación de la Ciudad* II, 49-50) u Ovidio (*Fastos* II, 194-244), narra la historia de cómo solo uno de entre todos los fabios sobrevivió a un enorme desastre que sobrevino a la familia en el año 477 a. C.

La joven República de Roma, que en esos momentos estaba en guerra con los pueblos limítrofes del centro de Italia, se había visto superada por la ciudad etrusca de Veyes. La familia Fabia, por el honor de Roma, se ofreció a enfrentarse al enemigo tomando la guerra como una afrenta privada contra ellos. Los 306 miembros de la *gens* partieron desde Roma hasta Veyes, situada a unos 15 km al noroeste de la Ciudad Eterna.

Tras dos años en los que los Fabios y sus amigos y aliados, que formaban un contingente poderoso pero inferior al de los etruscos, consiguieron vencer en numerosas ocasiones, comenzaron a subestimar a su enemigo. Aprovechando esta debilidad, los veyenses consiguieron emboscar a los romanos, masacrándolos a todos en la conocida como batalla de Cremera y dejando tan solo a un joven miembro de la familia Fabia con vida para que contara lo sucedido.

Este relato, seguramente exagerado para dar mayor gloria a los descendientes de los valerosos hombres de la familia, servía para ofrecer unos orígenes heroicos a la *gens*, algo muy común en las familias patricias de Roma, que así legitimaba su estirpe y aumentaba su influencia política y social.

Fecha variable	FORNACALIA	*feriae conceptivae*

La fiesta de los hornos o *fornacalia* era una tradición ancestral del mundo romano que estaba relacionada con el grano recogido y secado en las cosechas. La tradición nos habla de cómo las chozas salían ardiendo en ocasiones al torrefactar los granos de cereal al aire libre. Para solventarlo se inventaron los hornos y con ellos a la diosa Fornax, su protectora. Ella contenía el fuego dentro de la estructura y también evitaba que los granos se chamuscaran.

En ese tiempo arcaico, los ciudadanos usaban los hornos comunales que pertenecían a los miembros de una misma *curia.* Este sistema de división fue el más antiguo que conoció Roma. Se trataba de treinta divisiones administrativas del pueblo romano que servían como base para la organización social, política y militar de la ciudad. Cada una de las *curiae* tenía un líder, el *Curio*, que velaba por el orden y el cumplimiento de las normas. Además, el conjunto de todas ellas estaba dirigido por el *Curio Maximus*, un importante cargo político que además tenía algunas funciones religiosas en fiestas como la de hoy.

A pesar de que este sistema perdió su significado original durante las *fornacalia*, incluso en época imperial se reunían los miembros de cada *curia* para rendir homenaje a Fornax y al resto de los dioses en unos banquetes en los que no había ricas ofrendas ni cuencos de oro y plata, sino panes de cebada y frutos en cuencos de terracota sobre arcaicas mesas de madera.

Los miembros de cada *curia* tenían un día específico para hacerlo dentro de esta fiesta sin fecha fija. Los que por negligencia, olvido o ignorancia de la *curia* a la que pertenecían no habían cumplido con los rituales antes, podían hacerlo el decimotercer día antes de las *kalendae* de marzo —17 de febrero—, durante la fiesta de las *quirinalia.* Por este motivo, ese día pasó a conocerse popularmente como *stultorum feriae* o fiesta de los tontos.

15 de febrero	LUPERCALIA	*ante diem XV Kalendas Martias*

La fiesta de los lupercos es seguramente una de las celebraciones más famosas del mundo antiguo. Su estilo violento y descarado, y su claro componente salvaje y sexual, la convierten en un espectáculo impactante desde la perspectiva moderna. Pensemos que para los romanos debía ser una fiesta tremendamente importante, de ningún modo una más. Sabemos que las multitudes se congregaban en Roma para asistir a lo que durante el Imperio se había convertido en una atracción y un espectáculo del que pocos recordaban su origen y significado verdaderos.

Cada 15 de febrero, los sacerdotes lupercos, divididos en dos agrupaciones o *sodalitates* —los *quinctiani* y los *fabiani*— que habían sido fundadas por Rómulo y Remo respectivamente, se reunían para dar comienzo a las celebraciones. Estos dos grupos de jóvenes sacerdotes se encontraban al despuntar la mañana en la gruta del Lupercal. Este espacio arcaico situado cerca del río Tíber, a los pies de la zona suroeste del Palatino, era el lugar en el que la tradición aseguraba que una loba, llamada Luperca, había amamantado a los gemelos Rómulo y Remo.

Una vez allí se hacía un sacrificio de varias cabras y un perro, ambas extrañas víctimas en los rituales romanos, en los que acostumbraban a usar por norma cerdos u ovejas. No hay que olvidar que las *lupercalia* tenían un antiguo componente pastoril en su origen, al que parecen pertenecer estos extraños rituales. Se ofrecía entonces la *mola salsa*, una especie de harina de espelta con sal que preparaban las vírgenes vestales y que se esparcía sobre la cabeza de las víctimas en la mayoría de los sacrificios romanos. Era una parte tan importante que el término *inmolare* —hacer la *mola*— significaba 'sacrificio', de donde proceden los términos actuales *inmolar* o *inmolación*.

La sangre del cuchillo empleado para el sacrificio era frotada en la frente de los dos líderes de ambos grupos de lupercos, que por norma debían ser jóvenes de buena familia. Después se limpiaba la sangre con lana empapada en leche, a lo que el resto de lupercos debían responder riéndose. Finalmente tenía lugar un banquete con abundante vino. Una vez más, ni los propios romanos llegaban a comprender de dónde surgían o qué sentido tenían todas estas acciones, pero la liturgia, fijada por la tradición ancestral, era inamovible.

Realizado todo ello era el momento de comenzar la parte pública de la fiesta. Los lupercos se desnudaban y confeccionaban unos taparrabos arrancando tiras de piel de las cabras sacrificadas. Estas mismas tiras también eran empleadas como látigos con los que azotaban a cualquier persona de la multitud que se cruzara en su camino. Comenzaba así una alocada carrera ritual en honor del dios Fauno, asimilado con el griego Pan, por el centro de Roma. Corrían por la Vía Sacra, que cruzaba el Foro, azotando especialmente la espalda de las mujeres jóvenes, que la ofrecían voluntariamente al paso de los lupercos como forma de propiciar su fertilidad. Así la multitud presente disfrutaba de un espectáculo arcaico y salvaje, seguramente impropio de su tiempo, pero tremendamente estimulante y vigoroso. Era algo tan salvaje que el propio emperador Augusto, protector de la moral y la entereza, redujo bastante el contenido sexual y provocativo de la fiesta.

Lupercos recorriendo la Vía Sacra mientras azotan a todos los que se cruzan en su camino.

Especialmente famosas fueron las *lupercalia* del año 44 a. C., en que se añadió un tercer bando de lupercos, la *sodalitas luperci iuliani*, al frente del cual se encontraba el general Marco Antonio, mano derecha de Julio César. Durante la fiesta, Marco Antonio, en una escena muy emocionante y detalladamente coreografiada, le ofreció una diadema regia a César, que presidía las celebraciones. Ante el murmullo general, César, en un estudiado gesto de desprecio, por tres veces rechazó el ofrecimiento de Antonio, demostrando que no era su intención convertirse en el *Rex* de Roma. La multitud estalló en un grito clamoroso de júbilo al ver complacidos sus deseos por la escena que acababan de contemplar. Aun así, a un nutrido grupo de senadores no le gustó nada este espectáculo; la conspiración había comenzado: a César le quedaba exactamente un mes de vida.

Durante todo el periodo imperial se siguió celebrando la que era una de las fiestas más populares y seguidas del calendario religioso romano. Incluso tras la oficialización del cristianismo y la prohibición de las festividades paganas, las *lupercalia* se mantuvieron de forma oficial en Roma. En el año 495 el papa Gelasio I prohibió su celebración definitivamente, tras un acalorado debate que lo enfrentó al Senado y en el que el papa les acusaba de rebajarse a lo más vil del populacho por celebrar una fiesta pagana como aquella, indigna de su clase.

A pesar de la extendida creencia popular de que en ese momento las *lupercalia* fueron sustituidas por la festividad cristiana de san Valentín del 14 de febrero, esa no fue la realidad del siglo v. Hay autores que sugieren que la fiesta que se colocó para alejar las mentes de esta fiesta arcaica fue una dedicada a la purificación de la Virgen María —traspasada después al 2 de febrero—, para mantener el concepto de purificación, aunque tampoco esto es seguro. Las *lupercalia* realmente no tenían ninguna relación con la representación del amor casto de san Valentín. Ni siquiera el propio san Valentín, o más bien Valentines, puesto que existieron dos mártires cristianos con ese nombre en época romana, tuvieron ninguna relación con el amor o las parejas seguramente hasta el siglo xiv.

Volviendo, para terminar, a los orígenes de la fiesta, nadie pone en duda que exista una fuerte relación entre su nombre —*lupercalia*—, el lugar de celebración —Lupercal— y sus sacerdotes —*luperci*—. Sin embargo, aportar una explicación convincente sobre los orígenes de la festividad parece francamente complicado. Algunos opinan que *lupercus* viene de *lupus hircus*, 'lobo-cabra', otros que lo hace de *lupus* y *arcere*, 'alejar a los lobos', o incluso de *luere per caprum*, 'purificar por medio de una cabra', algo que parece improbable. Dado el componente de especial dedicación del mes de febrero a los espíritus, se cree que las *lupercalia* también tenían una función de protección ritual de la comunidad frente a los muertos. Todo ello nos deja con la única certeza de que se trataba de una fiesta arcaica de origen pastoril, relacionada con la limpieza y la purificación ritual y con connotaciones sexuales y de fomento de la fertilidad.

17 de febrero	QUIRINALIA	*ante diem XIII Kalendas Martias*

Quirino, el dios al que estaba dedicada esta fiesta, era el nombre con el que los romanos conocían al rey Rómulo, fundador de la Urbe, a partir de su muerte repentina tras la que, según la leyenda, ascendió a los cielos. Según este relato, durante la festividad de las *poplifugia*, que tenía lugar el 5 de julio, se originó una gran tormenta en la que el rey Rómulo desapareció ante la vista de todos; de ello hablaremos cuando lleguemos a ese mes.

En el día de las *quirinalia* —el 17 de febrero—, fue dedicado a este dios un templo a comienzos del siglo III a. C. en la colina conocida como Quirinal, llamada así en su honor. Quirino era una divinidad que tenía una gran importancia en Roma, tanto que uno de los principales sacerdotes —*flamines maiores*—, el *Flamen* Q*uirinalis*, se dedicaba a velar por su culto. Los romanos también le debían su nombre, pues todos ellos eran los *quirites*, o ciudadanos, en contraposición a los *milites*, soldados.

En el año 45 a. C., tan solo uno antes de su asesinato, se le dedicó a Julio César una estatua en el interior del templo de Quirino en cuya base se podía leer la inscripción: *deo invicto* ('dios invicto'). Ni la estatua ni la inscripción —ni el templo— se conservan en la actualidad, por lo que el significado real no está del todo claro. ¿Podría referirse realmente a César como una divinidad? No parece probable, dado que ser considerado un dios en vida era un concepto impensable, al menos a finales de la República. ¿Era una referencia a Alejandro Magno? Podría ser, puesto que al general de generales le habían erigido una estatua —curiosamente también un año antes de morir— con la misma inscripción, aunque en griego: Θεῷ ἀνικήτῳ, como recuerda Dion Casio (*Historia romana* XLIII, 45, 3). Aun así, esta solución no parece demasiado lógica teniendo en cuenta la ubicación de la estatua en el templo de Quirino. ¿Y si la inscripción no se refiriera a César sino al *deo invicto Quirino*? Es una posibilidad muy interesante, que apela también al carácter bélico del dios.

En cualquiera de los casos, a veces la historia se guarda para ella misma ciertos detalles que posiblemente nunca lleguemos a conocer con seguridad. Aun así, dejar la posibilidad abierta a varias opciones también es un elemento estimulante que da pie a nuevas discusiones e hipótesis.

13-21 de febrero	PARENTALIA ET FERALIA	*Idibus Februariis – ante diem IX Kalendas Martias*

Las *parentalia,* siguiendo la lúgubre línea que marcaba el mes de febrero, eran una de las dos festividades dedicadas a los muertos, pero a diferencia de las *lemuria,* de las que tendremos ocasión de hablar a principios de mayo, los espíritus de las *parentalia* no eran malignos. Todo lo contrario, se trataba de los antepasados, consagrados en la figura de los dioses Manes.

Desde la *hora sexta* del día 13 de febrero hasta el día 21 los antepasados vagaban por el mundo de los vivos pidiendo que se les realizaran las ofrendas oportunas para volver al inframundo. Los templos permanecían cerrados para que los muertos no pudieran entrar en contacto con los dioses celestiales, los fuegos se extinguían en los altares y los matrimonios estaban prohibidos.

En estas festividades, exceptuando un primer sacrificio cívico realizado por una virgen vestal, no había sacrificios estatales o comunales. Eran las familias las que solían ir a visitar a sus antepasados muertos para realizar ofrendas *—sacra privata—* sobre sus tumbas, que por ley debían encontrarse siempre fuera de las ciudades. Las ofrendas para satisfacer a los Manes eran simples porque los dioses del inframundo no eran considerados codiciosos. Unos granos de cereal, un poco de sal, trigo o violetas eran las ofrendas más comunes para aplacar a los muertos durante estas fiestas.

Los nueve días que duraban estaban destinados a realizar estas ofrendas, aunque el 21, el día conocido como *feralia,* era el más común para hacerlo. Su nombre procedía de los *dii inferi,* los dioses del inframundo a los que estaba consagrada la fiesta. Especial mención recibía en esta jornada la diosa Tácita —'silenciosa'—, también llamada Muta —'muda'—, que gobernaba poderosa sobre el silencio, identificada en ocasiones como la madre de los dioses Lares, a los que está dedicada la próxima fiesta.

Vita enim mortuorum in memoria est posita vivorum.

Pues la vida de los muertos se conserva en la memoria de los vivos.

(Marco Tulio Cicerón, *Filípicas* IX, 10).

22 de febrero	CARISTIA	*ante diem VIII Kalendas Martias*

Una vez restablecidos los vínculos con los antepasados y honrados los muertos en las lúgubres fiestas de los días pasados, las *caristia*, que llegaban el día 22 de febrero, renovaban los vínculos con los familiares vivos, *cari parentes* en latín. Las familias se reunían en este día de alegría para celebrar la vida. Lo tradicional era reunirse para celebrar un buen banquete y honrar juntos a los dioses Lares familiares, los protectores del hogar y la familia.

A estos espíritus protectores se les representaba como jóvenes vestidos con una túnica corta y con aspecto alegre, jovial y danzarín. Su representación física se encontraba en el *lararium*, un altar de culto doméstico que concentraba el culto a los dioses del hogar en el que los Lares podían encontrarse en diversas formas: desde figurillas de madera o terracota hasta estatuillas de bronce dorado o incluso metales preciosos.

23 de febrero	TERMINALIA	*ante diem VII Kalendas Martias*

Término, *Terminus* en latín, era un dios antiquísimo del pueblo romano. Tan antiguo como las fronteras o los límites de los campos que protegía y señalaba. Esta divinidad, a la que se consagraba la fiesta de las *terminalia*, estaba representada por los mojones o estacas que separaban los límites de los campos de los agricultores. Representaba la invariabilidad y la firmeza de las divisiones terrenales, por lo que en este día se le hacían ofrendas a cualquier tipo de marca que delimitara espacios adornándola con guirnaldas y salpicándola con la sangre de un cordero o un cochinillo. Las gentes del campo solían hacer una hoguera cerca y después cantaban canciones sagradas a Término para asegurar que se mantendría firme en su cometido.

Según la tradición, cuando en la época de los reyes se estaba proyectando la construcción del templo de Júpiter *Optimus Maximus,* bajo el mandato del segundo de los Tarquinios, los dioses eligieron a través de los augurios que fuera el monte Capitolio, entonces conocido como Tarpeyo, el que acogiera la morada del rey de los dioses. Por desgracia, el monte estaba repleto de pequeños altares dedicados a otras divinidades, por lo que fue necesario buscar el consentimiento de los dioses para desacralizarlos y así poder construir el gran templo en ese terreno.

Los augurios fueron positivos, como transmiten Ovidio (*Fastos* II, 640-685), Tito Livio (*Desde la fundación de la Ciudad* I, 55) y Dionisio de Halicarnaso (*Antigüedades romanas* III 69, 3-6), en todos los casos salvo en el altar monolítico de Término, que se negó a ser levantado de la posición en la que se decía que lo había colocado el rey Numa. Por ello, su *sacellum* o templete fue conservado en su lugar e integrado dentro del templo del dios Júpiter, creando incluso una pequeña claraboya en el tejado del propio templo para que el dios de los límites siempre se mantuviera, como ordenaba la ley divina, a cielo abierto. Este prodigio fue interpretado como un buen augurio que vaticinaba la firmeza y la estabilidad del Estado y la inamovilidad de las fronteras de la ciudad de Roma.

> *Romanae spatium est urbis et orbis idem.*
>
> El espacio de la urbe romana es el mismo que el del orbe.
>
> (Ovidio, *Fastos* II, 684).

Ya en tiempos de la República y el Imperio, se realizaba un sacrificio oficial de una oveja en el miliario que marcaba la sexta milla de la Vía Laurentina, que salía desde Roma hacia el sur.

Hay que destacar también el papel de esta festividad de las *terminalia* en el calendario arcaico, que ya hemos comentado en la primera parte del libro, siendo el *terminus* —final— del año el momento en el que se añadía el mes *Interkalaris* para regular el año civil con respecto al natural. Por supuesto, en el calendario juliano, el día bisiesto que se agregaba cada cuatro años se colocaba también después de las *terminalia*, manteniendo la tradición arcaica. Como ya hemos explicado, no se añadía un día 29 de febrero como en la actualidad, sino que se repetía el día 24, *ante diem VI —sextum— kalendas martias,* denominándolo *ante diem bis sextum kalendas martias*, de donde surge la palabra *bisiesto*.

24 de febrero	REGIFUGIUM	*ante diem VI Kalendas Martias*

El día 24 de febrero, desde el periodo republicano y durante todo el imperial, los romanos celebraban esta festividad como la conmemoración de la expulsión de Tarquinio el Soberbio, el último de los reyes de Roma, en el siglo IV a. C. Averiguar el verdadero significado que tuvo en su origen parece prácticamente imposible, puesto que ni los propios romanos recordaban ya su sentido y preferían celebrar simplemente la llegada de la República.

En el año 509 a. C. el rey Tarquinio gobernaba sobre Roma como lo habían hecho sus antecesores desde hacía más de dos siglos. Encontrándose en guerra contra los rútulos, enemigos cercanos de Roma, Lucio Tarquinio y Tarquinio Colatino, hijo y sobrino del rey respectivamente, hablaban sobre la belleza de sus mujeres cuando Colatino dijo que como Lucrecia —su esposa— no había otra igual.

En los días siguientes Lucio Tarquinio comenzó a desatar un profundo amor ilícito y secreto, cubierto de maldad, por la mujer de su primo. Tal era su deseo que un día se presentó en su casa y Lucrecia, por cortesía familiar, le dejó pasar. Él la amenazó con un puñal, le rogó e incluso le prometió riquezas para que cediera a sus deseos, mas como ella no dio su consentimiento la forzó en su lecho. Inútil le era gritar o resistirse, pues le había advertido que degollaría a un esclavo y haría creer a todos que ese y no él, la había violado.

Lucrecia, en su desolación púdica, la que desgraciadamente se esperaba en su tiempo de una mujer, y a pesar de que ni su padre ni su marido la culparon, se suicidó con un cuchillo que había ocultado de forma premeditada. Marco Junio Bruto, también sobrino del rey, extrayendo el cuchillo del cuerpo sin vida de Lucrecia prometió junto con Tarquinio Colatino vengarse en nombre de Roma del rey y sus hijos. Al conocerse la noticia estalló una revuelta entre los ciudadanos de Roma, que expulsaron la monarquía de sus vidas haciendo que el rey Tarquinio y su familia tuvieran que huir de Roma para siempre. Así se instauró en la Urbe la nueva República.

En recuerdo de este suceso, el *Rex Sacrorum* —sacerdote que representaba la figura religiosa del rey durante la República— realizaba un sacrificio en el *Comitium* del Foro y después huía de forma ritual todo lo rápido que podía, escenificando la expulsión del último rey que había tenido Roma.

No deja de ser interesante que una de las justificaciones que usaron los conjurados para asesinar a Julio César fue la participación de Décimo y Marco Junio Bruto, descendientes del mítico Lucio Junio Bruto que había liberado a Roma del yugo de la monarquía. Ellos, en su intención libertadora, abogaban por repetir una vez más la gesta que liberara a la República del nuevo reino que estaba a punto de establecerse: César debía morir.

27 de febrero	EQUIRRIA	*ante diem III Kalendas Martias*

Las fiestas de las carreras de caballos —*equirria*— se celebraban el 27 de febrero y de nuevo el 14 de marzo en el Campo de Marte, en honor del dios de la guerra. Dada la ubicación de la celebración en un espacio de amplia connotación militar para los romanos, este ritual tendría mucho que ver con el ejército. Estaría destinado seguramente a ejercitar a los caballos para prepararlos para la temporada de campañas militares que, junto con el buen tiempo, se acercaba tras el merecido descanso del invierno.

MARZO — *MARTIVS*

Condita Mavortis magno sub nomine Roma
Non habet errorem; Romulus auctor erit.

Que Roma se fundó gracias al poder del gran Marte,
No admite dudas: Rómulo habrá de ser de ello el garante.

MENSIS MARTIVS DIES XXXI

1	D	K·MAR·NP		FERIAE·MARTI MATRONALIA
2	E	VI	F	
3	F	V	C	
4	G	IIII	C	
5	H	III	C	NAVIGIVM·ISIDIS
6	A	PR	NP	IMP·CAES·AVG·PONTIF MAXIM·FACT·EST
7	B	NON·F		VEDIOVI ARTIS
8	C	VIII	F	
9	D	VII	C	
10	E	VI	C	
11	F	V	C	
12	G	IIII	C	
13	H	III	EN	
14	A	PR	EQ·NP	
15	B	EID·NP		ANNAE·PERENNAE
16	C	XVII	F	ARGEI
17	D	XVI	LIB·NP	AGONALIA
18	E	XV	C	
19	F	XIIII	QVIN·NP	ARMILVSTRIVM
20	G	XIII	C	
21	H	XII	C	
22	A	XI	N	
23	B	X	TVBIL·NP	
24	C	VIIII	Q·R·C·F	
25	D	VIII	C	MAGNAE·MATRIS ET·ATTIDIS
26	E	VII	C	
27	F	VI	NP	C·CAES·VICIT·ALEXAND
28	G	V	C	
29	H	IIII	C	
30	A	III	C	
31	B	PR	C	LVNAE·IN·AVENTINO

XXXI

INCIPIT MENSIS MARTIUS

Una vez terminada la purificación de febrero, comienza el mes de marzo y con él llega el buen tiempo, el renacimiento de la naturaleza y el inicio de un nuevo ciclo de vida. También los agricultores, bajo los auspicios de Piscis, comienzan a cultivar los campos y piden a Marte *Gradivus* —el que precede la marcha militar— que bendiga sus campos y los proteja durante la guerra.

> *Mars pater, te precor quaesoque uti sies volens propitius mihi domo familiaeque nostrae: quoius re ergo agrum terram fundumque meum suovitaurilia circumagi iussi, uti tu morbos visos invisosque, viduertatem vastitudinemque, calamitates intemperiasque prohibessis defendas averruncesque; utique tu fruges, frumenta, vineta virgultaque grandire beneque evenire siris, pastores pecuaque salva servassis duisque bonam salutem valetudinemque mihi domo familiaeque nostrae.*
>
> Padre Marte, te ruego y te suplico que seas propicio para mi, mi casa y mi familia: por ello te ofrezco un cerdo, una oveja y un toro [*suovetaurilia*] que ordené que fueran llevados alrededor de mis campos, mis tierras y mis propiedades. Aleja las enfermedades, se vean o se oculten, la esterilidad, la destrucción, la ruina y la influencia inoportuna; permite que mis cosechas, mi grano, mis viñas y mis plantaciones prosperen y lleguen a buen término, preserva la salud de mis pastores y rebaños y dame buena salud a mí, a mi hogar y a mi familia.
>
> (Catón el Censor, *Sobre la agricultura* 141, 2-4).

Como adelantábamos en la primera parte del libro, en el calendario arcaico atribuido al rey Rómulo el mes de marzo era el primero, por su asociación con el renacer natural. Posteriormente, la reordenación de Numa, al añadir los meses de enero y febrero, hizo que marzo pasara a ser el segundo mes. La tercera posición la ocupó seguramente desde el siglo v a. C., cuando febrero finalmente tomó su segundo lugar en el año.

Es común comprobar cómo la literatura popular y los medios digitales actualmente dan por hecho que la reestructuración del calendario y el paso del inicio del año de marzo a enero, tuvo lugar en el año 153 a. C. a causa de la guerra en Hispania que traía a Roma de cabeza. Quienes lo dicen se basan, de oídas, en el siguiente relato pero, como ya hemos comprobado, no van bien encaminados. Ahora veremos por qué.

El año anterior —154 a. C.—, el cónsul Quinto Fulvio Nobilior había comenzado una nueva guerra contra los pueblos celtíberos, centrada en los segedenses, quienes, ayudados por los numantinos, consiguieron causar más de 6000 bajas en el ejército romano. Por ello, el Senado aprobó que a partir del año siguiente los nuevos cónsules no tomaran posesión de sus cargos en las *idus* —día 15— de marzo, sino en las *kalendae* —día 1— de enero. Esta medida permitiría que los nuevos magistrados anuales aprovecharan mejor el tiempo del invierno para planificar la nueva estrategia antes de la llegada de la temporada de guerra en el mes de marzo. Así nos lo recuerda uno de los resúmenes que se conservan del libro XLVII, por desgracia perdido, de la obra de Tito Livio *Desde la fundación de la Ciudad*.

Como podemos comprobar, en el año 153 a. C. sí se produjo un cambio importante en Roma, pero no fue el cambio del inicio del año a enero, establecido varios siglos atrás —tal vez durante el reinado de Numa (716-674 a. C.)—, sino el traslado al 1 de enero del inicio del calendario político anual.

El dibujo que acompaña al mes de marzo representa al rey Rómulo, fundador de Roma e hijo del dios Marte, ataviado como un pastor, vestido con una piel de animal y a punto de sacrificar una cabra a su padre divino sobre la hierba de la primavera. Esta era una forma muy común que los romanos tenían para venerar a su fundador. En el monte Palatino, junto al templo de Apolo, se encuentra una zona que los propios romanos veneraban como el lugar en el que estaba la cabaña en la que vivió el rey con los primeros pobladores de la ciudad. También era un pastor en sentido figurado, porque Rómulo, según la tradición, consiguió reunir a gentes de diversos lugares que se convirtieron en el rebaño de hombres del que nació Roma.

El pájaro al que señala con su mano derecha, se interpreta como un picapinos, el que según una de las fuentes que relata el mito de Rómulo y Remo, la obra anónima *Origo gentis romanae* (XX, 4), llevó algo de alimento a los gemelos antes de que los encontrara la loba. Por este motivo, el pájaro picapinos —*picus* en latín—, también era un animal consagrado al dios Marte.

1 de marzo	FERIAE MARTI	*Kalendis Martiis*

El primer día de marzo se celebraba por todo lo alto el *dies natalis Martis* —día de nacimiento del dios Marte—. Las celebraciones que se le dedicaban se entretejían con aquellas destinadas a propiciar el nuevo año, incluso siglos después de que en esta fecha ya no tuviera lugar el cambio. Los rituales incluían colgar nuevas coronas de laurel en la Regia, las curias y las casas de los *flamines maiores,* renovar el fuego sagrado inextinguible del templo de Vesta y realizar batallas fingidas en el Campo de Marte.

Los ritos más importantes en honor de Marte eran realizados por una congregación de doce *sodales* —acompañantes— conocida como los *salii.* Su nombre parece surgir de sus saltos y bailes —*saliendo et saltando*—. En la fiesta del nacimiento del dios Marte estos sacerdotes, vestidos con trajes militares arcaicos de telas doradas, bailaban en honor de Marte al ritmo del llamado *carmen saliare*, 'la canción de los salios', tan antigua que ni siquiera los propios romanos eran capaces de comprender sus palabras. Mientras bailaban, portaban lanzas en honor del beligerante dios Marte y, sobre todo, grandes y vetustos escudos con forma de ocho.

La leyenda cuenta que el propio Júpiter había enviado desde los cielos un escudo perteneciente al dios Marte, el *ancile*, con la promesa de que el destino de Roma estaba ligado a la protección del escudo. El rey Numa, para evitar su robo o destrucción, encargó a un tal Mamurio realizar once réplicas idénticas. Estos *ancilia* se conservaban durante todo el año en la Regia hasta que Augusto los trasladó al templo de *Mars Ultor* —'Marte vengador'— en su Foro. Tan solo los procesionaban los *salii* en este primer día de marzo, así como los días 19 y 23, cuando se celebraban el *armilustrium* y el *tubilustrium*, las últimas fiestas que anticipaban las campañas militares.

1 de marzo	MATRONALIA	*Kalendis Martiis*

El origen de la llamada «fiesta de las mujeres» se otorgaba al famoso episodio mítico del rapto de las sabinas, que tuvo lugar durante las *consualia* de agosto. Ante la falta de mujeres entre los primeros pobladores de Roma, el rey Rómulo ordenó que cada ciudadano raptara a una mujer del vecino pueblo de los sabinos y la convirtiera en su esposa. Años después, los sabinos planearon su venganza y marcharon hacia Roma dispuestos a rescatarlas. Cuando ellas, que ya habían establecido sus nuevas familias, vieron que se iban a enfrentar en combate sus padres y sus maridos, decidieron interponerse junto con sus hijos entre ambos ejércitos. En conmemoración del valiente acto de las mujeres, las *matronalia* recordaban su entrega y disposición al evitar el terrible espectáculo que se estaba avecinando. Los ritos incluían plegarias de los hombres en favor de sus matrimonios —*pro conservatione coniugii*— y regalos a las mujeres, así como que aquellas fueran las que sirvieran la comida a sus esclavos, igual que los amos lo hacían en las *saturnalia* de diciembre.

Por otra parte, en el año 375 a. C. las propias mujeres romanas dedicaron, posiblemente, un templo a Juno *Lucina* —'la que da luz'— en el monte Esquilino para asegurar su presencia y protección durante los partos. Este nuevo templo supuso un desarrollo aun mayor de las *matronalia*. Toda mujer que en este día rendía culto a Juno *Lucina* debía desatar todos los nudos y los lazos ya fueran los de sus vestidos o los de su pelo, nada debía estar atado para propiciar los partos sanos.

No cabe duda de que las *kalendae* de marzo eran un día especialmente rico en festejos, celebraciones y rituales; no era para menos, tratándose del antiguo inicio del primer mes del año y el día del nacimiento del mismísimo dios que engendró al fundador de la Urbe.

5 de marzo	NAVIGIUM ISIDIS	*ante diem III Nonas Martias*

La religión romana siempre fue ampliamente tolerante en recibir a tantos dioses como cultos diversos existieran bajo sus dominios, siempre que dichos cultos no fueran reacios a admitir también a los dioses que aportaba Roma. El intercambio religioso que se producía en este tipo de situaciones enriquecía culturalmente a ambas partes y mejoraba la integración social de las nuevas poblaciones.

La fiesta del *navigium Isidis,* o navío de Isis, era una clara muestra de esta integración de nuevos cultos. Tras la conquista de Egipto en el año 30 a. C., el gusto egipcio, y con él sus dioses, comenzaron a tener cada vez un lugar más importante en la sociedad romana. No es de extrañar que a finales del siglo I a. C. el magistrado Cayo Cestio Epulón construyera su tumba con forma de pirámide egipcia, posteriormente integrada en la muralla aureliana de Roma y todavía hoy en pie.

El culto a Isis se popularizó en Roma sobre todo a partir del siglo II, aunque su auge comenzó ya en el siglo I gracias a emperadores como Calígula. El éxito de este tipo de cultos se produjo por la combinación de la iniciativa imperial con rituales privados de tipo mistérico que ofrecían la salvación a sus fieles. Gracias a ello, la veneración de Isis se mantuvo incluso más allá del siglo IV en la forma de esta festividad. Se realizaba una procesión desde Roma hasta el puerto de Ostia con la estatua de plata de la diosa. Allí se preparaba un barco ritual que se llenaba de ofrendas de los fieles y finalmente era liberado para que navegara por el mar como una ofrenda flotante. Este ritual anunciaba el próximo final de la recomendación de no navegar en invierno por las malas condiciones del mar en esa estación —estimado hacia el día 10 de marzo—, y servía como protección para los marineros y para cualquier otra persona que se embarcara en un viaje marítimo. Los fieles también encontraban el consuelo de su diosa para navegar seguros, metafóricamente, por los peligrosos mares de la vida.

> *Ibi deum simulacris rite dispositis navem faberrime factam picturis miris aegyptiorum circumsecus variegatam summus sacerdos taeda lucida et ovo et sulpure, sollemnissimas preces de casto praefatus ore, quam purissime purificatam deae nuncupavit dedicavitque. Huius felicis alvei nitens carbasus litteras [votum] auro intextas progerebat: eae litterae votum instaurabant de novi commeatus prospera navigatione.*
>
> De acuerdo con los ritos, se dispusieron las sagradas imágenes. Había una nave construida según la técnica más depurada; unas maravillosas pinturas egipcias decoraban su contorno con la mayor variedad. El sumo sacerdote, después de pronunciar con sus castos labios las solemnes oraciones, purificó la nave con toda la pureza de una antorcha encendida, un huevo y azufre: la puso bajo la advocación de la diosa y se la consagró. Sobre esta nave feliz, flotaba al viento una lujosa vela con una inscripción bien visible bordada en letras de oro; esas letras formulaban un voto por la feliz reanudación de la nueva temporada marinera.
>
> (Apuleyo, *El asno de oro* XI, 16).

6 de marzo	AUGUSTUS PONTIFEX MAXIMUS FACTUS EST	*pridie Nonas Martias*

El 6 de marzo del año 12 a. C. el emperador Augusto aceptó el título de *Pontifex Maximus* —sacerdote supremo— tras la muerte de Marco Emilio Lépido, su antecesor en el cargo, que lo había ostentado desde el asesinato de Julio César. El título de *Pontifex Maximus* suponía *de facto* ostentar la más alta distinción religiosa de la religión romana, aunque en la teoría estaba por debajo tanto del *Rex Sacrorum* como de los tres *flamines maiores.*

Estatua hallada en la Vía Labicana de Roma en 1910. Representa a Augusto *como Pontifex Maximus:* con la toga cubriéndole la cabeza —*capite velato*— para realizar un ritual.

Este personaje era quien presidía el *collegium pontificum*, una congregación de sacerdotes de la más alta categoría que, como ya hemos visto a lo largo de la primera parte de esta obra, tenían asignadas diversas funciones relacionadas con las ceremonias rituales y con la administración religiosa del calendario. El origen de su nombre no ha sido totalmente aclarado, pero podría surgir de *pons*, 'puente', y *facere*, 'hacer', de tal manera que un *pontifex* era aquel que construía puentes. Este cargo arcaico podría ser literal, pues se consideraba que el río Tíber era sagrado, por lo que solo el máximo sacerdote podía decretar la creación de un puente sobre las aguas sagradas; o de manera figurada, tendiendo puentes de unión entre los dioses y los hombres.

El cargo, a partir del periodo imperial, dejó de ser elegido por votación como se había hecho durante la República, para pasar a ser un honor más que se entregaba al emperador cuando ascendía a la púrpura. Todos los emperadores lo asumieron de forma vitalicia hasta que, en el año 379, el emperador Graciano, en una Roma a punto de ser oficialmente cristianizada mediante el Edicto de Tesalónica, declinó el título en favor del Papa. A partir de entonces su nuevo portador pasó a ostentar el cargo de por vida, algo que se sigue manteniendo en la actualidad.

14 de marzo	EQUIRRIA	*pridie Idus Martias*

Después de que tuvieran lugar el 27 de febrero, en este día se volvían a celebrar las *equirria* en honor del dios Marte, recordando de nuevo que el periodo de campañas militares estaba cada vez más cerca.

15 de marzo	ANNAE PERENNAE	*Idibus Martiis*

La fiesta de Anna Perenna era una representación femenina del año —*annus*— que se preocupaba no solo del inicio del mismo, sino también de la sucesión continua de ellos, de donde surge su epíteto de *perenne*. Celebrada en el calendario arcaico durante la primera luna llena del año nuevo, esta festividad era especialmente aprovechada por las clases bajas —*plebeii*— que iban a una zona de verdes prados próxima al río Tíber junto al primer miliario de la Vía Flaminia, donde hoy se encuentra la Piazza del Popolo.

Allí la gente aprovechaba para tumbarse en la hierba, bailar, saltar, comer y después recostarse junto a su pareja, como recuerda el poeta Ovidio en sus *Fastos* (II, 525-545). Pero si había algo que caracterizaba esta fiesta era el vino, que corría en abundancia de copa en copa. Una de las tradiciones más seguidas era la de pedir a los dioses tantos años de vida como copas de vino se pudieran acabar. Según se contaba en la época, había quien llegaba a beberse los años de Néstor, sabio rey de Pylos que vivió durante varias generaciones, o incluso los de la Sibila, que era inmortal.

15 de marzo	GAIUS IULIUS CAESAR OCCISUS EST	*Idibus Martiis*

Las *idus* del mes de marzo quedaron grabadas para siempre en la historia en el año 44 a. C., fecha en que tuvo lugar el asesinato de Cayo Julio César, *dictator perpetuus* de la República romana, a manos de un nutrido grupo de senadores conjurados. Detengámonos por un momento en nuestro avance a través el calendario para conocer mejor este breve pero profundamente significativo momento de la historia universal.

Cayo Julio César, descendiente de la estirpe que vio nacer al gran héroe Eneas, fue uno de los hombres con mayor visión militar y política del mundo antiguo. Cuando ocupó el cargo de cónsul, máximo magistrado del Estado, el gobierno de la moribunda y corrupta República consiguió llegar a ser un reflejo de lo que un día fue. A su vuelta de la Galia, como pudimos ver en el mes de enero, sus enemigos conspiraron contra él, iniciándose una guerra civil que lo enfrentó con el general Pompeyo de punta a punta del Mediterráneo.

Tras su regreso victorioso a Roma en el año 46 a. C. fue nombrado *dictator* de la República, un cargo que solo se otorgaba en momentos de extrema necesidad y que normalmente no excedía un año de duración. Sin embargo, César consiguió que su dictadura le fuera otorgada por un periodo de diez años. Este gesto, así como otros que vinieron después —por ejemplo, el que tuvo lugar en las *lupercalia* o los de aquellos que le llamaban *rex*—, no gustaron a sus enemigos, que comenzaron a tramar una conspiración para asesinarlo.

Los cabecillas de un grupo de más de sesenta senadores fueron Cayo Casio Longino, Marco Junio Bruto y Décimo Junio Bruto Albino.

Urdieron varios planes posibles para el asesinato antes de que César se convirtiera en rey de Roma —en la Vía Sacra, en el teatro, en el Foro...—, pero cuando se convocó la sesión del Senado para las *idus* de marzo, no lo dudaron: aquellos serían el día y el lugar elegidos.

No fueron pocos los malos augurios que, según la tradición posterior, ocurrieron antes del magnicidio. Los más destacados los narraron Suetonio y Plutarco: manadas de caballos salvajes lloraban amargamente y se negaban a comer; durante un sacrificio que realizó el propio César se encontró que la víctima no tenía corazón; pájaros que se dejaban morir, cayendo en picado sobre el Foro, etc. (Suetonio, *Vida de los doce césares,* «César», 81; Plutarco, *Vida de César,* 63).

La víspera del asesinato, César cenó en casa de su amigo Lépido y, charlando sobre cuál sería la mejor de las muertes, César afirmó rotundamente: «la inesperada». Esa misma noche soñó que iba volando por encima de las nubes y le estrechaba la mano al mismísimo Júpiter. Calpurnia, su mujer, también había soñado que su marido moría degollado en sus brazos. Muchos fueron los prodigios que supuestamente sucedieron entonces, incluso las puertas y ventanas de su habitación se abrieron de golpe sin explicación aparente y las armas de Marte, que se custodiaban en la Regia se movieron solas con gran estruendo.

A la mañana siguiente César, que no había visto buenos augurios en los sacrificios matutinos, estuvo dudando largamente si debía o no salir de casa hasta que Décimo, uno de los conjurados, le animó a no defraudar a los senadores que le esperaban con impaciencia. A pesar de que en ese momento una estatua suya que decoraba el vestíbulo, una vez más según lo que nos cuentan las fuentes posteriores, cayó al suelo y se despedazó por sí sola, César decidió salir de su casa.

De camino se encontró por casualidad con Espurina, el arúspice, quien días antes le había advertido que se guardara de un terrible peligro que no se aplazaría más allá de las *idus* de marzo. César, mirándole con gesto irónico le contestó que las *idus* ya habían llegado, a lo que Espurina, sin inmutarse, contestó: «Ya han llegado, pero todavía no han pasado».

El último paseo de César hacia su particular patíbulo comenzó en la Regia, la casa que ocupaba por su cargo de *Pontifex Maximus*. Atravesó la Vía Sacra, pasando por delante de las obras de la Curia Julia y el nuevo Foro que se estaba construyendo en su honor. Pronto sus planes estarían completos. Atravesando la ciudad acompañado de sus más fieles amigos, que lo escoltaban a través del bullicio, llegó hasta el complejo del teatro de Pompeyo, donde se encontraba la Curia, que estaba siendo empleada para las reuniones del Senado hasta que se completaran los trabajos de la nueva, planificada en el Foro Romano. Incluso alguien le entregó a César un pequeño papel en el que se le revelaba el terrible suceso que estaba a punto de acontecer, pero él decidió cumplir primero su obligación y leer aquella misiva más tarde.

Retenido Marco Antonio en el exterior de la Curia, los conjurados tenían el camino libre: todo estaba preparado. A los libertadores, como se autodenominaban, solo les faltaba el favor de los dioses para llevar a cabo su plan. Lucio Tilio Cimbro, mientras suplicaba a César el perdón de su hermano fugitivo, aprovechó para tirar de su toga. Al replicar el *dictator* enérgicamente: «*Ista quidem vis est!*» ('¿Qué tipo de violencia es esta?'), Publio Servilio Casca Longo aprovechó para apuñalarlo en el cuello. César consiguió clavarle su punzón de escribir en el brazo, pero al grito de «ἀδελφέ, βοήθει» ('¡Ayuda, hermanos!'), todos los conjurados se echaron sobre él y comenzaron a apuñalarle (Suetonio, *Vida de los doce césares*, «César», 82; Plutarco, *Vida de César*, 66).

Recreación del asesinato de Julio César en las *idus* de marzo del 44 a. C.

Entre el desconcierto y los gritos de todos los presentes, unos de horror y otros de ira, muchos senadores se hirieron entre ellos o resbalaron con la sangre mientras intentaban huir de aquel lugar, desde entonces maldito. César, sin resistirse a sus atacantes, se cubrió la cabeza con la toga al tiempo que con la otra mano bajaba los pliegues para que le cubrieran las piernas al caer y así morir con mayor decoro. Lo hizo, por casualidad o por destino, a los pies de la ensangrentada estatua del general Pompeyo. Cuando Marco Bruto, a quien César consideraba un buen amigo, le asestó la última puñalada, en la ingle, se dice que César le dirigió sus últimas palabras: «Καὶ σὺ τέκνον» ('¿También tú, hijo?'; Suetonio, *Vida de los doce césares*, «César», 82, 2).

Al contrario de lo que la tradición popular ha interpretado siempre, y de lo que opinaron los investigadores hasta mediados del siglo XX, Bruto no era hijo de César ni tenía relación de parentesco directa con él. Tan solo era un hombre, quince años menor que César, con el que tenía buena relación. La palabra τέκνον denota un especial afecto por una persona, pero no implica una relación más profunda. A pesar de todo, fueron mayoría los autores antiguos que opinaron que César ni siquiera pudo llegar a decir nada antes de morir, por lo que la frase podría, incluso, haber sido insertada *a posteriori* en el relato.

La cita, al igual que la situación en general, se popularizó gracias a la obra de William Shakespeare *Julio César*, escrita en 1599. En el tercer acto, Shakespeare hace hablar a César en latín: «*Et tu, Brute!*» ('¡Y tú, Bruto!'), haciendo una traducción libre de la frase en griego de Suetonio. Finalmente, la frase latina que la mayor parte de la gente conoce, «*Tu quoque [Brute] fili mi?*» ('¿Tú también, Bruto, hijo mío?'), fue creada a finales del siglo XVIII por el abad Lhomond en su obra *De viris illustribus urbis Romae a Romulo ad Augustum*, que sirvió a muchos alumnos franceses para aprender latín hasta el siglo XX.

El cuerpo de César quedó tendido durante largo rato, atravesado por las 23 puñaladas que le habían asestado los conjurados. Estos, por su parte, se habían visto obligados a huir y mucha gente se había encerrado en sus casas por el temor general y la incertidumbre. Durante la tarde tres esclavos públicos llevaron en una camilla el cuerpo de César con su brazo colgando empapado en sangre hasta su casa, donde lo depositaron para que fuera velado por su familia. Allí se leyó su testamento, custodiado hasta entonces en el templo de Vesta, en el que se nombraba heredero principal a Cayo Octavio Turino, el futuro Augusto.

Nunca llegaremos a saber con certeza si Julio César realmente trataba de instaurar una monarquía y, si así fuera, de qué tipo. Algunas fuentes cuentan que los libros sibilinos habían profetizado que el ejército romano no conseguiría vencer a los partos si no estaba comandado por un rey, por lo que días antes del asesinato corría el rumor de que Lucio Aurelio Cota, tío carnal de César, iba a proponer que su sobrino fuese investido como rey. Suetonio deja entrever también que César se encontraba bastante enfermo en el momento de su asesinato y, conociendo los planes de asesinarlo, podría haber decidido que esa sería una forma honrosa de morir.

Vive aquí en persona el asesinato de Julio César.

16 y 17 de marzo	ARGEI	*ante diem XVII et XVI Kalendas Apriles*

Los días 16 y 17 de marzo se realizaba una procesión ritual, seguida por muchos ciudadanos, que visitaba 27 capillas —*sacella argeiorum*— repartidas por toda la ciudad. En ellas se depositaban unos monigotes de paja que se encargaban de absorber todos los malos espíritus acumulados hasta el día 14 de mayo, fecha en que se realizaba la segunda parte de este ritual de purificación.

17 de marzo	LIBERALIA	*ante diem XVI Kalendas Apriles*

La fiesta de las *liberalia*, que tenía mucho que ver con la fertilidad, estaba dedicada al dios Líber, llamado también Baco y asociado con el vino y con el dios griego Dionisos. Eran celebraciones de origen rústico que festejaban la libertad, de la que eran patrones Líber Pater y su esposa, Libera. En este día en las calles, además de las procesiones de los *argei*, que todavía se estaban celebrando, se podían ver ancianas coronadas de hiedra. Estas espontáneas sacerdotisas de Líber vendían pasteles de aceite y miel —a él se le atribuía la invención de esta última— llamados *liba*, que la gente podía comprar y ofrecer allí mismo al fuego de pequeños braseros portátiles para cumplir su actividad religiosa del día.

Estas fiestas también eran especialmente importantes para los adolescentes, pues la tradición hacía que durante las *liberalia* los jóvenes de entre 15 y 16 años pasaran a ser considerados adultos. La ceremonia de paso a la madurez tenía seguramente dos fases: la primera, que era privada, se realizaba en casa con la familia. En ella el joven entregaba su *bulla* —un amuleto protector dorado que había llevado desde pequeño— a los dioses Lares. En la segunda, la que tenía lugar durante las *liberalia*, todos los jóvenes que se habían convertido ese año en adultos realizaban una procesión por toda la ciudad, atravesando el Foro hasta llegar al templo de Júpiter en el Capitolio, donde realizaban sacrificios. También era el momento de inscribir su nombre en el archivo estatal o *tabularium* para ser añadidos a las listas de ciudadanos romanos.

No existía, por el contrario, un rito de paso a la madurez para las niñas, que tan solo ofrecían sus muñecas —*puppae*— a Venus cuando llegaban a la pubertad. Para ser consideradas mayores de edad debían esperar hasta el matrimonio y aun así, en muchos casos, pasaban de estar bajo la tutela de su padre a estarlo bajo la de su marido.

Uno de los elementos más destacados del rito de crecimiento masculino era el cambio de la toga. Esta era la prenda de vestir por excelencia de los ciudadanos romanos, la que los distinguía de cualquier otro hombre, ya fuera un esclavo, un liberto o un extranjero. Desde los niños hasta los ancianos, los romanos podían llevar togas, aunque había bastantes variantes dependiendo de la edad o el estatus. Todos los niños romanos desde que nacían tenían el derecho legal de llevar la *toga praetexta* como símbolo de su derecho a la libertad por nacimiento —*insignia puerorum ingenuorum*—. Esta toga, que también podían llevar los magistrados, tenía la particularidad de llevar una franja *purpura,* un color especialmente relacionado con la dignidad y la majestuosidad. Por otra parte existía la *toga pulla,* teñida completamente de negro —a diferencia de las togas comunes que eran de lana sin decolorar— para simbolizar el luto por la muerte de un ser querido. La *toga candida,* que vestían los candidatos políticos, era blanqueada para demostrar la pureza y dignidad de su portador. Finalmente la *toga picta,* decorada con hilo de oro y teñida completamente de *purpura*, usando un tinte de origen animal extraordinariamente caro que se extraía de una glándula del *murex*, un tipo de caracol marino. Solo podían portarla los emperadores por su altísimo coste, que podía superar los 12.000 denarios de plata —equivalentes a unos 240.000 €, haciendo un cálculo arriesgado y seguramente no del todo preciso— por una libra —323 gramos— de lana teñida de *purpura.*

El último tipo de toga, el que precisamente nos ocupa, es la *toga virilis,* también llamada *libera* o *pura* por sus connotaciones de madurez del hombre que se la colocaba y su libertad de acción como ciudadano romano de pleno derecho. Estaba hecha de lana sin decolorar y normalmente medía cerca de tres metros y medio de largo, aunque podía llegar a ser de hasta cinco metros. Se colocaba sin ningún tipo de sujeción, siempre sobre una túnica, envolviendo el cuerpo de arriba a abajo, cubriendo completamente el brazo izquierdo por encima del hombro y dejando libre el derecho.

En la ceremonia de madurez, el joven se desnudaba delante de su familia para demostrar que ya era un hombre, pues sus genitales estaban bien desarrollados. Entonces su padre le entregaba su nueva *toga virilis* que le convertía en un hombre adulto. Debía ser un ritual de especial significación y orgullo sentimental para toda la familia, y sobre todo para el joven que comenzaba su vida adulta. En la mayoría de los casos era el padre el que determinaba el momento oportuno para celebrar el rito y, aunque la mayoría de los adolescentes lo pasaban con 15 años —como el emperador Augusto— o con 16 —como Cicerón—, otros lo hacían de forma más precoz, incluso a los 13 años —como Nerón—, o tardía —como Calígula, que no fue adulto hasta los 18 años—.

Los nuevos ciudadanos adquirían desde ese momento el derecho de votar, instruirse políticamente —*tirocinium fori*— o alistarse en el ejército —*tirocinium militae*— dependiendo del camino vital que desearan tomar. También se les permitía asistir a fiestas y banquetes, por lo que muchos jóvenes, sobre todo de clase alta, aprovechaban para empezar a beber sin demasiado control y a mantener relaciones sexuales. Existen algunos casos significativos de moderación, como el del propio emperador Augusto. De él sabemos, a través del historiador contemporáneo suyo Nicolás de Damasco, que durante todo un año después de haber recibido la *toga virilis*, se abstuvo de beber y de tener sexo para mantener su fuerza y su moral (*Vida de Augusto* 15, 36).

17 de marzo	AGONALIA	*ante diem XVI Kalendas Apriles*

Una vez más, como ya vimos en la primera de las cuatro fiestas agonales del año —9 de enero—, el *Rex Sacrorum* sacrificaba un carnero en la Regia del Foro. Si la primera *agonalia* estaba dedicada a Jano, esta lo estaba a Marte, por ser este su mes. Así concluían todas las festividades del día 17 de marzo, que debía ser un día muy esperado en la antigua Roma por su ambiente claramente festivo y bullicioso.

19 de marzo	QUINQUATRUS MAIORES	*ante diem XIV Kalendas Apriles*

Cinco días después de las *idus* de marzo —contando siempre de forma inclusiva—, llegaba esta festividad dedicada al dios Marte y también a la diosa Minerva, sin que existiera una relación directa entre ambos. Según Ovidio, la dedicación a Minerva se debía a que en este día se conmemoraba el nacimiento de esta diosa, protectora de pintores, escultores, médicos y maestros. Asimismo, ella también ostentaba la tutela del mes entero, como nos recuerdan los calendarios agrarios.

Aunque el nombre arcaico de la fiesta hacía referencia a su celebración cinco días después de las *idus*, entre los propios romanos se produjo una confusión al pensar que el nombre hacía referencia a la duración de la fiesta, por lo que, ya a finales de la República, las *quinquatrus* se alargaban hasta el día 23 —cinco días, una vez más contando de forma inclusiva—. En la primera jornada no se podía derramar sangre ni mostrar ningún arma y durante las cuatro restantes se realizaban combates de gladiadores.

Los niños disfrutaban de cinco días de vacaciones y también los maestros recibían su recompensa por la gracia de Minerva, ya que en este día cobraban a sus alumnos sus honorarios por las clases del año anterior. Por ello, era tradicional que tanto alumnos como maestros depositaran unas monedas en algún templo dedicado a Minerva como ofrenda, ya fuera el que tenía en el Esquilino, el del Aventino o su pequeño santuario en el Celio.

19 de marzo	ARMILUSTRIUM	*ante diem XIV Kalendas Apriles*

En este mismo día también se realizaba la ceremonia de purificación ritual de las armas, disponiéndolas para la campaña bélica. Los *salii*, sacerdotes encargados del culto de los *ancilia*, los limpian y purifican antes de danzar y brincar en el *Comitium*. Tan solo resta un ritual más relacionado con la guerra en el mes de marzo. Pronto darán comienzo las campañas militares.

23 de marzo	TUBILUSTRIUM	*ante diem X Kalendas Apriles*

La fiesta de purificación de las trompas rituales servía como colofón a las ceremonias sagradas de preparación para la llegada de temporada de guerra. Durante la celebración, dedicada a Marte, los *salii* procesionaban por última vez con los *ancilia* y se purificaban las trompas —*tubae*—, que se usaban en los rituales sagrados. También es posible que se purificaran las trompas de guerra que usaba el ejército para dar órdenes y amedrentar a los enemigos.

Esta misma fiesta, que presenta algunas connotaciones arcaicas muy interesantes que ya hemos comentado, se repetía una vez más el día 23 de mayo. En ambas ocasiones, la siguiente jornada se marcaba en el calendario con las siglas *QRCF* que, como también hemos explicado, hacían que el día 24 fuera *fasti* solo cuando el *Rex* realizaba una ceremonia en el *Comitium*.

Es curioso comprobar cómo muchas veces las abreviaturas de las festividades eran confusas incluso para los propios ciudadanos. Un ejemplo de ello lo encontramos en los *fasti praenestini*, en los que fue necesario añadir una aclaración porque muchos ciudadanos pensaban que las siglas *QRCF* significaban: «*quod eo die rex ex comitio fugerit*» ('cuando el rey huyó del *Comitium*'), confundiendo este día con el *regifugium* —24 de febrero—.

25 de marzo	MAGNAE MATRIS ET ATTIDIS	*ante diem VIII Kalendas Apriles*

Entre el 22 y el 28 de marzo tenían lugar los diferentes rituales del sufrimiento, muerte y resurrección de Atis, un sacerdote de origen frigio que se suicidó enloquecido por el amor de la diosa Cibeles, también conocida en Roma como Magna Mater, cuya fiesta principal se celebraba poco después, en abril. La representación más común de la diosa era la que todos los romanos podían ver en un pequeño templete que se situaba en la *spina* del Circo Máximo de Roma, la estructura alrededor de la que los carros daban vueltas para el entretenimiento de más de 150.000 personas. Ella aparecía montada en un carro conducido por dos leones, con la cabeza coronada por una muralla y seguida siempre de su fiel sacerdote Atis. Es curioso que hoy en día su figura siga estando representada, precisamente por la influencia arquitectónica del Circo Máximo, en el centro de Madrid, presidiendo uno de los extremos de la «espina» del circo romano que Carlos III tenía en mente al diseñar el paseo del Prado.

El culto a esta diosa, y por extensión a su siervo, llevado a Roma en el año 204 a. C., entraba dentro de las religiones de salvación mistérica que comenzaron a crecer a partir de mediados del siglo I d. C. Este tipo de cultos ofrecían la salvación eterna de sus fieles a través de una serie de rituales de paso, del mismo modo que ocurre en el cristianismo con los diferentes sacramentos.

El día 22, marcado con el nombre de *arbor intrat* en el calendario de Filócalo se realizaba un sacrificio de un carnero sobre las raíces de un pino, el árbol consagrado a Atis, que después era talado y transportado en procesión. Durante ese mismo día también se celebraban las *violaria*, fiestas relacionadas con Magna Mater y Atis en las que se ofrecían violetas a los difuntos para honrarlos.

A partir de ese momento, los rituales tomaban un carácter lúgubre que estallaba el día 24 con la conmemoración del *dies sanguini*. Según su doctrina, el día conmemoraba el momento en el que Atis enloquecido se había castrado a la sombra de un pino, muriendo desangrado lentamente mientras se arrepentía del terrible crimen que había cometido contra sí mismo en un momento de enajenación pasajera. En la base del pino, empapada por su sangre, la tradición contaba que habían florecido unas violetas, por lo que los fieles del culto tomaban tanto el árbol como la flor como elementos sagrados.

El día 25 de marzo era un día crucial para todas las religiones de tipo mistérico basadas en el ciclo de las estaciones —incluyendo a los cristianos, para quienes la resurrección de Cristo también habría sucedido originalmente el 25 de marzo—. En este día tenía lugar el equinoccio de primavera o, lo que es lo mismo, el renacimiento pleno de la naturaleza, relacionado siempre con la resurrección de la divinidad. Se le conocía con el nombre de *hilaria*, la fiesta de la alegría, en la que Cibeles, apiadándose de Atis había hecho que resucitara, manteniéndolo para siempre junto a ella.

Los siguientes días se realizaban algunos rituales menores para honrar la resurrección de Atis, que servía a sus fieles como promesa de la salvación eterna. De entre ellos los más devotos eran los sacerdotes de culto, llamados *gallii*, que para emular la pasión de Atis llegaban a fustigarse, e incluso a castrarse, frente a la estatua de la diosa Cibeles con un cuchillo hecho de sílex en un ritual terriblemente doloroso pero, en su concepción, purificador.

A pesar de la aceptación romana del culto a estas divinidades orientales, existían diversas opiniones y morales acerca de algunos de los rituales realizados, como los que implicaban la automutilación. A partir del siglo I a. C. empezaron a promulgarse leyes por las que, si bien no se prohibía a los ciudadanos romanos rendir culto a Magna Mater, sí que se prohibía que ocuparan el puesto de los *gallii,* para evitar este tipo de rituales que eran demasiado salvajes para la moral romana. Más adelante, el emperador Claudio permitió que un ciudadano romano tomara el cargo de *archigallus,* o sumo sacerdote de Atis, con la condición de que no fuera castrado. A finales del siglo I el emperador Domiciano decretó, por su parte, la prohibición definitiva de cualquier tipo de ritual de castración en Roma.

El último día de la fiesta se realizaba una procesión en la que la estatua de culto se llevaba hasta el río Almo, cercano a Roma, donde era lavada y purificada hasta el siguiente año. Seguramente, algunos puntos de estas festividades, que tuvieron un importante auge en los siglos III y IV, pueden resultarnos familiares, al menos a nivel conceptual, pues todas las religiones mistéricas, entre las que se encuentra el germen del cristianismo, tienen unos preceptos y orígenes comunes o al menos similares.

31 de marzo	LUNAE IN AVENTINO	*pridie Kalendas Apriles*

La diosa Luna era venerada en Roma desde tiempos ancestrales. Se decía que su culto había sido introducido por Tito Tacio, el rey sabino que en el siglo VIII a. C. compartió el trono con Rómulo tras su alianza. Luna también tenía una importancia crucial en el calendario más arcaico, por lo que no debe extrañarnos su adoración. En este día se dedicó en el siglo III a. C. un templo a esta diosa en el monte Aventino, del que solo sabemos que sufrió desperfectos bastante importantes en una gran tormenta que se desató en la ciudad el 20 de abril del año 182 a. C.

ABRIL — *APRILIS*

Caesareae est Veneris mensis, quo floribus arva
prompta virent, avibus quo sonat omne nemus.

De Venus cesariana es el mes en que campos cuidados
lozanean con flores, en que todo bosque resuena con aves.

MENSIS APRILIS DIES XXX

1	C	K·APR·F		VENERALIA
2	D	IIII	F	
3	E	III	C	
4	F	PR	C	MEGALESIA
5	G	NON·N		LVDI
6	H	VIII	NP	LVDI
7	A	VII	N	LVDI
8	B	VI	N	LVDI
9	C	V	N	LVDI
10	D	IIII	N	LVDI·IN·CIRC
11	E	III	N	
12	F	PR	N	LVDI·CERIAL
13	G	EID·NP		LVDI
14	H	XIIX	N	LVDI
15	A	XVII	FORD·NP	LVDI
16	B	XVI	N	LVDI
17	C	XV	N	LVDI
18	D	XIIII	N	LVDI
19	E	XIII	CER·N	LVDI·IN·CIRC
20	F	XII	N	
21	G	XI	PAR·NP	
22	H	X	N	
23	A	VIIII	VIN·F	VENER·ERVCIN
24	B	VIII	C	
25	C	VII	ROB·NP	
26	D	VI	F	HVNC·DIEM·DIVVS CAESAR·ADDIDIT
27	E	V	C	
28	F	IIII	NP	LVDI·FLORAE
29	G	III	C	LVDI
30	H	PR	C	LVDI

XXX

INCIPIT MENSIS APRILIS

El mes de abril es el cuarto de los que componen el calendario, en el que la naturaleza da rienda suelta a todo su esplendor y comienza el intenso trabajo en el campo. Muchas de las fiestas romanas de este mes reflejaban el carácter principal que en él tenía la agricultura: *cerialia, fordicidia, parilia, vinalia, robigalia…*

Varrón y Ovidio, hablando sobre los orígenes del mes, apuntan que su nombre proviene de *aperire* —'abrir'—, porque la naturaleza se abre de nuevo con el buen tiempo (Ovidio, *Fastos* III, 90; Varrón, *Sobre la lengua latina* VI, 33). En la antigüedad existieron también otras explicaciones para relacionar su nombre con el de Venus, haciéndolo surgir de ἀφρός —'espuma'—, de donde provenía el nombre de Afrodita, diosa griega asociada con Venus. Sin embargo, hoy en día esta explicación no parece correcta.

> *Nam quia ver aperit tunc omnia, densaque cedit frigoris asperitas, fetaque terra patet, aprilem memorant ab aperto tempore dictum, quem Venus iniecta vindicat alma manu.*
>
> Pues, dado que la primavera abre entonces todo y cede la intensa aspereza del frío y la tierra fecunda se abre, dicen que se llamó abril por la estación abierta, mes que reivindica la nutricia Venus, poniendo su mano sobre él.
>
> (Ovidio, *Fastos* III, 85-90).

Igual que ya se había hecho con los meses de julio y agosto, cuyos antiguos nombres —*Quintilis* y *Sextilis*— habían sido sustituidos por los de Julio César y el emperador Augusto, en el año 65 fue decretado que el mes de abril se conocería desde entonces como *Neroneus.* Este fue uno de los honores que se le otorgaron a Nerón tras sofocar la llamada Conjura de Pisón, un intento de asesinato contra el propio emperador. Tras su muerte en el año 68, el nombre cayó en desuso y el mes de abril volvió a recuperar su estatus anterior.

La representación que decora este mes refleja dos conceptos importantes de este. La figura principal tiene mucho que ver con el culto a Atis, y sobre todo a Cibeles-Magna Mater, de quien es momento de celebrar su fiesta principal: *megalesia.* Se trata seguramente de la representación de un sacerdote del culto —*gallus*—, que está danzando al son de los ritos de Magna Mater. En el fondo se aprecia una segunda figura que representa una estatua de culto de la diosa Venus, protectora del mes, adornada de mirto y sobre un pedestal.

Abril era especialmente celebrado por todos los romanos por ser el mes en el que la tradición situaba la fundación de Roma en el siglo VIII a. C. Por otra parte, también llegó a serlo por la relación de la diosa Venus con la familia de la que descendía Julio César y, por adopción, el emperador Augusto.

La *gens Iulia* era una familia patricia, una distinción que provenía de la época monárquica en la que algunos cabezas de familia habían sido elegidos como consejeros del rey; los llamados *patres conscripti* —'padres elegidos'— que formaban el Senado. Aunque hoy en día no conocemos ningún miembro anterior al siglo V a. C., sus orígenes míticos decían remontarse a la mismísima guerra de Troya.

El mito familiar que ahora vamos a descubrir se fue formando en el seno de la familia no antes del siglo II a. C. para otorgar a la *gens*, hasta entonces poco destacada, unos orígenes gloriosos. Se decía que el iniciador del nombre de los *iulii* había sido Ascanio, hijo de Eneas, el héroe troyano que había escapado de la destrucción de la ciudad homérica huyendo hacia las costas del Lacio.

Eneas era hijo de un mortal, Anquises, y una diosa, Venus, y tras un largo periplo narrado con detalle en la *Eneida* de Virgilio, fundó Alba Longa donde varias generaciones más tarde nacerían los gemelos fundadores de Roma. Ascanio, por su parte, habría recibido el sobrenombre de *Iulus* —Julo—, de donde la familia tomaría su nombre. Hasta llegar a esta versión del mito existieron otras explicaciones, como la de que Julo era otro hijo de Eneas o incluso que era el hijo de Ascanio.

En la época en la que la *gens*, que estaba comenzando a ostentar algunos cargos políticos destacados, recompuso sus orígenes, ya era costumbre inventar genealogías meritorias para las familias más importantes de Roma. Cuando Cayo Julio César nació en la rama más extendida de esta familia, sus orígenes ya eran conocidos y enorgullecían a su *gens*.

César nunca dudó en aprovechar su historia familiar en su beneficio, tanto militar como político, consagrando el templo del que iba a ser su nuevo Foro a la diosa Venus. Prometió su construcción el día anterior a la batalla de Farsalia —48 a. C.—, en la que se enfrentó al general Pompeyo, legitimando ante sus tropas el poder divino que estaba de su lado para ayudarles en el combate. El templo, finalmente construido en el año 46 a. C., fue dedicado a Venus con el epíteto de *Genetrix*, que significa 'la que engendra' o directamente 'la madre' de la *gens Iulia.* Con este gesto César estaba dedicando mucho más que un templo a Venus por una victoria militar: estaba ensalzando los orígenes de su propia familia en el espacio del *Forum Iulium.* Así se produjo el encumbramiento público de un mortal, equiparándolo prácticamente con los dioses, algo hasta entonces desconocido en Roma pero que sentó las bases de aquello que estaba por venir.

Así fue como Octaviano —oficialmente Cayo Julio César Octaviano—, tras haber sido adoptado por el propio César en su testamento, aprendió de su tío abuelo la importancia de la propaganda y la legitimación del poder a través de los que, a partir de ese momento, también serían sus orígenes. Empleó todos los recursos de que disponía para legitimar sus orígenes familiares: influyó en el arte, en la literatura e incluso divinizó a César para poder ser llamado *Divi Filius*, 'hijo del divino [César]'.

En la *Eneida,* por ejemplo, encargada a Virgilio por el propio Augusto, se ensalzaban los orígenes de la estirpe romana y los de la propia ciudad, relacionándolos de forma directa con sus propios antepasados. Tan fuerte llegaba a ser la conexión en esta obra propagandística, que al propio Eneas en el sexto libro le es revelado por la Sibila un futuro muy prometedor para el *Princeps.*

Hic Caesar et omnis Iuli
progenies magnum caeli ventura sub axem.
Hic vir, hic est, tibi quem promitti saepius audis,
Augustus Caesar, divi genus, aurea condet
saecula qui rursus Latio regnata per arva
Saturno quondam…

Ese es César, esa es toda la progenie de Julo,
que ha de venir bajo la gran bóveda del cielo.

Ese, será el héroe que tantas veces te fue prometido,
César Augusto, de divino linaje, que por segunda vez
hará nacer la edad de oro en el Lacio
y en esos campos en los que antiguamente reinó Saturno...

(Virgilio, *Eneida* VI, 789-794).

Augusto tampoco dejó pasar la oportunidad de relacionarse directamente con el propio Rómulo, también entroncado con su familia. Incluso se barajó que su nombre honorífico no fuera el de *Augustus*, sino el de *Romulus*. A pesar de que la idea se desechó por tener una connotación monárquica demasiado directa, cuando aún latían con fuerza las puñaladas de César, sí se mantuvo el concepto de *conditor* —'fundador'—. Augusto se convirtió así el nuevo fundador de Roma y su edad de oro, que cerraba magistralmente el círculo de la cuidada concepción política que dio lugar al Principado.

1 de abril	VENERALIA	*Kalendis Aprilibus*

El mes dedicado a Venus no podía sino comenzar con una fiesta dedicada a la diosa del amor. Se trataba de una celebración a Venus *Verticordia,* la que cambia los corazones de la lujuria a la castidad y del amor impuro a la fidelidad matrimonial. Se trataba de una fiesta dedicada especialmente a las mujeres y que tenía su origen en dos relatos que narran las fuentes de una forma evidentemente exagerada para ofrecer una visión moral muy clara de su mensaje.

En la primera de ellas, a finales del siglo III a. C., los libros sibilinos requirieron con su oráculo la dedicación de una estatua de culto a la diosa Venus para prevenir la lujuria entre las mujeres romanas. Se realizó entonces una selección de las cien matronas más castas de Roma y de entre ellas se eligió a la más pura de todas, Sulpicia, esposa de un tal Fulvio Flaco, para que fuera ella la que dedicara la estatua. A través de tal honor se pretendía hacer que las mujeres romanas, casadas o no, estuvieran más dispuestas a seguir el camino de la castidad que el de la licenciosidad.

La segunda leyenda se situaba en el año 114 a. C., cuando se le dedicó un templo a Venus *Verticordia* por un terrible agravio que había tenido lugar en la casa de las vírgenes vestales. Su condición no solo prescribía castidad, como en el caso de las matronas, sino también virginidad. La pérdida de ella, aunque fuera la de una sola vestal, podía desestabilizar Roma entera. Los propios romanos pensaban que si algo así sucedía no podía pasar mucho tiempo sin que los dioses avisaran a los hombres con prodigios, como la extinción espontánea del fuego eterno del templo de Vesta o lo que ocurrió en aquella ocasión. Una joven, todavía virgen, caminaba con su padre cuando fue alcanzada por un rayo, muriendo en el acto. Su túnica quedó subida por encima de la cintura y su lengua sobresalía grotescamente de su boca, signos inequívocos de que algo terrible había sucedido.

Se asoció este aviso de los dioses con la virginidad de las vestales y se descubrió que no había sido una, sino tres de las seis vírgenes las que habían manchado su pureza yaciendo con hombres. Una de ellas mantenía relaciones con un solo hombre, pero las otras dos lo hacían con varios y en conjunto. Esta violación de la pureza sacrosanta de las sacerdotisas, conocido como *crimen incestum* —que más tarde pasaría a denominar las relaciones sexuales consanguíneas—, hizo necesaria una expiación de gran magnitud. Así, se le dedicó el templo a Venus *Verticordia* como forma de fijar en la memoria los terribles sucesos que habían ocurrido y que no debían volver a repetirse jamás. Plutarco, tras contar esta historia (*Cuestiones romanas* 83, 284b), también relata cómo en el Foro Boario no muy lejos del templo, se enterraron vivos a dos gálatas y dos griegos, además de a las tres vestales, por consejo de los libros sibilinos. A pesar de haber violado sus votos, se las condenaba de esta manera porque eran sagradas y nadie las podía ejecutar.

Como se puede ver, el nivel de exageración de ambos relatos está en relación directa con la necesidad de inculcar en todas las mujeres romanas un profundo deber de castidad incluso ya no por su bien, sino por el del Estado.

Durante las celebraciones posteriores instituidas por estos sucesos, las mujeres retiraban las joyas y collares a la estatua de Venus y la lavaban y purificaban con mirto. Este rito anual servía para purificar y limpiar todos los pecados acumulados durante el año anterior. También ellas mismas se lavaban desnudas; las de clase alta —*honestiores*— lo hacían en privado, las de clase baja —*humiliores*— lo hacían en los baños públicos delante de los hombres. Se hacía así porque ese era el lugar donde ellos mostraban la parte del cuerpo que simbolizaba la fertilidad para las mujeres; no olvidemos que la fiesta estaba orientada a la protección por parte de Venus de su vida sexual.

También las prostitutas, en su condición específica, pedían la protección de Venus con este tipo de rituales. Como se puede ver, Venus, a diferencia de muchas otras diosas como Ceres, Vesta o Bona Dea, tenía la virtud de englobar a todas las mujeres, independientemente de su condición, bajo su protección. Todas ellas buscaban ocultar a los ojos de los hombres todos sus defectos físicos.

Las súplicas de las mujeres humildes también iban dirigidas a Fortuna *Virilis,* una vez más como alegoría de esta súplica por el favor del género masculino. Algunos autores mencionan una u otra fiesta, pero solo Ovidio (*Fastos* IV, 135-165) habla de las dos. Si bien no está del todo claro, se ha propuesto que esta fuera una segunda festividad que acabó uniéndose a la de Venus o que realmente Fortuna *Virilis* no fuera más que otra forma de denominar a la diosa del amor.

4 de abril	MEGALESIA	*pridie Nonas Apriles*

En el año 204 a. C., en un momento en el que Roma temía por su estabilidad ante la amenaza de Aníbal, se pidió consejo a los libros sibilinos —que contenían los oráculos futuros de la Sibila de Cumas—, y en sus versos encontraron la siguiente respuesta:

> *Mater abest: Matrem iubeo, Romane, requiras.*
> *Cum veniet, casta est accipienda manu.*
>
> La madre está ausente: Te ordeno, romano, que busques a la madre.
> Cuando venga, debe ser recibida con mano pura.
>
> (Ovidio, *Fastos* IV, 259-260).

Así se pudo interpretar que debía trasladarse a Roma la madre de todos los dioses, Cibeles, a la que los romanos llamaron Magna Mater, la Gran Madre. Una expedición fue enviada hasta el monte Ida, en Frigia, donde se decía que residía la diosa. De allí volvieron en barco con la representación de la divinidad en forma de un gran meteorito negro. Remontando la corriente del Tíber el 4 de abril llegaron hasta Roma, donde les esperaba una comitiva de matronas castas que llevaron a la diosa en procesión hasta el lugar que la acogería desde ese momento, el templo de la Victoria en el monte Palatino. Al fin y al cabo lo que le pedían a Magna Mater era la victoria contra los cartagineses en la que todos conocemos como segunda guerra púnica.

Gran éxito militar contra Aníbal les otorgó la diosa Cibeles desde su nuevo hogar romano. En agradecimiento, el Estado mandó construir un templo junto a aquel que hasta entonces había sido su morada en el Palatino. El nuevo templo de Magna Mater, del que todavía se conserva su *podium*, fue dedicado el 10 de abril del año 191 a. C., celebrándose desde entonces una fiesta conocida como *megalesia* en su honor.

Estas fiestas anuales incluían la celebración de espectáculos teatrales —*ludi scaenici*— y carreras de carros —*ludi circenses*— que debían, por decreto, ser vistos por la propia diosa. Por ello, los primeros se realizaban en la misma escalinata del templo y los otros en el Circo Máximo, que se podía ver sin problemas desde el monte Palatino.

Los *ludi megalenses* se alargaban hasta el día 10, cuando se producía una procesión, esta sí oficial, en la que las protagonistas eran las propias estatuas de culto de varios dioses entre los que se encontraban Neptuno, Marte, Apolo, Minerva, Ceres, Baco, los Dioscuros y Venus, todos ellos precedidos por la Victoria. La procesión, que era seguida por multitudes, partía del Capitolio y atravesaba el Foro Romano y el Boario hasta llegar al Circo Máximo, donde la mayor parte de los ciudadanos esperaban ansiosos su llegada y el comienzo del último día de carreras.

Las *megalesia* eran, al igual que la imagen de la diosa romanizada, fiestas respetables de la religión estatal. Eran especialmente celebradas por los patricios, que preparaban banquetes privados en honor de Magna Mater invitando solo a los de su misma clase. El carácter oriental de Cibeles, sin embargo, hizo que sus fieles, cada vez más abundantes, realizaran algunos rituales al margen de lo preceptivo para los propios romanos. En estos días los *galli* —sacerdotes de su culto— sacaban la imagen de Magna Mater en procesión por las calles brincando, tocando platillos y tambores y cantando melodías frigias en lo que debía ser una fiesta muy exótica y ruidosa.

Los ciudadanos romanos, como ya comentamos en las fiestas de Atis de marzo, no tenían permitido participar de estos ritos, aunque sí contemplarlos, seguramente con una mezcla de asombro y extrañeza. Con el paso del tiempo, sobre todo a partir del siglo II, la situación cambió en favor de los cultos orientales, que se normalizaron e incluso impusieron en muchos casos. Prueba de ello es que esta fiesta, que era originariamente la principal de la diosa romanizada, quedó ensombrecida por la que se le dedicaba junto a Atis a finales de marzo, de fuerte carácter oriental.

15 de abril	FORDICIDIA	*ante diem XVII Kalendas Maias*

En este día los romanos aprovechaban para celebrar otra de las festividades que debían favorecer el crecimiento de los cultivos. Las *fordicidia*, establecidas por el rey Numa, fueron la respuesta que el dios Fauno ofreció al monarca en su súplica. Los campos se veían afectados por el frío o las inundaciones año tras año y las cosechas romanas eran pobres. El dios silvestre le reveló al rey en sueños que la solución pasaba por sacrificar una vaca que entregara dos vidas a la vez.

La respuesta a tan misterioso oráculo fue la de realizar un sacrificio de una vaca preñada —*forda*— de donde proviene el nombre de la festividad. Así el feto —cuyo nombre proviene de *ferre*, 'portar' o 'llevar'—, también moriría al realizar el sacrificio de su madre.

El sacrificio principal lo llevaban a cabo anualmente los *pontifices* en el monte Palatino. Treinta vacas más eran sacrificadas después, una por cada *curia.* Finalmente, la *Virgo Vestalis Maxima*, la más sabia y de mayor edad, extraía los fetos y los arrojaba a una hoguera de la que, una vez extinguida, se recogían las cenizas. Los restos se guardaban para ser mezclados unos días más tarde durante las *parilia* y así crear el sagrado *suffimen.*

Estos rituales se realizaban, como mencionaba el relato, para favorecer el crecimiento de los campos y también la fertilidad del ganado. Era la diosa Tellus la que los recibía de buen grado, pues los campos crecen en el seno de la diosa Tierra.

19 de abril	CERIALIA	*ante diem XIII Kalendas Maias*

Llega el día 19 y con él una nueva festividad relacionada con el campo y su cultivo, como muchas de las que se producían durante este mes. Las *cerialia*, dedicadas a la diosa Ceres, existían ya en los periodos más arcaicos de Roma. Esta antigua diosa itálica era la responsable, para los romanos, de la invención de la agricultura. Su nombre, que proviene de una raíz indoeuropea que significa 'crecer', se relacionaba con el cultivo y sobre todo con el cereal; no es casualidad que nuestra palabra para nombrarlo provenga también de la diosa Ceres.

Desde sus comienzos el culto a Ceres contó con su propio sacerdote, el *Flamen Cerialis*, que dirigía los ritos y ceremonias relacionadas con ella. Los conceptos naturales del crecimiento y sus constantes cambios también la hicieron diosa de las transiciones, por lo que muchas veces se la tenía muy en cuenta en ritos de paso como el matrimonio, el divorcio o incluso la muerte.

Hacia finales del siglo III a. C. comenzó a tejerse una relación entre la Ceres romana y la Démeter griega, añadiendo nuevos detalles y características orientales y místicas a su culto tradicional. Fue en ese momento cuando también se le asoció el mito que explicaba el cambio de las estaciones.

Según el relato, Proserpina —la Perséfone griega—, hija de Ceres, había sido raptada por su tío Plutón —Hades en la versión original—, que la había llevado al inframundo sin que su madre se diera cuenta de lo sucedido. Ceres la buscó desesperadamente, gritando y sollozando por donde pasaba; la naturaleza se marchitaba a su paso, como haciéndose eco de tanta tristeza, de modo que no crecían los cultivos de los campos. Varios meses después, Plutón ya había hecho de Proserpina su esposa y Ceres pidió ayuda al rey de los dioses. Júpiter decretó que ni la madre debía padecer tal sufrimiento ni Plutón renunciar a su esposa. La solución fue hacer que la joven pasara seis meses con su madre y seis con su marido. Al reencontrarse con su hija, Ceres brilló de alegría y los campos dieron la cosecha más abundante que se hubiera visto en mucho tiempo. Así, según la leyenda, se formó el ciclo de las estaciones y los cultivos que a ellas están asociados.

En el año 176 a. C. el edil plebeyo Cayo Memio instituyó una ampliación de la fiesta, que pasó de celebrarse solo el día 19 a hacerlo desde el día 12 en adelante en la forma de los *ludi ceriales*. Durante su celebración estaba prohibido vestirse de negro y era recomendable hacerlo de blanco. Eran días dedicados a representaciones teatrales en honor de la diosa y de sus dos acompañantes, Líber y Libera (▶ *sementivae*, pág. 128). Ceres, Líber y Libera formaban la tríada de los plebeyos, los dioses con los que este estamento de la sociedad más se identificaba. Tal era así que si en las *megalesia* vimos cómo los patricios preparaban banquetes a Magna Mater, durante las *cerialia* eran los plebeyos los que mostraban este tipo de hospitalidad con los suyos.

El último día de las celebraciones tenían lugar carreras de carros en el Circo Máximo, que iban precedidas por un extraño a la vez que salvaje ritual. Según relata el poeta Ovidio (*Fastos* IV, 680-714), en la ciudad de Carseoli un muchacho atrapó a una zorra y, metiéndola entre raíces y heno, le prendió fuego. El animal, asustado y herido, salió corriendo mientras ardía en llamas, provocando un gran incendio que se extendió rápidamente por los campos cercanos y destruyó la cosecha de ese año. Desde entonces, cada año, en recuerdo de aquel desafortunado incidente se soltaban en el circo zorras con antorchas atadas a la espalda o a la cola, hasta que morían abrasadas por el fuego con el que antaño habían devastado los campos. Este mismo ritual también servía como ofrenda para que la vitalidad y el calor, pero no el fuego, fueran atraídos a los cultivos en su crecimiento.

Al margen de los ritos oficiales, el culto mistérico a la diosa Ceres, permitido solo a las mujeres y dirigido por ellas, llegó a tener tanta influencia que, ya en el Imperio, todas las mujeres de la familia imperial, especialmente la emperatriz, estaban bajo su protección.

21 de abril	PARILIA	*ante diem XI Kalendas Maias*

El 21 de abril está especialmente marcado como un gran día en la historia de Roma. Aún hoy se sigue celebrando el acontecimiento por el que los romanos daban gracias en esta fecha. Las *parilia*, que surgieron incluso antes de la fundación de la Urbe, eran unas fiestas de carácter pastoril en las que se hacían ofrendas a la diosa —o dios— Pales, una divinidad protectora de los rebaños de ovejas y de quienes dedicaban su vida a su cuidado.

Durante este día la alegría se apoderaba de la comunidad, mientras se realizaban los rituales para asegurar la protección y la prosperidad de sus ovejas. Se quemaba azufre para que los rebaños quedaran purificados por el humo, se adornaban los rediles con coronas y se ofrecían sacrificios incruentos de leche y pequeños pasteles. El día acababa con una fiesta en la que, según se contaba, hombres y animales saltaban hogueras hechas con heno.

Con el tiempo, el festival fue evolucionando, acorde con la ciudad y los rituales, que en el campo se seguían realizando de la forma tradicional, se adaptaron para el culto urbano. Las vírgenes vestales, por su parte, mezclaban el *suffimen*, que contenía las cenizas de las *fordicidia*, la sangre de un caballo sacrificado en las fiestas del *equus October* y tallos de habas secas. Esta mezcla se ofrecía para la purificación y la protección de Roma.

En algún momento de la historia romana que, no lo olvidemos, se fue formando poco a poco a sí misma a través de la creación de nuevas tradiciones, las *parilia* se terminaron relacionando con la fecha de la fundación de la ciudad, consensuada finalmente en el año 753 a. C. La fundación de una ciudad romana era un complejo ritual que siempre se llevaba a cabo de manera rigurosa —o al menos así se intentaba si las condiciones eran propicias—. Este ritual, de origen etrusco, comenzaba con el trazado de los ejes cardinales desde un punto conocido como *auguraculum* así como de la petición de augurios positivos a los dioses.

Solo entonces se iniciaba el trazado del recinto sagrado de la ciudad —*pomerium*— con un arado tirado por un buey en la parte externa y una vaca en la interna. Gracias a estos dos animales, que debían ser completamente blancos, se conseguía el llamado *sulcus primigenius*, a partir del cual se creaba el trazado interno de la ciudad, respetando una cuadrícula fija marcada por el eje norte-sur, *kardo*, y este-oeste, *decumanus*, las dos calles principales que desembocaban en el Foro, la plaza pública de la ciudad.

Finalmente se cavaba un foso de protección y, con la tierra que se sacaba, se construía una primera muralla provisional sobre la que se colocaba una empalizada, que se iba sustituyendo paulatinamente con grandes muros de piedra que proporcionaran solidez a la muralla definitiva.

Relieve en el que se muestra la creación del *sulcus primigenius* para la fundación de una nueva ciudad. Museo Archeologico Nazionale, Aquilea.

Los romanos eran especialmente cuidadosos con estos rituales cuando la fundación se realizaba *ex novo* —desde cero—, creando ciudades perfectamente regulares y ordenadas. Sin embargo, muchas veces las fundaciones se realizaban sobre poblaciones más antiguas, a las que debía adaptarse el nuevo urbanismo. Irónicamente, la propia Roma carecía del trazado regular y perfectamente planeado del que tanto disfrutaban los ingenieros romanos.

A pesar de que no sabemos mucho sobre las celebraciones que se llevaban a cabo para conmemorar la fundación de la ciudad, seguramente las ceremonias públicas estaban dirigidas por el *Rex Sacrorum* y de ellas participaba una buena parte de la población. El propio Ovidio nos confirma que él mismo asistía a las ceremonias: esparcía el sagrado *suffimen*, saltaba las hogueras y era bendecido con laurel mojado en agua (*Fastos* IV, 725-729). Los rituales, tanto públicos como privados, acababan con grandes fiestas a la luz de las hogueras que todos querían saltar para celebrar la fundación de Roma.

En el año 121 el emperador Adriano dedicó un templo doble a las diosas Venus y Roma. Lo hizo aprovechando el mes que protegía la primera y el día de fundación de la segunda. El templo tenía dos *cellae* de culto, una enfrentada a la otra, y se situó sobre los restos de lo que un día fue la *Domus Transitoria*, una sección del malogrado palacio del emperador Nerón. Hoy en día sus enormes restos se conservan en uno de los puntos más transitados de la ciudad, justo enfrente del anfiteatro Flavio.

Esta dedicación trajo consigo un importante cambio a la fiesta de las *parilia* que, a partir de ese momento, pasaron a denominarse *romaia*, perdiendo el sentido pastoril originario y centrándose solo en la importancia de la fundación de Roma.

23 de abril	VINALIA PRIORA	*ante diem IX Kalendas Maias*

Las *vinalia* de abril, llamadas *priora* para no confundirlas con las *vinalia rustica* de agosto, eran unas fiestas en las que el protagonista principal era el vino, que a partir de este día corría en abundancia. Su origen se remontaba a la guerra por el Lacio que enfrentó al troyano Eneas contra los rútulos. Turno, el rey de estos últimos, le prometió a Mecencio, rey de los etruscos, que la siguiente cosecha de vino de la región sería para él si le ayudaba a vencer a Eneas. El troyano por su parte se la ofreció a Júpiter quien, honrado, le concedió a él la victoria. Así cuenta la leyenda que se originó el día de las *vinalia*, consagrado a Júpiter.

En términos más prácticos, esta fiesta se utilizaba para probar por primera vez el vino de la cosecha anterior, que hasta entonces estaba prohibido consumir. Una vez consagrado a Júpiter, los viticultores inundaban los mercados de la ciudad con el nuevo vino que ya estaba listo para ser degustado.

En las celebraciones también participaba la diosa Venus. Como recuerda Plutarco (*Cuestiones Romanas,* 45), se vertían grandes cantidades de vino por la escalinata del templo de Venus para consagrarlo a la diosa. Había quienes pensaban que acaso era una forma de simbolizar que los dioses aceptaban solo las ofrendas de aquellos que seguían sobrios cuando las hacían. Sea como fuere, las *vinalia* solían terminar con grandes cantidades de vino ofrecido a los dioses y también a las gargantas de muchos ciudadanos.

23 de abril	VENERI ERYCINAE	*ante diem IX Kalendas Maias*

Este mismo día también se celebraban las fiestas de Venus *Erycina* —proveniente del monte Erice (Eryx en latín), en Sicilia—, a quien le habían sido consagrados dos templos, uno en el Capitolio, en el año 215 a. C., y otro —más importante para esta fiesta— el 23 de abril del año 181 a. C., fuera de la muralla de Roma, junto a la Puerta Colina. Al ser una diosa «extranjera», traída desde Sicilia, su culto ajeno a la moral romana debía quedar fuera del recinto sagrado de la ciudad, por lo que, a pesar de ser la misma diosa, las matronas la veneraban a la manera tradicional en el templo del Capitolio y las prostitutas —*meretrices*— lo hacían en el de la Puerta Colina. Estas últimas eran las principales seguidoras del culto de Venus Ericina, a la que hacían ofrendas por su protección y bienestar.

25 de abril	ROBIGALIA	*ante diem VII Kalendas Maias*

Como estamos comprobando a lo largo de este mes, la religión romana y sus festividades no solo nos hablan de sí mismas o sobre la piedad de los romanos. A través de ellas estamos descubriendo la enorme importancia que para ellos —y para todas las civilizaciones antiguas— tenía el grano, fuente indispensable del sustento básico. Las *robigalia,* una vez más, eran festividades para favorecer el correcto crecimiento de los cultivos. En este caso, se centraban en el dios Robigo, una divinidad maligna que afectaba con su presencia a los cultivos y los hacía enfermar. En realidad estamos hablando de la roya, un hongo muy resistente que afecta principalmente al cereal y puede arruinar cosechas completas.

Si hoy en día todavía es una amenaza para los cultivos, cuanto más lo sería para los romanos. Por eso se realizaba una procesión ritual que llegaba hasta la quinta milla de la Vía Claudia, una de las rutas que salía de Roma hacia el norte. Allí se sacrificaban una oveja y un cachorro de perro que no hubiera superado todavía la lactancia. Sus entrañas se ofrecían al fuego junto con vino e incienso para asegurar la protección de los cultivos en la cosecha venidera.

28 de abril	FLORALIA	*ante diem IV Kalendas Maias*

Flora era una antigua diosa de las flores, los árboles frutales y la vegetación en general. Se decía que su culto había sido introducido por Tito Tacio durante el reinado de Rómulo. Prueba de ello es que contaba con su propio sacerdote, el *Flamen Floralis*, uno de los doce *flamines minores* que se otorgaron a las divinidades más antiguas de la religión romana. Su fiesta, celebrada por primera vez en el 238 a. C., se extendía desde el 28 de abril hasta el 3 de mayo con espectáculos teatrales, carreras en el circo e incluso algunos combates de gladiadores.

Tanto la diosa como la festividad eran muy celebradas por las prostitutas, que encontraban en el mes de abril las únicas festividades en las que se les permitía participar abiertamente. El estigma que les era impuesto desde las altas esferas de la sociedad las aislaba de cualquier otra forma de culto. Incluso a la hora de venerar a las divinidades más permisivas y licenciosas —Fortuna *Virilis,* Venus *Erycina,* Flora…— se las aislaba del resto de las mujeres de la sociedad. Aprovechando su oportunidad durante las *floralia*, las *meretrices* se engalanaban con guirnaldas y coronas de flores, bailaban y se desnudaban sensualmente delante del público en verdaderos espectáculos erótico-teatrales y, según cuenta Juvenal (*Sátiras* VI, 250), incluso podían llegar a luchar como *gladiatrices*, aunque quizá los combates fueran, en muchos casos, simulados.

Fecha variable FERIAE LATINAE *feriae conceptivae*

Terminamos el calendario festivo de abril con la única celebración de fecha variable que existía en este mes. Se trata de uno de los rituales más antiguos del mundo romano, tanto que incluso podría haber sido establecido antes de la fundación de la Ciudad.

Durante las fiestas latinas, todos los pueblos del *Latium,* o Lacio, se reunían en el monte Albano —a unos 30 km al sudeste de Roma— para venerar juntos a Júpiter *Latiaris*, o Lacial, el protector de todas las ciudades de la zona latina. Desde un principio, las celebraciones estarían dirigidas por la ciudad de Alba Longa, fundada, según la leyenda, por Ascanio, el hijo de Eneas, aunque con el paso del tiempo varias ciudades se alternaron la coordinación de las festividades de cada año.

En la cima del monte, donde primero existió un altar y más tarde se construyó un templo, se ofrecían a Júpiter ovejas, queso, leche y un buey blanco, cuya carne se repartía entre los presentes.

A raíz de la disolución de la liga de ciudades latinas en el año 338 a. C. y su control definitivo por parte de Roma, el ritual pasó a ser paulatinamente una fiesta completamente romana en recuerdo de los antiguos pueblos del Lacio. Desde sus orígenes, la fecha de su celebración solía encontrarse a finales de abril y así se mantuvo durante la República y el Imperio. A pesar de que eran los cónsules quienes decidían su fecha y tradicionalmente era uno de sus primeros rituales tras su designación en marzo, el cambio del inicio de la máxima magistratura al 1 de enero no afectó a su celebración en abril.

Hasta el monte Albano se desplazaban todos los magistrados de Roma, con los cónsules a la cabeza, quedando en la ciudad solo el Senado y un prefecto —*praefectus urbi feriarum latinarum causa*— especialmente designado para mantener el orden en la ciudad durante el día de la fiesta. La importancia de este ritual ancestral, aunque despojado prácticamente de su sentido originario, es palpable durante toda la historia de Roma. Incluso el emperador Augusto, cuando era designado cónsul, hacía todo lo posible por asistir a la ceremonia, a pesar de que las enfermedades que le acompañaron durante toda su vida y las guerras se lo impidieron en varias ocasiones.

La fiesta se mantuvo hasta finales del siglo IV, momento en que el emperador cristiano Teodosio la prohibió. Varios autores cristianos habían escrito ya falsamente sobre los sacrificios humanos que se realizaban en el monte Albano y la necesidad de prohibir tales prácticas.

Nada más lejos de la realidad, pues las *feriae latinae* tuvieron siempre un espíritu pacífico y de unión entre los diferentes pueblos latinos, que incluso detenían sus enfrentamientos para honrar la fiesta. El único objetivo de autores como Lactancio (*Instituciones divinas* 1, 21), que escribió a comienzos del siglo IV, era el de demonizar las prácticas de la religión romana, todavía muy vivas entre la población, para favorecer el dogma cristiano, en plena escalada a lo largo y ancho del Imperio.

MAYO — *MAIVS*

Hos sequitur laetus toto iam corpore Maius,
Mercurio et Maia quem tribuisse Iovem.

A ellos sigue alegre ya en todo su cuerpo mayo,
Que Júpiter asignó a Mercurio y Maia.

MENSIS MAIVS DIES XXXI

1	A	K·MAI·F		LARALIA LVDI
2	B	VI	F	LVDI
3	C	V	C	LVDI·IN·CIRC
4	D	IIII	EN	
5	E	III	C	
6	F	PR	C	
7	G	NON·N		
8	H	VIII	F	
9	A	VII	LEM·N	
10	B	VI	C	
11	C	V	LEM·N	
12	D	IIII	C	
13	E	III	LEM·N	
14	F	PR	C	ARGEI
15	G	EID·NP		MERCVRALIA
16	H	XVII	F	
17	A	XVI	C	
18	B	XV	C	
19	C	XIIII	C	
20	D	XIII	C	
21	E	XII	AGON·NP	
22	F	XI	N	
23	G	X	TVBIL·NP	
24	H	VIIII	Q·R·C·F	
25	A	VIII	C	FORTVNAE·PVBL P·R·Q·IN·COLLE
26	B	VII	C	
27	C	VI	C	
28	D	V	C	
29	E	IIII	C	
30	F	III	C	
31	G	PR	C	

XXXI

Incipit mensis Maius

La tradición cristiana, a la que prácticamente todos pertenecemos culturalmente, asocia el mes de mayo con la Virgen María y con las flores, así como con la felicidad de la primavera. Los conceptos de felicidad y buen tiempo suelen ser los primeros que nos vienen a la cabeza cuando pensamos en este mes. Sin embargo, un ciudadano romano no tendría las mismas sensaciones; de hecho es posible que un escalofrío recorriera todo el cuerpo de aquellos más piadosos y temerosos de los dioses.

Mayo era un mes especialmente infortunado e incluso terrorífico para muchos romanos, recelosos de los muertos que les acechaban en las *lemuria*. Principalmente debido a esta fiesta, el mes estaba contaminado de tal manera que se requerían grandes expiaciones para que los dioses devolvieran el mundo a su estado natural. De ahí que Ovidio en sus *Fastos* nos advierta del carácter impuro de mayo, estando totalmente desaconsejado casarse durante este mes.

> *Nec viduae taedis eadem nec virginis apta*
> *tempora: quae nupsit, non diuturna fuit.*
> *Hac quoque de causa, si te proverbia tagunt,*
> *mense malas maio nubere volgus ait.*
>
> Asimismo esta época no es apropiada para las antorchas nupciales
> de viuda o de doncella, la que se casa no dura mucho.
> Por esta misma razón, si te interesan los proverbios,
> afirma la gente que las mujeres malas se casan en el mes de mayo.
>
> (Ovidio, *Fastos* V, 487-490).

A pesar de todo ello, según se acercaba el final del mes regresaba el mismo espíritu de celebración y alegría con el que concluía abril, reflejándose en festividades como las *ambarvalia*, las fiestas de la Dea Dia o las *rosalia*, que ganaron importancia ya bien entrado el periodo imperial. Precisamente estos conceptos son los que centran la representación que acompaña al mes de mayo —siempre es mejor ilustrar la alegría que el terror y así se hizo en los *fasti filocali*—. Se trata de la representación de la primavera en la forma de un hombre con una larga túnica que sujeta una cesta con rosas —por lo que también se piensa que la fiesta representada son las *rosalia*—. Con su mano derecha se acerca una flor para olerla y disfrutar de este grato periodo del año. Le acompaña un pavo real y una planta conocida como *antirrhinum* o «boca de dragón».

Los campos, que durante este mes estaban bajo la protección de Apolo, requerían toda la atención de aquellos de los que eran sustento vital. Se debían arrancar las malas hierbas, esquilar las ovejas, purificar los campos, lavar la lana… y tantas otras tareas que prescribían los calendarios agrícolas.

Finalmente, las opiniones acerca del nombre del mes de mayo y su dedicación son diversas. Los estudiosos romanos lo relacionaban por un lado con los *maiores*, es decir, los ancianos de la comunidad, en oposición a los *iuniores* a los que estaría dedicado junio y por otro con la diosa Maya, madre de Mercurio, en honor de quien se celebraba una de las fiestas más importantes del mes: las *mercuralia*.

1 de mayo	LARALIA	*Kalendis Maiis*

Este mes comienza con una dedicación especial a la protección de la ciudad encargada a los Lares. Estos espíritus guardianes a los que ya hemos conocido en las *compitalia* de enero, también eran los encargados de velar desde las murallas por la seguridad de todos los ciudadanos.

Junto a los muros más antiguos de la ciudad, aquellos fundados por Rómulo, existía desde los primeros momentos de Roma un pequeño altar en el que se veneraba a los Lares *praestites* ('tutelares'). Dos eran los espíritus que vigilaban desde las murallas sin descanso. Su fidelidad a quienes protegían y su incansable deber de alerta eran comparados con las habilidades de un perro guardián. A menudo se les representaba acompañados de un perro o incluso vestidos con la piel de uno.

1 de mayo — Bonae Deae — *Kalendis Maiis*

Bona Dea, literalmente 'la buena diosa', era una divinidad antigua cuya sola identidad ya era todo un misterio. Su nombre ni siquiera era tal pues se trataba de un apelativo. Algunos aseguraban que su verdadero nombre nunca había sido revelado a los mortales o que, al menos, no debía ser pronunciado por ellos. Por este motivo, esta diosa recibía de forma indistinta varios nombres que la relacionaban con la fertilidad y la tierra: Tellus, Fauna, Fatua, Ops…

El día 1 de mayo, aunque no sepamos de qué año, se le dedicó un templo en el monte Aventino en el que tenían lugar las celebraciones de su culto de las que conocemos muy poco, en parte por los muchos tabúes que rodeaban a esta diosa. Entre ellos cabe destacar que si se le ofrecía vino en su templo no se le podía dar ese nombre, sino que debían llamarlo «leche», y lo mismo ocurría con los recipientes en los que se le ofrecía, que eran «tarros de miel» o *mellaria*. A Bona Dea se le asociaban propiedades curativas, un carácter que conocemos gracias a los autores clásicos, que nos cuentan cómo dentro de su templo siempre había una gran cantidad de hierbas para preparar con ellas remedios curativos. Por el mismo motivo, la diosa estaba acompañada de serpientes, animales habitualmente relacionados con la medicina.

El mayor de sus tabúes, y tal vez la razón de que no conozcamos demasiados detalles de su culto, era la prohibición que pesaba sobre todos los hombres, que no podían acercarse a su templo ni a cualquiera de sus ritos mientras se estuvieran celebrando. Se decía que la diosa nunca había visto a un hombre y ningún hombre debía verla nunca. Su contrapunto era Hércules, cuya veneración estaba prohibida a las mujeres. En este día se realizaban diversos rituales, algunos públicos, como el sacrificio de una cerda preñada, y otros privados. Antes de llevar a cabo cualquier rito privado en las casas, era tradición que las mujeres expulsaran a todos los hombres para que la diosa pudiera estar presente. También era necesario eliminar cualquier rastro de mirto, pues se creía que Bona Dea había sido azotada con él.

9, 11 y 13 de mayo	LEMURIA	*ante diem VII Idus Maias* *ante diem V Idus Maias* *ante diem III Idus Maias*

No todas las festividades del calendario romano responden necesariamente a nuestro concepto de día festivo, en el que normalmente se disfruta de un ambiente amable, relajado e incluso alegre. El enfrentamiento con los muertos es uno de los elementos más oscuros del calendario romano. Los momentos en los que los muertos vagaban libres por el mundo de los vivos se producían varias veces a lo largo del año, pero si había un tiempo en particular en el que los muertos acechaban a los vivos era durante las *lemuria*.

Esta fiesta de los muertos se celebraba en los días 9, 11 y 13 de mayo, dejando los días 10 y 12, ambos pares, entre ellos. Como ya comentamos, la superstición romana consideraba que los números pares traían mala suerte, de modo que arriesgarse a aumentar la mala fortuna de una celebración ya de por sí lúgubre no parecería una buena idea en la mente supersticiosa de un ciudadano romano.

Los *lemures* eran espíritus atormentados de los antepasados que trataban de importunar a los vivos. Durante las *lemuria*, salían de su confinamiento en el inframundo y vagaban libres, por lo que era necesario expulsarlos con rituales mágicos. Seguramente existirían también ceremonias públicas, como hemos visto en otras festividades, pero por desgracia no sabemos nada de ellas.

Por el contrario, conocemos bastante bien el ritual privado que se repetía cada uno de los tres días, y que debía seguir cada familia para enfrentarse a los espíritus de sus semejantes. Ovidio (*Fastos* V, 419-492) lo relata con gran detalle, tal vez para servir como guía de aquellos que cada año debían mantener la tradición viva.

El *Pater Familias*, dueño de su casa y amo de su familia, era el encargado de levantarse de la cama a oscuras, pasada la media noche, para realizar el siguiente ritual. Caminando descalzo y asegurándose de no tener ningún nudo en sus vestiduras, avanzaba en la oscuridad mientras con la mano realizaba un gesto apotropaico —que aleja el mal y atrae la buena suerte— conocido como la higa, que se realiza con la mano cerrada y el pulgar sujeto entre los dedos índice y corazón. Este gesto evitaba que los espíritus malignos, que acechaban a su alrededor, le salieran al encuentro.

Antes de comenzar el ritual se lavaba las manos para purificarse y seguidamente empezaba a caminar, sin darse la vuelta en ningún momento. Mientras caminaba iba tirando unas habas negras hacia atrás al tiempo que repetía nueve veces la frase: *haec ego mitto, his redimo meque meosque fabis* —'lanzo estas habas y con ellas me salvo a mí y a los míos'—. Mientras tanto, los espíritus se colocaban tras él y recogían las habas que lanzaba. Estas eran consideradas símbolos de fertilidad y podían llegar a representar un sacrificio sustitutorio de las almas de los miembros de la familia que los *lemures* querían arrebatar. Tras hacer sonar un pequeño objeto de bronce repetía otras nueve veces: *Manes exite paterni* ('salid de aquí, espíritus de mis antepasados'; *Fastos* V, 435-445).

El *Pater Familias* lanza las habas junto al larario familiar mientras los *lemures* vagan a su alrededor.

Entonces llegaba el momento más aterrador del ritual. El *Pater Familias,* con todos los espíritus tras él, debía darse la vuelta en la oscuridad de la noche profunda. Solo si había realizado correctamente el ritual los espíritus desaparecerían, liberando a su familia hasta el año siguiente.

Ahora bien, podemos plantearnos si los romanos creían realmente lo que se suponía que estaba ocurriendo o si por el contrario lo hacían solo por costumbre. Debemos tener en cuenta que pocas civilizaciones fueron tan supersticiosas como la romana. Si bien habría excepciones, la mayor parte de los ciudadanos, aunque nos parezca increíble, tenían verdadero pavor a estas celebraciones, desde su origen hasta bien entrado el siglo I.

A partir del siglo II esta festividad empezó a decaer, pasando a ser poco más que un recuerdo supersticioso del pasado que rápidamente cayó en el olvido. Fue en el siglo XVIII cuando el célebre naturalista Linneo recuperó en parte la memoria de los espíritus de las *lemuria* nombrando en su honor a los lémures, por su comportamiento nocturno y su aspecto siniestro.

14 de mayo	ARGEI	*pridie Idus Maias*

Tras los tenebrosos días vividos en las *lemuria*, era el momento de completar uno de los ritos de purificación más importantes del año. Como ya vimos en el mes de marzo, los días 16 y 17 se llevaba a cabo una procesión por 27 capillas rituales repartidas por toda Roma, dejando en cada una de ellas un muñeco de paja que acumulaba poco a poco todos los pecados y ofensas a los dioses.

Llegado el 14 de mayo se realizaba una nueva procesión en la que participaban los *pontifices*, los pretores, las vírgenes vestales y la *Flaminica Dialis*, esposa del sacerdote de culto de Júpiter, que en este día tenía prohibido peinarse o mostrar cualquier signo de alegría. En el recorrido se recogían los muñecos, llamados *argei*, y se llevaban al puente Sublicio, el más antiguo de Roma y el primero que se dispuso sobre las aguas del río Tíber.

Ante toda la masa de ciudadanos y las autoridades políticas y religiosas que acompañaban la procesión, las vírgenes vestales iban lanzando al Tíber, uno por uno, todos los *argei*. Ni siquiera los propios romanos conocían con seguridad el significado de este ritual, aunque se decía que los muñecos podrían haber sustituido un rito de sacrificio humano realizado en tiempos remotos. Algunos llegaban a asegurar que se lanzaba desde el puente a los viejos de la comunidad, para favorecer las opiniones de los jóvenes en las votaciones.

A pesar de que tampoco podemos saber si el sacrificio se realizaba para complacer a Saturno, a Dis Pater —identificado con Plutón— o al propio río Tíber, es evidente que se trataba de una abrumadora ceremonia religiosa de purificación que demostraba una importante relación con los muertos. No es de extrañar que tuviera lugar precisamente el día después de haber concluido las *lemuria*.

15 de mayo MERCURALIA *Idibus Maiis*

Nos encontramos ahora frente a la fiesta central del mes de mayo: las *mercuralia*. Esta celebración estaba dedicada al dios Mercurio y a su madre, la diosa Maya, de quien proviene una de las posibles explicaciones del nombre de este mes.

Mercurio era el dios protector de los comerciantes —*mercatores*—, pues su nombre derivaba directamente de la palabra *merx*, 'mercancía'. Ellos le adoraban y le ofrecían incienso en su templo del monte Aventino, junto al Circo Máximo, dedicado en el año 495 a. C. Los gremios de comerciantes se juntaban en la zona para celebrar la fiesta al aire libre disfrutando, seguramente, de una buena jornada de comida, bebida y diversión.

Existía también en la zona, junto a la Puerta Capena, una fuente de la que brotaba un agua milagrosa, si uno deseaba creer a los que decían haber bebido de ella. La costumbre era llenar un recipiente con sus aguas y mojar una rama de laurel con la que después se rociaban las mercancías que se pretendían vender, así como su propio pelo, mientras se recitaba la siguiente plegaria a Mercurio:

Ablue praeteriti periuria temporis inquit,
ablue praeteritae perfida verba die.
Sive ego te feci testem, falsove citavi
non audituri numina vana Iovis,
sive deum prudens alium divamve fefelli,
abstulerint celeres improba dicta Noti:
et pateant veniente die periuria nobis,
nec curent superi siqua locutus ero.
Da modo lucra mihi, da facto gaudia lucro,
et fac ut emptori verba dedisse iuvet.

Lava los perjurios del tiempo pasado,
Lava las palabras engañosas de días anteriores.
Si te he puesto por testigo, o he invocado en falso
el poder divino de Júpiter, creyendo que no iba a oírme,

o si a sabiendas he engañado a otro dios o diosa,
que los rápidos vientos del sur se lleven mis malas palabras
y que el día siguiente me facilite nuevos perjurios
y que los dioses de arriba no tomen en cuenta cuántos haya proferido.
Únicamente concédeme ganancias, concédeme disfrutar de ellas
y haz que me sea de provecho engañar al comprador.

(Ovidio, *Fastos* V, 681-690).

Como vemos reflejado de forma muy clara en esta plegaria, los comerciantes solían tener un punto de ladrones, o como mínimo de timadores y aprovechados. No en vano el propio Mercurio era también el protector de los ladrones y se decía que él mismo había sido uno de ellos.

21 de mayo	AGONALIA	*ante diem XII Kalendas Iunias*

Dos son las *agonalia* que ya hemos celebrado en el año —en enero y marzo— y dos más las que faltan por llegar. La de este día estaba dedicada a Vediovis. Este era un dios de culto muy antiguo que tenía dos templos en Roma, uno junto al llamado *Tabularium* —cuyos restos pueden verse hoy en día en la cripta de los Museos Capitolinos— y otro en la isla Tiberina, ambos dedicados a comienzos del siglo II a. C. Como se puede ver en su nombre, debía tener alguna relación con Júpiter —*Iovis*—. El prefijo *ve-* podría referirse tanto a un joven Júpiter como a lo opuesto a él. Dado su antiguo origen, tal vez sabino o etrusco, es difícil determinar con exactitud su naturaleza real.

23 de mayo	TUBILUSTRIUM	*ante diem X Kalendas Iunias*

El 23 de mayo tenía lugar la repetición de la fiesta de purificación del 23 de marzo. El *tubilustrium* de entonces tenía mucho que ver con el inicio de las campañas militares. Como tuvimos ocasión de ver cuando hablábamos sobre los orígenes del calendario romano, esta fiesta era una de las más arcaicas. Aunque su repetición podría estar relacionada con la purificación militar en las campañas contra enemigos cercanos, que serían muy cortas en los periodos más antiguos de Roma, es más probable que fuera una purificación civil. Seguramente era una purificación de las *tubae* que se hacían sonar en las ceremonias religiosas. Su purificación resultaba necesaria para poder continuar con normalidad el mes después de las *lemuria* y para poder llevar a cabo la ceremonia del día siguiente, una vez más *QRCF*.

23 de mayo	ROSALIAE SIGNORUM	*ante diem X Kalendas Iunias*

En este mismo día también el ejército, a partir del periodo imperial, tenía su propia festividad, fuera del ámbito de las fiestas civiles. No encontraremos marca alguna que identifique las *rosaliae signorum* en los calendarios civiles, por lo que solo conocemos esta fiesta gracias a un fragmento de papiro de comienzos del siglo III, conservado por las áridas condiciones climatológicas de la antigua ciudad de Dura Europos. Este papiro, conocido como *feriale duranum*, contiene los restos de un calendario de fiestas que debía celebrar el destacamento militar destinado en la ciudad en época del emperador Alejandro Severo.

Las *rosaliae signorum* se celebraban gracias a la colaboración de los propios soldados, que hacían una colecta para pagar las coronas de flores, principalmente rosas, que se colocaban en los *signa* —estandartes militares— para dar gracias a los dioses y pedir su protección.

Su importancia fue aumentando a partir de los siglos II y III, por lo que comenzaron a celebrarse de forma generalizada entre la población la fiesta de las *rosalia*, que hasta entonces había sido minoritaria entre los ciudadanos. Se llevaba a cabo a lo largo de los meses de mayo, junio e incluso julio, aunque tal vez sin fecha fija. En muchas ocasiones se relacionaban con los antepasados, dado que era tradición llevar rosas a sus tumbas para ayudarles en su descanso y apaciguarles. También era tradicional realizar *supplicationes* —ruegos a los dioses— dejando rosas como ofrenda a los pies de sus estatuas de culto.

25 de mayo	FORTUNAE PRIMIGENIAE	*ante diem VIII Kalendas Iunias*

En el año 194 a. C. se le dedicó en el Quirinal un templo a Fortuna *Primigenia,* que había sido prometido diez años antes como agradecimiento por la derrota de los cartagineses. Fortuna era la diosa de la suerte, de la buena y de la mala, aunque normalmente era considerada como una divinidad beneficiosa. Los romanos solían rogarle que les acompañara en cualquier momento de la vida, especialmente cuando se disponían a llevar a cabo alguna acción importante.

Fortuna tenía numerosos epítetos, en este caso la diosa fue llamada *Fortuna Publica Populi Romani Quiritium Primigenia*. En el año 169 a. C., según cuenta el historiador romano Tito Livio (*Desde la fundación de la Ciudad* XLIII, 1), se produjeron dos prodigios en el templo. El primero de ellos fue el nacimiento espontáneo de una palmera frente a él y el segundo, más desconcertante, una lluvia de sangre en pleno día.

Una vez más nos encontramos ante la presencia de la superstición romana y la creencia de que los dioses enviaban signos a los mortales como advertencia ante desastres o acontecimientos inesperados. En este mismo sentido y muy relacionado con la propia diosa Fortuna está el mundo de la magia y la adivinación, que tenía muchos seguidores en el mundo antiguo. Una de las formas más famosas de adivinación eran las *sortes*, que consistían en formular una pregunta y responderla tomando un pasaje al azar de un libro, extrayendo de él un oráculo de los sucesos futuros. Especialmente famosas eran las llamadas *sortes vergilianae*, que se realizaban empleando la *Eneida* de Virgilio, o los oráculos de los libros sibilinos, que seguramente eran consultados de este modo.

Estas formas de adivinación y muchas otras se encontraban bajo la protección de la diosa Fortuna y fueron muy populares no solo entre los romanos sino también en el cristianismo primitivo, donde se empleaba la Biblia para suplir los textos paganos. Para tratar de frenar este tipo de ritos adivinatorios, varios emperadores del siglo IV promulgaron hasta doce edictos contra cualquier tipo de artes mágicas y de adivinación. A pesar de todo, incluso durante la Edad Media, este tipo de ritos todavía eran populares entre la población.

31 de mayo LUDI SAECULARES *pridie Kalendas Iunias*

Una vez cada cien años, aproximadamente, durante la noche del 31 de mayo comenzaban los *ludi saeculares*. Celebrados durante la República como *ludi terentini* y reformados posteriormente por Augusto en el año 17 a. C., los juegos de los siglos eran una ocasión única en la vida de cualquier romano, o al menos así eran anunciados (para la descripción detallada de estos juegos: ▶ pág. 64).

Fecha variable	AMBARVALIA	*feriae conceptivae*

Del mismo modo que el *amburbium* de febrero estaba dedicado a la purificación de la ciudad, las *ambarvalia* purificaban los campos que la rodeaban y los cultivos que estaban comenzando a crecer en ellos. Aunque la fiesta era móvil y su fecha debía ser marcada cada año, el día 29 de mayo se convirtió en una de las fechas más recurrentes para su celebración.

Durante estas festividades se realizaban ritos de *lustratio* —purificación— tanto por parte del Estado como por la de los terratenientes. Algunos autores incluso dejaron constancia escrita de cómo debían realizarse los rituales de esta fiesta. Los preparativos comenzaban incluso el día antes, en el que los participantes del ritual tenían prohibido practicar sexo. Llegado el momento, debían lavarse las manos antes de pasear en una procesión ritual a un cerdo, una oveja y un buey por tres veces alrededor de los campos para purificarlos. Después se hacían diversas oraciones y finalmente sacrificaban a las tres víctimas en una *suovetaurilia*.

Estas y otras súplicas se hacían llegar a varias divinidades, entre las que destacaban Marte y Ceres, ambos con un fuerte carácter de protección de las cosechas. La fiesta terminaba cuando, examinadas las entrañas de los animales y después de comprobar que no existían en ellas malos augurios, se preparaba un banquete para los asistentes con la carne de las bestias sacrificadas.

A finales de mayo también celebraban su fiesta anual los *fratres arvales*, una agrupación que, dado que su nombre proviene de *arva* —'campos cultivados'—, parece tener relación, al menos etimológica, con las *ambarvalia*.

La hermandad de los campos cultivados estaba compuesta por doce miembros que, en origen, se decía que habían sido los doce hijos de Aca Larentia, la madre adoptiva del rey Rómulo. Cuando uno de los hijos murió, él mismo se convirtió en el duodécimo miembro. La hermandad, que se mantuvo a lo largo de los siglos, se reunía en un bosquecillo sagrado, a cinco millas —7,5 km— al suroeste de Roma, en el que tenía su santuario Dea Dia, una divinidad relacionada con la fertilidad y el crecimiento. Durante los tres días que duraban sus celebraciones los hermanos seguían arcaicas ceremonias, que muchas veces no llegaban a comprender por la antigüedad de las palabras y los ritos.

Su labor de protección de los cultivos era muy apreciada en Roma desde sus comienzos, aunque poco a poco fueron despertando cada vez menos interés entre los ciudadanos. Augusto, gran renovador de la moral y las costumbres tradicionales, revivió la hermandad y la dotó de un nuevo esplendor. A partir de ese momento, los *fratres arvales* disfrutaron de su propia edad dorada que duró como mínimo hasta bien entrado el siglo III. Sus miembros eran elegidos entre los personajes más destacados de la sociedad para ocupar sus puestos de por vida. Tal fue el nivel de elitismo alcanzado que casi todos los emperadores, incluyendo al propio Augusto, fueron miembros.

Durante estas festividades los hermanos cantaban el conocido como *carmen arvale* o himno de los campos. Las palabras de este rezo, de complejísima interpretación, fueron grabadas en uno de los muros del santuario en el siglo III como parte de un gran diario en piedra de la hermandad: el *acta arvalia*. En esta gran inscripción, precedida por un calendario monumental del que se conservan varios meses, se incluyeron paulatinamente acontecimientos destacados de Roma desde el año 14 hasta al menos el año 241. Todos los fragmentos conservados se guardan a día de hoy en el Museo Nazionale Romano, en su sede de las Termas de Diocleciano en Roma.

Enos Lases iuvate,
Enos Lases iuvate,
Enos Lases iuvate!
Neve lue rue Marmar sins in currere in pleores,
neve lue rue Marmar sins in currere in pleores,
neve lue rue Marmar sins in currere in pleores!
Satur fu, fere Mars! Limen sali, sta berber!
Satur fu, fere Mars! Limen sali, sta berber!
Satur fu, fere Mars! Limen sali, sta berber!
Semunis alternei advocapit conctos,
semunis alternei advocapit conctos,
semunis alternei advocapit conctos!
Enos Marmor iuvato,
Enos Marmor iuvato,
Enos Marmor iuvato!
Triumpe, triumpe, triumpe, triumpe, triumpe!

Lares, ayudadnos, [3 veces]
y Marte, no permitas que la ruina ni la peste caigan sobre la multitud. [3 veces]
Fiero Marte, seas satisfecho, salta el umbral y quédate. [3 veces]
Invocad juntos a los Semones por turnos. [3 veces]
Marte, ayúdanos. [3 veces]
Triumpe! [5 veces]

(*Carmen arvale, acta arvalia. Corpus Inscriptionum Latinarum* VI, 2104).

La mayor parte de los versos de este canto eran tan extraños para los romanos como lo son para nosotros, pues estaba escrito en un latín anterior al siglo IV a. C. que ya nadie hablaba. Sin embargo, podemos interpretarlo como un canto de unidad y plegaria dirigido a los dioses Lares y a Marte. Cada verso era repetido tres veces para favorecer la suerte y la última invocación, que sería un grito de júbilo que podría significar dar un buen golpe en el suelo con el pie, hasta cinco veces. Realmente debía de ser sobrecogedor escuchar a los doce hermanos gritando juntos con voz grave este antiguo canto de protección divina.

JUNIO — *IVNIVS*

Iunius ipse sui causam tibi nominis edit
praegravida attollens fertilitate sata.

Junio él solo por su cuenta te da explicación de su nombre,
cuando levanta sembrados grávidos de fecundas mieses.

MENSIS IVNIVS DIES XXX

1	H	K · IVN · N		IVNONI·MONETAE
2	A	IIII	F	
3	B	III	C	BELLON·IN·CIR·FLAM
4	C	PR	C	
5	D	NON · N		DIO·FIDIO IN·COLLE
6	E	VIII	N	
7	F	VII	N	LVDI·PISCATORII
8	G	VI	N	
9	H	V	VEST · N	
10	A	IIII	N	
11	B	III	MATR · NP	
12	C	PR	N	
13	D	EID · N		QVINQ·MINVSCVLAE
14	E	XIIX	N	
15	F	XVII	Q · ST · D · F	
16	G	XVI	C	
17	H	XV	C	
18	A	XIIII	C	
19	B	XIII	C	MINERVAE·IN·AVENTINO
20	C	XII	C	SVMMANO·AD·CIR·MAX
21	D	XI	C	
22	E	X	C	
23	F	VIIII	C	
24	G	VIII	C	FORTI·FORTVNAE
25	H	VII	C	
26	A	VI	C	
27	B	V	C	IOVI·STATORI IN·PALATIO
28	C	IIII	C	
29	D	III	F	QVIRINO·IN·COLLE
30	E	PR	C	

XXX

INCIPIT MENSIS IUNIUS

Comienza el sexto mes del año, que ya alcanza su ecuador, mientras los campos empiezan a mostrar el crecimiento por el que tantas plegarias fueron elevadas y tantas víctimas sacrificadas en el mes anterior. Junio era un mes que todavía guardaba algunos infortunios en su primera quincena, especialmente para las novias, que debían esperar hasta mediados de mes para poder casarse.

Según la tradición romana, el nombre del mes de junio tenía varios orígenes posibles. Este era el último mes del año cuyo nombre hacía alusión a divinidades o cultos religiosos, o al menos así fue hasta el año 45 a. C., pero para descubrir más sobre ello tendremos que esperar a que comience el mes de julio.

El primero de los orígenes posibles del nombre del mes estaba asociado con la diosa Juno, a quien se adoraba en el templo Capitolino junto a Júpiter y Minerva, la tríada capitolina. Juno era a la vez hermana y esposa de Júpiter y por ello representaba el matrimonio y la fidelidad, habiendo sufrido ella mucho en ambos aspectos. De su nombre latino, *Iuno,* parece fácil llegar a *Iunius,* pero no era la única explicación propuesta por los propios estudiosos romanos. También Juventas, la diosa de la juventud, tomaba parte en esta contienda por dominar los orígenes del mes. Ella protegía a los *iuniores*, los jóvenes, a los que estaría dedicado el mes, en contraposición a los *maiores*, los ancianos, a los que se dedicaría el anterior. Finalmente el nombre también podría provenir de *iungere* —'unir'—, pues sería la unión de estas explicaciones, igual que se unieron sabinos y romanos en tiempos del rey Rómulo, la génesis verdadera de junio.

La ilustración que acompaña al mes hace referencia a un punto muy concreto de junio: el solsticio de verano. En el siglo I a. C. algunos autores todavía lo marcaban el día 26 de junio, pero la fecha tradicionalmente considerada a lo largo del Imperio fue el día 25. Durante el periodo bajoimperial, debido a los pequeños retrasos del calendario juliano con respecto al natural, la fecha del *sosltitium* se desplazó al 24 de junio, como se marca, por ejemplo, en los *fasti filocali* del año 354 de que, como hemos comentado, se han adoptado estas ilustraciones.

El hombre desnudo que aparece representado señala al *horologium solarium* —'reloj de sol'— que está a la derecha sobre una columna. Con este gesto nos indica el cambio en la tendencia que a partir del solsticio de verano tendrá el astro rey, haciendo que cada vez los días sean poco a poco más cortos hasta llegar al solsticio de invierno. Este momento, también marcaba el inicio de la esperada cosecha, como se quiere indicar con la hoz, el cesto de manzanas y la antorcha, relacionada con Ceres, diosa de la agricultura y, por qué no decirlo, con el intenso calor del verano. Popularmente el día del solsticio también era conocido como el *dies lampadarum* o 'día de las antorchas'.

1 de junio	IUNONI MONETAE	*Kalendis Iuniis*

El primer día de junio del año 344 a. C. se le dedicó un templo a Juno en el Capitolio por haber salvado medio siglo antes a los romanos. A ella se le atribuía haber avisado de la presencia de los invasores galos que estaban intentando entrar a escondidas en el Capitolio, donde se habían atrincherado los romanos durante el saqueo del resto de la ciudad. Fueron los gansos, animales consagrados a Juno, los que con sus graznidos descubrieron los planes del enemigo y evitaron la masacre. De ahí que a ella se la llamara Juno *Moneta* —'la que avisa'—.

Años más tarde se instaló *ad monetam* —junto al templo de Juno *Moneta*— la ceca oficial en la que se comenzó a producir el dinero de Roma. Su localización hizo que con el tiempo la ceca se asociara con el nombre del templo, transfiriéndose el epíteto de Juno, *moneta*, en la palabra para designar a las monedas. Hoy en día, los restos de la ceca y del templo se encuentran bajo la iglesia de Santa María in Aracoeli, que reutilizó en su interior una gran cantidad de columnas y capiteles romanos.

1 de junio	CARNAE	*Kalendis Iuniis*

Las *kalendae* de junio también eran conocidas como *fabariae*, porque en este día era costumbre ofrecer un guiso de habas a los dioses. Se debía tener en cuenta especialmente a Carna, una divinidad antigua a la que en tiempos arcaicos se le otorgaba el poder de deshacerse de los llamados *striges*, criaturas aladas que con sus afilados picos atacaban de noche a los niños y les desgarraban los órganos para beber su sangre. Estos seres mitológicos fueron una de las bases de la creación medieval de los vampiros.

A raíz de estos relatos mitológicos, Carna comenzó a ser vista en Roma como la diosa protectora de los órganos vitales, en especial del corazón y el hígado, como recuerda Macrobio (*Saturnales* 1, 12, 32). A ella se le ofrecían habas y tocino de cerdo que también formaban parte de la comida tradicional de este día.

3 de junio	BELLONAE	*ante diem III Nonas Iunias*

Belona, *Bellona* en latín, era la diosa romana de la guerra —*bellum*— y en ocasiones fue considerada la compañera del dios Marte. En el año 296 a. C. se le dedicó un templo en el *Campus Martius,* junto al lugar en el que casi tres siglos después se construiría el teatro de Marcelo. Anexo al templo se creó también un espacio ritual que era considerado legalmente como territorio enemigo, para dar cabida a un ritual guerrero tan antiguo como la propia ciudad.

Durante los primeros pasos de Roma en las contiendas para conquistar los territorios colindantes, se llevaba a cabo esta ceremonia que posibilitaba el favor de los dioses antes de comenzar cualquier contienda. En este tipo de ritos, comunes entre los pueblos cercanos a Roma, se arrojaba una lanza en territorio del enemigo como declaración formal de guerra. Como quiera que los enemigos iban siendo cada vez más lejanos, el espacio que se encontraba frente al templo de Belona se presentaba como un lugar perfecto para realizar el ritual.

De ello se encargaba la agrupación de los *fetiales*, veinte sacerdotes dirigidos por el *Pater Patratus,* a los que se consultaba antes de llevar a cabo un tratado, una alianza o una guerra. La llamada *columna bellica*, un pequeño pilar, hacía las veces de frontera desde la que lanzar la lanza de la guerra al territorio enemigo. El ritual, que fue realizado por primera vez frente al templo de Belona en el año 280 a. C., había sido olvidado casi por completo a finales de la República. Augusto, actuando una vez más como renovador de la tradición ancestral y la moral, lo rescató al declarar la guerra a Cleopatra en el año 32 a. C. A partir de entonces todas las declaraciones de guerra, al menos hasta finales del siglo II, mantuvieron viva la ceremonia de la diosa Belona.

5 de junio	DIO FIDIO	*Nonis Iuniis*

En el año 466 a. C. se le dedicó un templo en el Quirinal a *Dius Fidius,* el dios que se encargaba de guardar los juramentos y de hacer cumplir las promesas. Su nombre podría identificarlo como el dios —*deus*— de la fe —*fides*— o también como el hijo de Júpiter, siendo una derivación de *Diovis Filius,* lo que le convertiría en el propio Hércules. Sea como fuere, el paso del tiempo hizo que su nombre completo terminara siendo *Semo Sancus Dius Fidius,* al que efectivamente se acabó asociando con Hércules.

En su templo se guardaban los tratados de paz y amistad con otros pueblos y en su tejado existía una oquedad por la que se veía el cielo, pues ningún romano de bien se atrevería a hacer un juramento si no pudieran verlo los dioses celestiales. Por esa misma razón, cuando se juraba en el día a día, lo cual se hacía con la fórmula «*me Dius Fidius*», equivalente a «a Dios pongo por testigo», solía enfatizarse el acto realizándolo siempre en un espacio abierto y nunca dentro de una casa o un edificio.

7 de junio	LUDI PISCATORII	*ante diem VII Idus Iunias*

La fiesta del 7 de junio estaba especialmente dedicada a los pescadores del río Tíber, quienes se juntaban en el Campo de Marte para festejar su día y dar gracias a Tiberino, la personificación del río, por la abundancia en sus capturas con el hilo y el anzuelo. Los peces que se capturaban durante la fiesta no eran para vender en el mercado sino para ser sacrificados, quizá en el fuego del Volcanal, del que hablaremos en agosto.

9 de junio	VESTALIA	*ante diem V Idus Iunias*

La diosa que se veneraba el quinto día antes de las *idus* de junio —el día 9 en nuestro calendario— era una de las más antiguas de Roma. El culto a Vesta era tan antiguo, según la tradición, como las propias familias, pues era la diosa del hogar. Contaba con un templo en el Foro Romano que tenía una forma cilíndrica poco frecuente en Roma. Esta particularidad lo hacía semejante a las cabañas de los primeros pastores que habitaron la Urbe.

Al igual que en las cabañas, en el interior se encontraba el fuego, el elemento esencial para la supervivencia en los periodos arcaicos y que se convirtió en uno de los símbolos más importantes de Roma. Jamás debía permitirse que se extinguiera la llama eterna del templo, pues de ello dependía el bienestar de la ciudad. Cada 1 de marzo el fuego se apagaba y se volvía a encender con el método primitivo del frotamiento de dos palos.

Restitución ideal del templo de Vesta, en el Foro Romano, con el fuego eterno en su interior.

El templo, que no contaba con ninguna estatua de Vesta, puesto que la diosa no tenía forma física, conservaba también otros elementos de crucial importancia para la historia de Roma. Se trataba de tres pequeñas figuras: la primera de ellas era el *Palladion*, una estatuilla de la diosa

Atenea que el mismísimo Eneas había llevado a Italia desde Troya y que traía la prosperidad a quien la custodiara. Las otras dos, también portadas por Eneas, representaban a los dioses Penates, los protectores de la patria. Si en lo más profundo del templo, el *penus*, se guardaba algún antiguo tesoro más, no podemos saberlo; allí solo tenían permitido el acceso las vírgenes vestales.

Ellas se ocupaban del cuidado del templo y de la protección de todo lo que allí se custodiaba. El sacerdocio de las seis vírgenes vestales tenía una duración de treinta años, en los que se dedicaban en cuerpo y alma a servir a la diosa Vesta. Tras este tiempo podían elegir su propio destino e incluso casarse, además de recibir una sustanciosa pensión del Estado.

Las aspirantes eran elegidas entre niñas de entre seis y diez años que hubieran nacido libres y que tuvieran a sus dos padres vivos en el momento de la iniciación. Residían junto al templo, en el *Atrium Vestae,* y se las educaba bajo la potestad de la *Vestal Maxima.* (en el plano de Roma situado al final del libro puedes ver su ubicación: ▶ pág. 345). Con cada década cumplida pasaban a un nuevo estado: de alumnas a siervas y de ahí a maestras de las nuevas aspirantes. Su posición era especialmente privilegiada entre las mujeres, puesto que estaban fuera de la tutela de un hombre y eran libres de ir donde quisieran. A cambio debían cumplir su voto de servicio a Vesta, proteger el fuego eterno y el templo y mantener su virginidad intacta. Romper cualquiera de estos votos podía acarrear terribles consecuencias no solo para ellas, sino para Roma entera.

Como ya descubrimos en la fiesta de las *veneralia*, matar a una vestal era un terrible pecado a los ojos de los dioses por lo que, si una de ellas cometía un sacrilegio, la solución más sencilla era enterrarla viva y así expiar su culpa en favor de todos los ciudadanos. Se conocen hasta veinte casos de vestales enterradas vivas a lo largo de la historia de Roma, sobre todo en momentos de crisis, en las que se las podía incluso inculpar falsamente para explicar algún desastre que hubiera tenido lugar.

Volviendo a la fiesta de las *vestalia*, las vírgenes preparaban una vez más la *mola salsa* para presentarla en sus ofrendas. Además, desde el día 7 y hasta el día 15, cualquier mujer podía entrar en el templo descalza y hacer ofrendas a la diosa Vesta. Por el contrario ningún hombre podía poner un pie en su interior. Una de las pocas excepciones, además de la del *Pontifex Maximus* que sí podía acceder por su sagrada posición, fue la que tuvo lugar en el año 210 a. C. en que se desató un tremendo incendio en el Foro. Un grupo de trece esclavos irrumpió en el templo de Vesta para salvar el fuego eterno y los elementos sagrados que ya hemos mencionado. El Estado, en agradecimiento, no solo no los castigó por haber entrado en el templo de la diosa virgen, sino que los compró a sus propietarios y les entregó su libertad.

El día 9 de junio también celebraban su fiesta los panaderos, que veneraban a *Iovis Pistoris* —'Júpiter panadero'—. Tanto ellos como los molineros, engalanaban los molinos de cereal y a los burros que los movían con guirnaldas de violetas y hogazas de pan para agradecerles su servicio a lo largo de todo el año.

11 de junio	MATRALIA	*ante diem III Idus Iunias*

Las *matralia*, la fiesta de las madres, era una celebración que tenía su origen en el periodo monárquico de Roma. Las excavaciones realizadas en su templo, en el Foro Boario, han sacado a la luz figuras decorativas y ofrendas de terracota, típicas de los templos más antiguos. Al igual que otros cultos cuyos orígenes se perdían en los antiguos mitos romanos, las *matralia* contaban con algunos rituales ciertamente extraños.

Para empezar, esta era una fiesta dedicada exclusivamente a las mujeres, y aún es más, a las mujeres que solo se habían casado una vez —*matronae univirae*—. Todas las demás mujeres se alejaban del culto de Mater Matuta, la diosa protectora de esta fiesta. A ella se le ofrecían tortas sagradas, conocidas como *testuacia*, antes de llevar a cabo un ritual que consistía en obligar a una esclava a entrar en el templo, para después ser expulsada por las matronas que la apaleaban en la cabeza y la azotaban. Finalmente, las madres rezaban por los niños de su familia, pero no por sus hijos, sino por los de sus hermanas.

13 de junio	QUINQUATRUS MINUSCULAE	*Idibus Iuniis*

Los protagonistas indiscutibles de esta fiesta, llamada *minusculae* —'pequeña'— para diferenciarla de las *quinquatrus maiores* de marzo, eran los *tibicines* o flautistas que con su música ritual acompañaban las ceremonias religiosas, los funerales e incluso las fiestas. En el año 311 a. C. sucedió un incidente que a punto estuvo de eliminar por completo esta festividad.

Los censores habían prohibido a los *tibicines* realizar una comida de hermandad en el templo de Júpiter Capitolino como era costumbre. Ellos respondieron abandonando en masa la Urbe, exiliándose voluntariamente en la cercana ciudad de Tibur. Al poco tiempo, la confusión y el temor se habían instaurado en Roma al pensar que los dioses se molestarían y no aceptarían las ofrendas si las ceremonias no estaban acompañadas de música. El Senado les pidió oficialmente que regresaran, a lo que ellos se negaron.

Los romanos, junto con los tiburtinos, urdieron un plan para hacer que los flautistas regresaran. Organizaron una fiesta ficticia en la que todos los flautistas se emborracharon hasta perder el sentido. Cuando todos dormían, los cargaron en carros que fueron transportados durante la noche hasta Roma, donde finalmente despertaron los flautistas, todavía ebrios. Allí una multitud les suplicó que se quedaran y ellos finalmente aceptaron. Como agradecimiento se les concedieron de nuevo sus tres días de fiesta —del 13 al 15 de junio—, las *quinquatrus minusculae*. En ellas eran libres de pasear por las calles de la ciudad tocando y bailando ataviados con vestidos de mujer —*stolae longae*— y máscaras. Después, todos ellos se reunían frente al templo de Minerva, a quien dedicaban la festividad, para finalmente celebrar una comida y su correspondiente fiesta en el templo de Júpiter.

15 de junio	QUANDO STERCUM DELATUM FAS	*ante diem XVII Kalendas Iulias*

El 15 de junio tenían lugar las últimas ceremonias de las *vestalia*, que consistían en la limpieza final del templo, que quedaba purificado hasta el año siguiente. Toda la suciedad era expulsada ritualmente del santuario de la diosa Vesta y transportada hasta el río Tíber al que era arrojada. En ese momento las puertas del templo se volvían a cerrar hasta las próximas *vestalia*. De este ritual recibe su nombre el día, marcado en los *fasti* como *QStDF*, *quando stercum delatum fas*: 'cuando la inmundicia se haya eliminado, [habrá] permiso de los dioses’. Por ello, en el momento en el que se completaba la limpieza ritual, el día se convertía en laborable *—fasti—*.

Una vez purificado el templo de la diosa virgen, también concluía la prohibición de celebrar bodas que había estado vigente desde el comienzo del mes de mayo por sus connotaciones impuras. A partir de ese momento se producía un aumento exponencial de los matrimonios, que se habían tenido que aplazar durante casi dos meses.

La edad mínima legal para casarse era de doce años para las niñas —la edad a la que solían tener su primera regla y por ello ya eran *viripotens* o capaces de *recibir* a un hombre— y de catorce para los niños. A pesar de ello, en la mayoría de los casos las jóvenes se casaban entre los quince y los dieciocho años y los hombres pasados los veinte.

La ley romana contemplaba regularmente dos tipos de matrimonio. Uno de ellos, el llamado *cum manu,* era más restrictivo. En este tipo de enlaces, el padre literalmente le entregaba al novio «la mano de su hija» dado que pasaba de estar bajo la potestad de su padre a estarlo bajo la de su marido. Ella perdía todo vínculo legal con sus parientes y pasaba a tenerlo únicamente con su nueva familia. Existían además diversas formas de consumar este tipo de matrimonios. Se podía hacer a través de la *coemptio*, el intercambio en el que el marido «compraba» a su esposa entregándole al padre dinero o propiedades, la *confarreatio* que exigía una ceremonia religiosa ante los dioses o el *usus* en el que no existía ceremonia alguna, sino que la convivencia prolongada de la pareja, normalmente de más de un año, legalizaba la unión.

Por otra parte, existía el matrimonio *sine manu*, de origen casi tan antiguo como el anterior, pero mucho menos restrictivo. En este tipo de uniones el marido no tenía potestad sobre su mujer, que conservaba sus derechos familiares y podía administrar sus posesiones, siempre que fuera aconsejada por su padre o por un asesor. A pesar de que en esta forma de enlace matrimonial la mujer no era tratada como un objeto de compraventa, sí existía una dote que la familia de la novia entregaba con ella al marido «como garantía». Además, en cualquiera de los dos casos, la nueva matrona seguía estando bajo la tutela de un hombre, ya fuese su marido o su padre.

A finales de la República ambos métodos fueron perdiendo fuerza, en una Roma en la que muchas parejas optaban por no casarse y muchas otras no podían hacerlo, ya fuera por motivo de estatus —los matrimonios entre personas de distinto rango social estaban muy mal vistos— o por falta de libertad —como era el caso de los esclavos, quienes tenían prohibido casarse, incluso entre ellos—. Frente a esto, Augusto decidió incentivar los matrimonios, sobre todo entre los nobles a través de dos leyes: la *Lex Iulia Maritandis Ordinibus,* del año 18 a. C., y la *Lex Papia Poppaea,* promulgada en el año 9. Ambas afectaban a las mujeres de entre veinte y cincuenta años y a los hombres de entre veinte y sesenta. En ellas se premiaban los emparejamientos y se castigaba a los solteros y a las parejas sin hijos, negándoles ventajas fiscales o incluso, en el caso de los hombres, restándoles validez para ocupar cargos públicos. Las mujeres, por su parte, también se enfrentaban a medidas severas: si enviudaban debían volver a casarse entre uno y dos años después de la muerte de su marido y las divorciadas disponían de entre seis y dieciocho meses para volver a hacerlo.

El divorcio, al igual que el matrimonio, era un acto privado y una simple comunicación, ya fuese oral o a través de un documento de *repudium* de uno de los dos cónyuges, lo hacía efectivo. En caso de divorcio, si no existía un consenso previo, los hijos de la pareja permanecían con su padre, lo que en la práctica hacía que muy pocas mujeres se atrevieran a divorciarse para no perderlos.

Los matrimonios, que en las clases altas solían ser concertados entre los hijos de dos familias, tenían por norma general poco que ver con el amor o la atracción sexual. En la mayoría de los casos se buscaban emparejamientos con buenas familias para establecer vínculos y relaciones políticas o comerciales. El amor era algo que podía surgir, o no, por la convivencia y la costumbre.

Al tratarse de un acto privado, un matrimonio no requería de ninguna acción legal más allá de la intención de llevarlo a cabo por parte de ambos contrayentes. A pesar de ello, socialmente sí era todo un hito para las familias, por lo que era habitual celebrar una serie de ceremonias que fueron comunes en la mayoría de los matrimonios desde el siglo III a. C. hasta el Bajo Imperio.

Las bodas romanas, como en la actualidad, estaban enfocadas en la novia, concentrando en ella prácticamente todos los ritos que estaban a punto de tener lugar. Antes del enlace, la novia debía vestirse y arreglarse con la ayuda de las mujeres de su familia y sus amigas, que estaban allí para apoyarla y aconsejarla. Era tradición peinarla haciendo seis rizos —*sex crines*—, empleando para ello una punta de lanza o *hasta caelibaris* que procedía de los ritos más antiguos. Se decía, incluso, que para asegurar un matrimonio sólido la lanza debía haber sido extraída del cuerpo de un gladiador muerto. No era el único caso de utilización de un gladiador, vivo o muerto, en algún tipo de ritual o tratamiento. De ellos se aprovechaba todo: en vida, su habilidad en combate y después de muertos incluso su sangre, que era vendida como afrodisiaco o como remedio para la epilepsia.

El vestido de la novia era una túnica larga y blanca anudada a la cintura con un cinturón o *cingulum*. Llevaba unos zapatos —*socci lutei*— amarillos, un color considerado como muy femenino, y cubría su cabeza con el elemento más importante, un velo amarillo anaranjado llamado *flammeum*. En el caso del novio poco es lo que sabemos sobre su indumentaria, puesto que los autores antiguos no se molestaron en describirla. Seguramente vestiría una túnica y una toga que lo identificaban como ciudadano de pleno derecho.

La ceremonia comenzaba en la casa de la familia de la novia, donde se realizaba el sacrificio de un cerdo y el *auspex* examinaba los auspicios para determinar si el enlace era deseado por los dioses. Este personaje también tenía en su poder las *tabulae nuptiales* —el contrato matrimonial— en las que debían firmar los novios y varios testigos para oficializar el enlace.

Una vez completada la primera ceremonia bajo los auspicios de Juno *Iugalis* —'la que une'—, toda la comitiva de invitados comenzaba una procesión —*domum deductio*— hasta la nueva casa en la que viviría desde ese día la pareja. En el camino varios invitados y el novio portaban antorchas para alejar todo lo malo de ellos. El fuego también simbolizaba a la novia y su hogar, que eran entregados a su nuevo marido de forma simbólica.

Al llegar a su nuevo hogar, ella impregnaba la puerta con grasa y la decoraba con lana antes de entrar, lo que la identificaba como la nueva ama de la casa. Era importante que la novia no pisara y ni mucho menos tropezara con el umbral, puesto que sería visto como un signo claro de desgracia. Lo normal era que se la transportara en brazos al cruzar la puerta, evitando así cualquier tipo de infortunio —gesto que se ha mantenido en la tradición actual—.

Una vez allí, en algunas ocasiones, pues la ceremonia se podía realizar del modo que las familias quisieran, se le preguntaba su nombre a la novia, a lo que ella contestaba con la siguiente frase: *ubi tu Gaius, ego Gaia*. Esta frase, que literalmente dice 'donde tú eres *Gaius*, yo soy *Gaia*', tiene un profundo significado de unión. *Gaia*, empleado como un nombre genérico y muy común en Roma, era el contrapunto femenino de *Gaius*: donde tú estés, allí estaré yo.

Ya establecidos en la nueva casa familiar, y rodeados de familiares y amigos, los novios recibían dos recipientes con fuego y agua, los elementos opuestos de la vida. Fuego para representar al hombre y agua para la mujer. Finalmente la *pronuba*, a la que hoy llamaríamos dama de honor, realizaba el ritual definitivo de unión delante de las miradas atentas de los asistentes: la *dextrarum iunctio*. Cogía a los contrayentes por la mano derecha y las unía entre sí, dando por concluida la ceremonia.

Los asistentes reaccionaban con gritos de júbilo deseando buena suerte y una vida feliz a los novios antes de comenzar el banquete nupcial, que era pagado por el novio y su familia. La fiesta continuaba mientras los novios se iban al dormitorio. La tradición marcaba que consumaran su matrimonio esa misma noche. A la mañana siguiente, la novia salía de su nuevo *cubiculum* ya como matrona romana y realizaba el primer sacrificio a los Lares de su nuevo hogar.

20 de junio	SUMMANO	*ante diem XII Kalendas Iulias*

Sumano era una antigua divinidad itálica cuyo templo fue dedicado junto al Circo Máximo en el año 278 a. C., después de que un rayo nocturno alcanzara una estatua que decoraba el templo de Júpiter Capitolino. Se dice que esa estatua representaba al dios Sumano, que era quien producía los rayos nocturnos *—nocturna fulmina—*, como contrapunto de Júpiter *Fulgur*, responsable de los diurnos. Curiosamente, su propio templo fue alcanzado también por un rayo en el año 197 a. C.

Este tipo de sucesos eran considerados como perniciosos y de mal agüero, por lo que debían ser expiados. En muchos casos, si una estatua era alcanzada por un rayo debía ser retirada de la vista pública y enterrada a gran profundidad junto con los restos de un cordero. En el lugar en el que había caído el rayo se construía entonces un sencillo santuario conocido como *bidental*. Existen casos de hallazgos de estatuas de culto perfectamente conservadas, como la que se localizó en Roma en 1864 en la zona del teatro de Pompeyo. Se trataba de una estatua de bronce dorado de casi cuatro metros de altura que representa a Hércules —hoy en día conservada en los Museos Vaticanos—. Se localizó bajo una losa de travertino cuidadosamente colocada en las que estaban grabadas las letras *FCS: fulgur conditum Summanium*, confirmando que había sido alcanzada por un rayo nocturno —de Sumano—.

24 de junio	FORTI FORTUNAE	*ante diem VIII Kalendas Iulias*

Las fiestas dedicadas a la diosa Fortuna siempre eran motivo de júbilo y alegría en Roma. Fors Fortuna tuvo hasta cuatro templos dedicados a su veneración en la ciudad, aunque eran los dos más antiguos, dedicados por el rey Servio Tulio, los que conmemoraban hoy su dedicación. El culto supersticioso para atraer la buena suerte que representaba *Fors* —'oportunidad'— *Fortuna* —'suerte'— era especialmente seguido por la gente corriente y por los esclavos. Según se decía, el propio rey Servio Tulio era hijo de una esclava.

25 y 26 de junio	LUDI TAUREI	*ante diem VII Kalendas Iulias ante diem VI Kalendas Iulias*

Estos juegos, de origen etrusco, se celebraban en la explanada del Circo Flaminio y consistían en carreras de caballos y sacrificios de toros, de donde procede su nombre. Se ha llegado a sugerir que también se llevarían a cabo cacerías de estos últimos animales en honor de los dioses infernales. Aunque la dedicación a los *dii inferi* sí es correcta, el extremo de las cacerías de toros no parece probable. Eran unos *ludi quinquennales* —se realizaban cada cinco años— y tenían una duración de dos días. Su duración fue ampliada de forma puntual el año 186 a. C., cuando se celebraron *religionis causa* para expiar una gran plaga infecciosa que estaba asolando la ciudad.

30 de junio	HERCULII MUSARUM	*pridie Kalendas Iulias*

Concluye el mes de junio con la fiesta de Hércules y las musas, cuyo templo fue dedicado en el año 187 a. C. por el general Marco Fulvio

Nobilior. Se trataba de un santuario de las musas o *museion*, de donde proviene originalmente nuestra palabra *museo*. La particularidad que lo hace tan importante es que sobre sus muros se colocaron por primera vez unos grandes *fasti* de forma oficial, pintados con letras rojas y negras, que marcaban las festividades del mismo modo que ahora lo hacemos nosotros.

JULIO — *IVLIVS*

Quam bene, Quintilis, mutastis nomen! Honori
Caesareo, Iuli, te pia causa dedit.

¡Qué bien, *Quintilis*, cambiaste tu nombre! Una causa piadosa te dedicó, julio, a la gloria de César.

MENSIS IVLIVS DIES XXXI

1	F	K·IVL·N		FELICIT·IN·CAPITO	
2	G	VI	N		
3	H	V	N		
4	A	IIII	NP	ARA·PACIS·AVG CONSTITVTA·EST	
5	B	III	POPLIF·NP		
6	C	PR	N	LVDI·APOLLIN	
7	D	NON·N		LVDI	
8	E	VIII	N	LVDI	
9	F	VII	N	LVDI	
10	G	VI	C	LVDI	
11	H	V	C	LVDI	
12	A	IIII	NP	LVDI	C·CAESAR NATVS·EST
13	B	III	C	LVDI·IN·CIRC	
14	C	PR	C	MERK	
15	D	EID·NP		MERK	TRANSV EQVITVM
16	E	XVII	F	MERK	
17	F	XVI	C	MERK	
18	G	XV	C	MERK	DIES ALLIENSIS
19	H	XIIII	LVCAR·NP	MERK	
20	A	XIII	C	LVD·VICTOR·CAESAR	
21	B	XII	LVCAR·NP	LVDI	
22	C	XI	C	LVDI	
23	D	X	NEPT·NP	LVDI	
24	E	VIIII	N	LVDI	
25	F	VIII	FVRR·NP	LVDI	
26	G	VII	C	LVDI	
27	H	VI	C	LVDI·IN·CIRC	
28	A	V	C	LVDI·IN·CIRC	
29	B	IIII	C	LVDI·IN·CIRC	
30	C	III	C	LVDI·IN·CIRC	
31	D	PR	C	FORTVNAE HVIVSQVE·DIEI	
	XXXI				

Incipit mensis Iulius

Comienza el mes de julio y con él la segunda mitad del año. Si en la primera hemos podido comprobar que todos los meses escondían tras su nombre a alguna divinidad y estaban relacionados con el trabajo del campo, a partir de este mes solo encontraremos una numeración seriada originaria del calendario del rey Rómulo. Meses desafortunados los que visitaremos a partir de ahora, no para los romanos, sino para nosotros. A partir de julio perdemos una de las obras fundamentales que sirve de base para aumentar nuestros conocimientos sobre el calendario romano: los *Fastos* de Ovidio. Tan solo los seis primeros meses del año fueron publicados por su autor antes de que Augusto lo enviara al exilio en el año 8. Aun así, muchas otras fuentes suplirán a partir de ahora lo que este poeta no pudo contar.

Volviendo al nombre del mes de julio, debemos hacer una breve pero crucial referencia al cambio que sufrió en el año 44 a. C. Unos meses después del asesinato de Julio César, Marco Antonio, a través de una ley conocida como *Lex Antonia de Mense Quintili*, promulgó que el antiguo mes de *Quintilis* tomara el nombre *iulius* por el *dictator*, que había nacido en él —el 12 de julio del año 100 a. C.—. Fue la primera vez que se propuso oficialmente el cambio de nombre de un mes, pero ciertamente, como ya hemos comprobado, no sería la última.

Hasta entonces julio había sido *Quintilis*, nombre que recibía, según la tradición, por ser el quinto del año romuleano de diez meses. Del mismo modo le seguían *Sextilis* —el sexto—, *September* —el séptimo—, *October* —el octavo—, *November* —el noveno— y *December* —el décimo y último—.

La ilustración que acompaña a este mes tiene que ver con uno de los aspectos fundamentales de julio: la cosecha. La figura desnuda que preside la escena hace referencia, como en el mes anterior, al caluroso periodo veraniego. En la mano izquierda lleva un cesto con tres plantas, que representan los campos listos para la cosecha. En su otra mano porta un saco como símbolo de la abundancia y la riqueza que traen consigo los trabajos del campo. A sus pies, tanto los cestos como el saco, que rebosa de monedas, hacen referencia a estos mismos conceptos del mundo rural.

5 de julio	POPLIFUGIA	*ante diem III Nonas Iulias*

Las *poplifugia* eran una de esas fiestas que se llevaban celebrando durante tanto tiempo que nadie recordaba realmente su sentido original. Se trataba literalmente de 'la huida del pueblo'. En este día la gente abandonaba la ciudad de Roma en multitud, como huyendo de algún tipo de mal, quizá la invocación de alguna divinidad del inframundo a la que temían. La gente que asistía a las ceremonias se reunía junto a la llamada charca de la Cabra —*palus caprae*—, la zona del Campo de Marte en la que se creía que había muerto el rey Rómulo. En tiempos remotos pudo tener alguna relación con el *regifugium* de febrero pero, como ni ellos mismos lo sabían, a finales de la República los autores romanos ya se habían ocupado de reinventar su significado.

La versión más conocida aseguraba que la festividad tenía que ver con la muerte del mismísimo rey Rómulo. Mientras arengaba a las tropas junto a la ya mencionada *palus caprae*, se produjeron sin previo aviso una serie de fenómenos milagrosos. El cielo se oscureció repentinamente, se desató una terrible tormenta y todos comenzaron a huir asustados. Según cuenta la leyenda, en ese momento el rey desapareció para siempre sin dejar rastro tras haber sido llamado por su padre Marte por haber cumplido ya su labor en la Tierra. Tras estos acontecimientos místicos, el propio Rómulo se habría aparecido, ya en su forma divina, para anunciar la muerte del rey y su transformación en el dios Quirino.

Los autores más realistas, en palabras de los propios romanos, contaban que esta leyenda se inventó para ocultar que Rómulo había sido asesinado, ya fuera durante aquel evento místico, aprovechando la confusión, o en el Senado. En esta última versión, su cuerpo habría sido descuartizado y cada senador se habría llevado un trozo para más tarde enterrarlo y hacer desaparecer al rey para siempre. En cualquier caso, la gente habría huido al conocer la noticia, siendo el origen de la festividad.

Otras explicaciones menos coloridas cuentan que la fiesta tenía su origen en unas incursiones que algunos pueblos latinos o etruscos habrían hecho sobre Roma tras el saqueo galo que había sufrido la ciudad en el año 390 a. C., obligando a los ciudadanos a huir.

6 de julio	FORTUNAE MULIEBRI	*pridie Nonas Iulias*

A comienzos del siglo v a. C., en una República que prácticamente acaba de nacer, el general romano Cayo Marcio Coriolano, que había vencido a los pueblos volscos, fue exiliado de Roma. Decidió así traicionar a los suyos y unirse a quienes antes fueron sus enemigos. Su ansia de poder y venganza contra quienes le habían repudiado le llevaron a comandar a los volscos hacia Roma. Cuando ya se encontraban a punto de asediar la ciudad, su mujer y su madre salieron a su encuentro para convencerle de que no lo hicieran. Coriolano no pudo resistir sus súplicas, por lo que aplazó la invasión. Finalmente, considerándolo como una debilidad, los volscos y otros pueblos cercanos lo condenaron a muerte. En agradecimiento por el servicio que las dos mujeres había hecho a Roma, el Senado prometió construir un templo a la Fortuna *Muliebris* —la fortuna femenina— en la Vía Latina. La fiesta fue establecida en este día por haber sido consagrado en él dicho templo.

Esta historia, seguramente legendaria, servía para explicar el origen del culto de esta diosa protectora de las mujeres a cuyos ritos solo tenían acceso las que se habían casado una vez —*matronae univirae*—. Solo ellas eran lo suficientemente puras como para tocar las estatuas de la diosa y venerarlas. Fortuna *Muliebris* era el reflejo divino de las matronas piadosas y fecundas, tanto en su hogar como para con Roma. Incluso se la relacionaba con las emperatrices como diosa protectora.

6-13 de julio	LUDI APOLLINARES	*pridie Nonas Iulias - ante diem III Idus Iulias*

En el año 212 a. C., todavía con la desastrosa derrota de Cannas muy reciente en la memoria, Roma necesitaba la ayuda divina para cambiar el rumbo de la guerra contra Cartago. Consultados los oráculos de los libros sibilinos, en ese año se realizaron unos juegos en honor del dios Apolo para pedir su protección contra el enemigo en la contienda. Los *ludi apollinares* tuvieron tanto éxito entre la gente que, a pesar de haber sido realizados como algo puntual, comenzaron a celebrarse todos los años, aunque sin una fecha fija. En el año 208 a. C. se fijó por primera vez su fecha en el día 13 de julio a través de la *Lex Licinia de Ludis Apollinaribus*, que regularizó todas las ceremonias de los juegos.

Esta fecha estival fue elegida por la relación que Apolo tenía para los romanos con el calor de los meses de verano. En los juegos se le pedía su protección no solo para repeler al enemigo cartaginés, sino para que velara por Roma ante cualquier peligro que pudiera acechar a la República. Pasados los años, la popularidad de los juegos de Apolo fue cada vez mayor. Augusto, que tenía por dios protector principal precisamente a Apolo, hizo que estos *ludi* llegaran a estar entre los más importantes de todo el año. Durante el Imperio llegaron a durar ocho o nueve días, comenzando el día 6, y más adelante incluso el 5 de julio.

Las celebraciones tenían lugar en el Circo Máximo, al que los ciudadanos acudían llenos de alegría con sus cabezas cubiertas con guirnaldas. El *praetor urbanus*, administrador de justicia de la ciudad, era el encargado de organizar los juegos. Se le entregaban 12.000 ases para gastar en las ceremonias y sacrificios. Una parte de esa cantidad la aportaban los propios ciudadanos, que colaboraban con una moneda como ofrenda personal.

Los sacrificios, realizados por los *decemviri sacris faciundis* a la manera griega, incluían un buey para Apolo, dos cabras para su hermana Diana y una novilla para su madre, Latona, todos ellos con los cuernos recubiertos de oro. Una vez completados los rituales, se llevaban a cabo espectáculos teatrales, en los primeros días, y carreras de caballos y cacerías de animales —*venationes*—, en los últimos. No era muy común que durante la República se incluyeran además espectáculos de gladiadores, aunque su popularidad creciente motivó que también lo hicieran durante el Imperio.

Al igual que se hacía con otros juegos destacados, una vez terminados los *ludi apollinares* se decretaban seis días de ferias comerciales en las que las multitudes que habían asistido a los espectáculos, llegados incluso desde fuera de Roma, tuvieran la oportunidad de adquirir todo tipo de productos antes de regresar a sus ciudades.

7 de julio	NONAE CAPROTINAE	*Nonis Iuliis*

La leyenda que explica el origen de esta fiesta se remonta a los tiempos en que Roma peleaba contra enemigos cercanos por la estabilidad de la ciudad. Poco después de la invasión gala del año 390 a. C., algunos pueblos latinos llegaron a las puertas de Roma exigiendo que los romanos les permitieran llevarse algunas mujeres con las que poder casarse. Los romanos sabían que se trataba de una toma de rehenes encubierta y no tenían claro cómo actuar. En el momento de mayor incertidumbre, una esclava llamada Tutula o Filótide propuso enviar a un grupo de esclavas ataviadas con las mejores galas de las mujeres romanas para tender una trampa al enemigo.

Así se hizo; los latinos se llevaron al grupo de las mejores esclavas disfrazadas de matronas hasta su campamento. Durante la noche, mientras todos dormían, las siervas arrebataron las armas a los latinos. Hecho esto, Tutula se subió a una higera silvestre —*caprificus*— y desde lo alto hizo señales con una antorcha a los romanos. Al poco tiempo el ejército romano llegó hasta ellas y masacró a los enemigos latinos.

Esto ocurrió en las *nonae* de julio, que a partir de ese momento se llamaron *nonae caprotinae* en recuerdo de la higuera a la que se había subido la esclava para avisar a los romanos. Este era uno de los pocos días al año dedicados específicamente a las mujeres romanas. Todas ellas, incluyendo como excepción a las esclavas, ofrecían sus sacrificios a Juno *Caprotina* bajo una higuera a la que entregaban jugo de higo como ofrenda. El resto de la fiesta estaba especialmente dedicado a las esclavas, que disfrutaban de un día de libertad, se vestían como matronas e incluso simulaban combates entre ellas para el divertimento de los ciudadanos.

11 de julio	CONSTITUTIO ANTONINIANA	*ante diem V Idus Iulias*

En el año 212 el emperador Caracalla promulgó la *Constitutio Antoniniana*, una ley que entregaba la ciudadanía romana a todas aquellas personas libres que, viviendo dentro de los límites del Imperio, todavía no la tuviesen. En la teoría se trataba de un gran honor que el emperador entregaba, pero en la práctica suponía aumentar la recaudación tributaria, a la que estaban obligados todos los ciudadanos romanos, para paliar la crisis económica que Roma estaba comenzando a sufrir. Seguramente también existirían algunos tintes religiosos en la intención del decreto, para favorecer a los dioses tradicionales de Roma a los que debían adorar los ciudadanos en contra de las nuevas religiones de salvación que estaban comenzando a imponerse.

Todo ello podemos saberlo por un papiro romano hallado en Hermópolis Magna, una ciudad cercana a Alejandría. El fragmento, conservado gracias a las condiciones climatológicas áridas y —como en muchos otros casos— también al azar, contiene parte del texto original de la *Constitutio*. Cabe destacar que esta *Constitutio* nunca fue abolida oficialmente, por lo que todos los nacidos dentro de los límites del Imperio romano, seguimos siendo *legalmente* ciudadanos romanos de pleno derecho.

15 de julio	TRANSVECTIO EQUITUM	*Idibus Iuliis*

El día 15 de julio la caballería del ejército romano se reunía junto al templo del dios Marte próximo a la Puerta Capena, el último lugar en el que podían concentrarse las tropas armadas antes de entrar en Roma. En ese momento comenzaba una procesión militar en la que los caballeros desfilaban sobre sus caballos coronados de ramas de olivo y vestidos con una toga púrpura bordeada de escarlata llamada *trabea*, digna de los triunfos militares y de los dioses.

La fiesta fue instituida tras la victoria que consiguieron los romanos en la batalla del Lago Regilo, en el año 496 a. C. La contienda les situaba frente a la liga latina, comandada por Tarquinio el Soberbio, el antiguo rey de Roma que había sido expulsado años atrás. Con esta victoria los romanos pusieron fin a los intentos de venganza del rey expulsado, pero no lo hicieron solos. La leyenda cuenta que, en el fragor de la batalla, dos jóvenes jinetes aparecieron para ayudar a los romanos, infligiendo gracias a ellos importantes bajas en las filas enemigas.

Terminado el combate, los dos jinetes volvieron a aparecer ante los romanos, pero esta vez en el Foro de la ciudad, junto al templo de Vesta, donde sus caballos bebieron para recuperarse y ambos comunicaron la importante victoria a los ciudadanos. Tras estos acontecimientos nadie los volvió a ver pero todos supieron que los jinetes no eran otros que los hermanos Castor y Pólux. Estos dos gemelos, conocidos como *Dioscuri* o *Castores*, se asociaban con los propios dioses Penates, los protectores de la patria. En el año 484 a. C. se les dedicó un templo —cuyos restos todavía se conservan— junto al *lacus Iuturnae* (fuente de Juturna), el lugar en que se habían aparecido años atrás.

Año tras año se conmemoraba el acontecimiento con el desfile de caballeros —*transvectio equitum*— que llegaba hasta el templo, frente al que todos ellos rendían homenaje a sus héroes y protectores. A finales de la República esta tradición se había perdido casi por completo, pero Augusto la recuperó como una forma de pasar revista a los caballeros —*recognitio*— y reprobar públicamente a aquellos que no hubieran cumplido sus obligaciones —*probatio*—.

18 de julio	DIES ALLIENSIS	*ante diem XV Kalendas Augustas*

El 18 de julio era uno de los días negros —*dies atri*— marcados en el calendario romano. Una jornada de carácter despreciable en la que tuvo lugar uno de los peores sucesos de la historia romana. El llamado *dies alliensis* recordaba la terrible derrota sufrida por el ejército romano en la batalla del río Alia en el año 390 a. C. En ella, el ejército romano cayó vergonzosamente derrotado por los galos, que llegaron a invadir y saquear la ciudad.

En este *dies ater* no estaba bien visto ni era de buen agüero realizar cualquier tipo de ceremonia religiosa o acto público, y mucho menos entrar en combate contra cualquier enemigo, por las connotaciones perniciosas de la antigua derrota. A pesar de que ante tal desastre Camilo recuperó la patria con el hierro, como narra la leyenda que comentamos a continuación, los romanos conservaban esta grave derrota como un recordatorio del sufrimiento que les fue infligido antes de dominar el mundo.

19 y 21 de julio	LUCARIA	*ante diem XIV Kalendas Augustas et ante diem XII Kalendas Augustas*

La fiesta de las *lucaria*, cuyo nombre proviene de *lucus* —'bosque'—, tenía seguramente un origen muy antiguo por sus connotaciones silvestres. Las ceremonias de este tipo de fiestas, casi olvidadas durante el

Imperio, servían para contentar a los espíritus de los bosques antes de talar los árboles para crear campos de cultivo o construir nuevos edificios de la pequeña ciudad en expansión. La fiesta se celebraba en dos días no consecutivos, como ya hemos visto en otras ocasiones, dejando un día par entre los dos impares, por ser estos mucho más propicios para las festividades.

Los autores romanos de finales de la República, para renovar el sentido de la fiesta, la relacionaron con el desastre de Alia, recordado el día anterior. Existía un bosquecillo al norte de Roma en el que la leyenda contaba que se habían refugiado algunos de los romanos que habían conseguido escapar con vida de la batalla contra los galos. El bosque sagrado les protegió y así pudieron llegar a la ciudad para avisar del desastre acontecido y del que, por desgracia, se avecinaba.

20 de julio	DIREPTIO URBIS ROMAE	*ante diem XIII Kalendas Augustas*

Entre los dos días en los que se conmemoraban las fiestas de las *lucaria* tuvo lugar el último fragmento de la desgracia que, según los textos clásicos, aconteció a los romanos en el año 390 a. C. En este día los galos, todavía cautelosos ya que no estaban seguros de si podía ser una trampa, se adentraron en la ciudad de Roma, a la que hallaron con las puertas abiertas y las murallas sin defender. Todos los romanos habían huido hacia el Capitolio y se habían atrincherado allí con la mayor cantidad de víveres que pudieron reunir para sobrevivir a un posible sitio.

Los ancianos se quedaron en sus casas en un noble gesto de sacrificio para no malgastar la comida, ya de por sí racionada, dando así alguna oportunidad más a quienes podían blandir la espada. Se cuenta que los ancianos más ricos se sentaron en sillas de marfil frente a sus casas, con las puertas abiertas y esperaron impasibles al enemigo. Cuando los galos se encontraron con tal visión sintieron miedo de aquellos hombres que parecían estatuas de antiguos dioses inmóviles. Todos los honores eran pocos en las palabras de aquellos que transmitieron el relato del sacrificio realizado por los ancianos, que fueron masacrados sin piedad por los galos.

Tras algunos días de saqueo de la ciudad —*direptio urbis*—, en los que los romanos resistieron a duras penas en el monte Capitolio, se produjo una escaramuza de los galos que intentaron asediar la ciudadela de noche.

Sucedió entonces el milagro de los gansos enviados por Juno *Moneta,* que alertaron a los romanos. Este gesto le valió a la diosa la dedicación de su templo, del que ya hemos hablado, el 1 de junio del año 344 a. C.

Asediados los galos por epidemias —provocadas por los cadáveres de los caídos, que no habían enterrado— y asolados los romanos por el hambre y la desesperación, decidieron firmar la paz. El trato al que se llegó con Breno, el caudillo galo, fue el de entregar mil libras de oro —más de 300 kilos— para respetar las vidas del resto de los ciudadanos y abandonar la ciudad. Los romanos empezaron a hacer acopio de todo el oro posible mientras los galos colocaban los pesos en la balanza para pesar la preciosa mercancía.

Pronto comenzaron a darse cuenta de que los pesos empleados por los galos estaban alterados para que la cantidad de oro entregada fuese aun mayor, algo que recriminaron los romanos. Breno por su parte, sintiéndose poderoso en su victoria, exclamó: *Vae Victis!* —'¡Ay de los vencidos!'—, pues los romanos no estaban en una posición que les permitiera pensar en alternativas al injusto cambio.

Pero los dioses y los hombres, como nos cuenta el historiador romano Tito Livio, impidieron que el trato finalizara. Como surgido de la nada, apareció en la ciudad Camilo, nombrado *dictator* de Roma, junto con muchos otros hombres que habían escapado de la batalla de Alia pero se habían refugiado en otras ciudades.

> *Suos in acervum conicere sarcinas et arma aptare ferroque, non auro reciperare patriam iubet, in conspectu habentes fana deum et coniuges et liberos et solum patriae deforme belli malis et omnia quae defendi repetique et ulcisci fas sit.*
>
> Ordena a los suyos que pongan en un montón los bagajes, preparen las armas y reconquisten la patria con el hierro, no con el oro, teniendo a la vista los templos de los dioses, las esposas e hijos y el suelo patrio, destrozado por los males de la guerra y todo aquello que es un deber sagrado defender, recuperar y vengar.
>
> (Tito Livio, *Desde la fundación de la ciudad* V, 49, 3).

20 de julio	LUDI VICTORIAE CAESARIS	*ante diem XIII Kalendas Augustas*

Estos juegos fueron iniciados el 26 de septiembre del año 46 a. C. por Julio César con el nombre de *ludi Veneris Genetricis,* en conmemoración de la dedicación del nuevo templo de Venus en el *Forum Iulium* o Foro de César. Se celebraron también en el año 45 a. C. y el asesinato de César en el 44 a. C. podría haber supuesto su final, de no ser porque el joven Octaviano, su heredero, los costeó de su propio bolsillo y los rebautizó con su nombre definitivo: *Ludi victoriae Caesaris.*

Se alteró también su fecha, que pasó de finales de septiembre a finales de julio, concretamente entre los días 20 y 30, manteniéndose así hasta el Bajo Imperio. Las fechas y su nueva dedicación no fueron elegidas al azar por el sobrino-nieto de César, que ya comenzaba a vislumbrar un camino marcado, o al menos eso nos quieren hacer creer las fuentes que narraron su historia. Julio era el mes de nacimiento de César y los *ludi* del año 44 a. C. fueron interpretados como los juegos fúnebres en su honor.

Octaviano necesitaba vindicar la memoria de César y ganarse el respeto de los ciudadanos para poder comenzar, tan joven como era, su escalada hacia el poder. Muestra de ello sería la divinización que tuvo lugar en el año 42 a. C., y por ende su denominación como *Divi Filius* —'hijo del divino' [César]—, así como la salvación de la República que finalmente le catapultaría al control absoluto de Roma. Sin duda, el primer signo divino de su camino, como narró el propio Augusto *a posteriori* en sus memorias, fue la aparición de un cometa en el cielo durante la celebración de los juegos.

> *Ipsis ludorum meorum diebus sidus crinitum per septem dies in regione caeli sub septemtrionibus est conspectum. Id oriebatur circa undecimam horam diei clarumque et omnibus e terris conspicuum fuit. Eo sidere significari vulgus credidit Caesaris animam inter deorum inmortalium numina receptam, quo nomine id insigne simulacro capitis eius, quod mox in foro consecravimus, adiectum est.*
>
> En los mismos días de mis juegos se ha visto una estrella de cola durante siete días en la parte septentrional del cielo. Salía alrededor de la hora undécima del día y se divisó clara y perfectamente desde todas las tierras. Con esa estrella la gente creyó que se indicaba que el alma de César había sido admitida entre los númenes de los dioses inmortales y en nombre de ello se le añadió [una estrella] como distintivo al busto que poco después hemos consagrado en el Foro.
>
> (Plinio el Viejo, *Historia natural* II, 94, citando palabras de Augusto).

La casualidad parecía estar de parte del joven Octaviano al coincidir la celebración de sus juegos con el paso del cometa. Ya fuera en ese preciso momento, como él mismo nos cuenta, o en un momento posterior, el *sidus iulum* —'la estrella de César'— fue colocado a partir de entonces en todos los símbolos relacionados con César y su estatus divino. Este cometa no puede ser identificado con el Halley, como muchos investigadores del siglo pasado quisieron defender, puesto que este pasó junto a la Tierra en los años 87 y 12 a. C., pero no en el 44 a. C. Sin embargo, sí parece probable pensar que otro cometa —identificado como C/-43 K1— debió ser visible desde Roma en aquellos días, dadas las anotaciones que los astrónomos chinos de la dinastía Han hicieron también del mismo fenómeno en mayo de ese año.

Denario acuñado por el emperador Augusto hacia el año 18 a. C. en el que aparece representado el *sidus iulium.*

La aparición del cometa no solo propició la continuidad de los juegos en honor de César, sino que marcó también el inicio de un cambio político que cristalizaría años después gracias a la propaganda de la nueva edad de oro. Realmente aquella estrella, más que honrar al malogrado César, llegó para sostener al joven Octaviano en sus primeros pasos hacia el poder. Por supuesto, esta interpretación cambió mucho con el paso del tiempo. Autores cristianos de los siglos IV y V, como Paulo Orosio, no dudaron en asegurar que aquel prodigio no estaba augurando la ascensión a los cielos ni el brillante futuro de Augusto, sino la pronta venida del Mesías de los cristianos.

23 de julio	NEPTUNALIA	*ante diem X Kalendas Augustas*

Neptuno, antes de ser considerado como el dios de los mares al ser asimilado con el antiguo dios griego Poseidón, era una divinidad dedicada generalmente a lo húmedo y al agua, incluyendo los regadíos de los campos. Las *neptunalia* eran el momento idóneo para pedirle al dios que propiciara el agua en los momentos más secos y calurosos del año. Aquellos que se reunían hoy para ofrecerle sacrificios en su altar, situado junto al Circo Flaminio, fabricaban unas rudimentarias chozas con ramas para refugiarse del intenso calor del verano. La ofrenda más importante de la fiesta era el sacrificio de un toro. Neptuno era uno de los tres únicos dioses, junto con Apolo y Marte, para los que estaba permitido sacrificar este animal. En su labor protectora de los mares, al menos en el periodo republicano, Neptuno recibía ofrendas de parte de los almirantes militares, que sacrificaban una víctima y en lugar de quemar las entrañas, como era costumbre con los dioses celestes, las lanzaban al mar antes de zarpar con sus barcos.

25 de julio	FURRINALIA	*ante diem VIII Kalendas Augustas*

Furrina era una de aquellas divinidades, de las que ya conocemos varias, que aunque tuvo bastante importancia en los inicios de Roma —de ahí que también contara con un *flamen* dedicado a ella, el *Flamen Furrinalis*—, con el paso del tiempo quedó diluida entre otros dioses. A pesar de que esta era una de las *feriae stativae* marcadas en grandes letras en todos los *fasti*, desconocemos por completo los ritos que se realizaban para complacer a esta diosa. Parece posible que en su origen fuera la divinidad protectora de los pozos, aunque más adelante fue confundida con una de las Furias, las tres mujeres que personificaban la venganza.

AGOSTO — *AVGVSTVS*

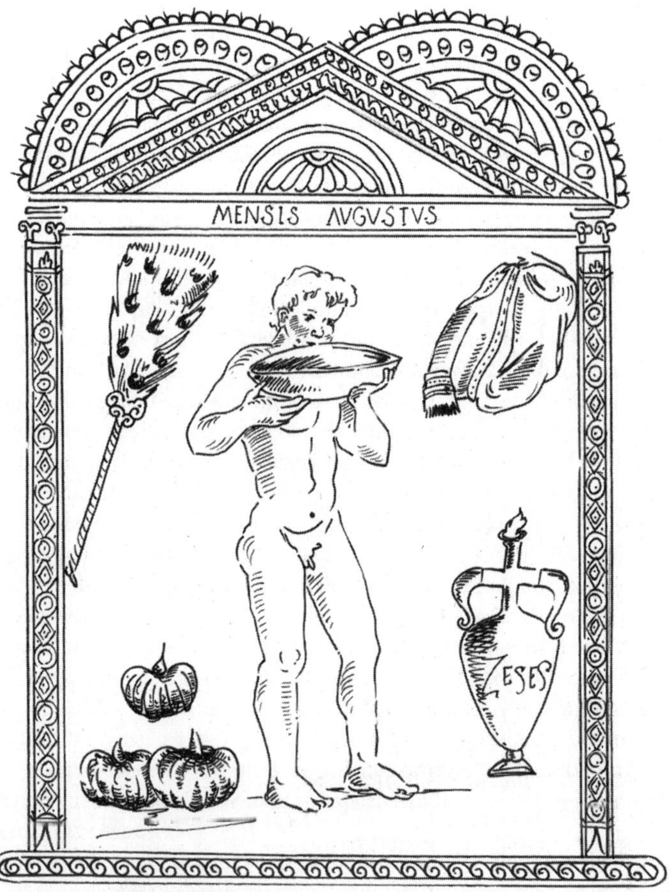

Tu quoque, Sextilis, venerabilis omnibus annis,
Numinis Augusti nomen in anno venis.

Tú también, *Sextilis*, reverenciado todos los años,
serás conocido con el nombre de Augusto Divino.

MENSIS AVGVSTVS DIES XXXI

1	E	K·AVG·NP		IMP·CAESAR·DIVI·F REM·PVBLIC·TRISTISSIMO PERICVLO·LIBERAT
2	F	IIII	N	
3	G	III	C	SVPPLIC·CANVM
4	H	PR	C	
5	A	NON·F		SALVTI·IN·COLLE·QVIRINALE
6	B	VIII	F	
7	C	VII	C	
8	D	VI	C	
9	E	V	NP	SOLI·INDIGITI·IN COLLE·QVIRINALE
10	F	IIII	NP	ARAE·CERERIS·ET·OPIS IN·VICO·IVGARIO
11	G	III	C	
12	H	PR	C	HERCVLI·INVICTO AD·CIRC·MAXIMO
13	A	EID·NP		DIANAE·IN·AVENTINO
14	B	XIX	F	C·CAESAR·AVGVSTVS TRIVMPHAVIT
15	C	XIIX	C	
16	D	XVII	C	
17	E	XVI	PORT·NP	
18	F	XV	C	DIVO·IVLIO·AD·FORVM
19	G	XIIII	VIN·F	DIES·TRISTISSI AVG·EXCESSIT
20	H	XIII	C	
21	A	XII	CONS·NP	
22	B	XI	EN	
23	C	X	VOLC·NP	
24	D	VIIII	C	LVNAE·IN·GRAECOST MVNDVS·PATET
25	E	VIII	OPIC·NP	
26	F	VII	C	
27	G	VI	VOLT·NP	
28	H	V	NP	ARA·VICTORIAE·IN CVRIA·DEDIC·EST
29	A	IIII	F	
30	B	III	F	
31	C	PR	C	

XXXI

INCIPIT MENSIS AUGUSTUS

Ya comienza el mes más caluroso del año, aquel en el que las cosechas se recogen, se queman los rastrojos del campo y se ara la tierra para dejarla reposar hasta la próxima siembra. No es de extrañar que Ceres fuera una de las diosas protectoras de este mes, como también lo eran Spes, Salus o Diana durante las diversas fiestas que alegraban el mes de agosto.

La ilustración que acompaña a este mes nos habla precisamente de todo ello. Una vez más, la figura desnuda indica el calor del verano. En este caso, el hombre bebe agua de un gran cuenco para calmar su sed después del duro trabajo en el campo que representan los frutos depositados a su izquierda. A la derecha, un ánfora conserva el agua fresca con su boca tapada con una flor. Inscrita en ella está la palabra *Zeses*, un término griego adoptado sin traducir en latín y que significa 'a tú salud'. Una chaquetilla apartada y un abanico de plumas de pavo real completan la escena, insistiendo una vez más en el calor insoportable del verano.

Como ya adelantábamos en julio, agosto es el segundo de los meses que sufrió un cambio de nombre tardío haciendo desaparecer su anterior denominación: *Sextilis*. Si julio se le había dedicado a César, este mes se le ofreció al emperador Augusto en el año 8 a. C., a través de la *Lex Pacuvia de Mense Sextili*, por haber sido este un mes tremendamente propicio para el *Princeps*. Como veremos a continuación, en él culminó la conquista de Egipto en el año 30 a. C., celebró un triple triunfo que se le dedicó en el año 29 a. C. e incluso murió en este mes en el año 14, el mismo día que había recibido su primer consulado casi sesenta años atrás —19 de agosto del año 43 a. C.—. A continuación reproducimos el decreto del Senado que hizo oficial la propuesta:

Cum imperator Caesar Augustus mense Sextili et primum consulatum inierit et triumphos tres in urbem intulerit et ex Ianiculo legiones deductae secutaeque sint eius auspicia ac fidem, sed et Aegyptus hoc mense in potestatem populi Romani redacta sit, finisque hoc mense bellis civilibus inpositus sit, atque ob has causas hic mensis huic imperio felicissimus sit ac fuerit, placere Senatui ut hic mensis Augustus appelletur.

Considerando que fue en el mes de *Sextilis* cuando el emperador César Augusto dio comienzo a su primer consulado, cuando entró en Roma en triple triunfo y cuando condujo desde el Janículo las legiones que secundaron, leales, sus auspicios, pero considerando asimismo que fue en este mes cuando Egipto fue sometido al poder del pueblo romano y que en este mes se puso fin a las guerras civiles y que, por estas razones, el mes es y ha sido felicísimo para este Imperio, el Senado decreta que este mes se llame agosto [*Augustus*].

(Macrobio, *Saturnales* I, 12, 35, citando el texto original del decreto del Senado).

Existe la creencia popular de que, al cambiar el nombre, también variaron las duraciones de algunos meses: nada más lejos de la realidad. Según este mito, creado seguramente en el siglo XIII por el monje cristiano Juan de Sarcobosco, agosto tenía solo 30 días. Augusto le habría quitado uno de ellos al mes de febrero y se lo había añadido a agosto para que su mes no fuera inferior al de su padre adoptivo —julio—. Desgraciadamente, los argumentos de autoridad han hecho mucho daño a la historia; en este caso concreto, todavía se puede leer en obras actuales esta invención medieval tomada como una historia verdadera.

1 de agosto AEGYPTO CAPTA *Kalendis Augustis*

Tras ser derrotados en la batalla de Accio, Marco Antonio y la reina Cleopatra se refugiaron en Alejandría esperando el desenlace final de la guerra contra Roma. Octaviano, haciendo un magistral uso de la propaganda política, había declarado la guerra tan solo al enemigo extranjero y no a Marco Antonio, al que había ofrecido total amnistía a cambio de su arrepentimiento. En Roma se procuró realizar una campaña de desprestigio de la figura de Antonio para que todos le vieran como un personaje grotesco y borracho que se había dejado seducir por los vicios orientales en lugar de seguir el camino de la rectitud y la piedad que, por supuesto, representaba el propio Octaviano.

En estas condiciones, el Senado y el pueblo de Roma entregaron su apoyo —moral y económico— a Octaviano. Solo de esta manera la flota romana, con Marco Agripa a la cabeza, consiguió llegar a Alejandría para poner punto y final a la guerra. El día 30 de julio Antonio consiguió una pequeña victoria en una escaramuza, como narran las fuentes clásicas, tras la que lanzó unas octavillas al campamento romano «recompensando» a los soldados que se unieran a él con quinientas dracmas de plata. Octaviano, advirtiendo sobre la vergüenza de la traición a la patria, logró, una vez más, que sus soldados se mantuvieran firmes para tomar la capital egipcia al día siguiente.

Cuando Octaviano se hizo con el control de la ciudad, Cleopatra huyó al sepulcro que se había hecho construir para Antonio y para ella misma y dio orden de extender el rumor de que se había suicidado. Marco Antonio al enterarse, cegado por su amor, se lanzó contra su espada para darse muerte. La reina egipcia, arrepentida por las consecuencias de sus actos, salió de su escondite para llegar hasta donde estaba Antonio, que finalmente murió en sus brazos. Ella fue hecha prisionera por Octaviano, que no la privó de ningún lujo salvo el de permitirle darse muerte, pues no había nada mejor para él que pasear a la reina de Egipto como una prisionera de guerra por las calles de Roma.

Para desgracia de sus sueños triunfales, Octaviano subestimó a Cleopatra, que fingió alegría e incluso complicidad con él para que se confiara. Cuando se vio con la libertad de movimiento suficiente se hizo traer una cobra para que le mordiera y así poder morir dignamente. Esto sucedió el día 12 de agosto de ese mismo año.

A pesar de esta pequeña victoria de Cleopatra, que prefirió morir como una reina a vivir como una esclava, el 1 de agosto del año 30 a. C. Egipto fue conquistado por Roma y convertido así en una nueva provincia, una de las más provechosas para el futuro del Estado romano, pues desde entonces suministraría grandes cantidades de productos. El cereal fue una de las materias primas egipcias más distribuidas por todo el Imperio, lo que le valió a esta provincia el sobrenombre de «el granero de Roma».

3 de agosto	SUPPLICIA CANUM	*ante diem III Nonas Augustas*

Este ritual, cuya fecha solo está atestiguada en fuentes tardías, tenía su origen en el saqueo de Roma por parte de los galos el 20 de julio del año 390 a. C. Aquella noche, en la que los gansos de Juno *Moneta* habían avisado del peligro a los romanos refugiados en el Capitolio, los perros, por el contrario, habían permanecido dormidos. Una vez recuperada la normalidad, su actitud fue castigada duramente en un cruel ritual que se convirtió en una tradición anual que perduró hasta el Bajo Imperio. En ella se crucificaban vivos varios perros que después eran paseados en una procesión que servía para la vergüenza pública de estos animales y para la expiación de sus culpas.

5 de agosto	SALUTI IN COLLE QUIRINALE	*Nonis Augustis*

El 5 de agosto del año 302 a. C. fue dedicado en la colina del Quirinal un templo a Salus, una divinidad que personificaba la salud y el bienestar de aquellos que la veneraban. El Quirinal era un lugar especialmente propicio para su culto, pues una de sus cimas era conocida como *collis Salutaris*, 'la colina de la salud'. A partir del siglo I su culto quedó irremediablemente asociado al emperador, así como los de las diosas Fortuna o Concordia, siendo uno de sus cometidos mantener el bienestar de todos los habitantes del Imperio —*Salus Generis Humani*—.

12 de agosto	HERCULI INVICTO	*pridie Idus Augustas*

El culto a Hércules tenía su lugar principal junto al Foro Boario, en el límite del *pomerium* sagrado de la primitiva Roma. Su adoración llegó muy temprano por asimilación del dios fenicio Melkart y del griego Heracles. En la zona de este mercado de ganado había varios altares dedicados a su figura, dado que era venerado especialmente por los mercaderes y comerciantes. El más importante de todos era el *Ara Maxima*, el santuario que concentraba su culto en este día y cuyos restos se encuentran bajo la basílica de Santa María in Cosmedin. Las ceremonias incluían el sacrificio de una novilla por parte del *praetor urbanus*, realizado a la manera griega, lo que identificaba los orígenes extranjeros del culto a Hércules.

Entre las curiosidades que presenta el culto del *Ara Maxima* de Hércules, destaca la prohibición de entrada y veneración de este dios por parte de las mujeres y la exclusión total del recinto sagrado de los perros y las moscas. Los perros eran animales impuros que tenían asociados diversos episodios funestos de la historia romana, aunque no en todos los templos y santuarios estaban prohibidos, sino todo lo contrario. Muchos de ellos, incluyendo el templo de Júpiter Óptimo Máximo Capitolino, estaban protegidos por perros guardianes durante la noche. Por otra parte, las moscas en la antigüedad eran consideradas como enviadas de los dioses encargadas de libar la sangre de las víctimas sacrificadas. En este caso, se pedía a Hércules que alejara a las moscas que afectaban al ganado y por ende también de su altar. La prohibición específica de estos dos animales nos demuestra que su presencia era permitida en muchos otros ritos de la religión romana.

13 de agosto | DIANAE IN AVENTINO | *Idibus Augustis*

Diana era la diosa romana de la caza, protectora de los cazadores y a la vez de las presas cazadas. Era una divinidad itálica de culto muy antiguo que pronto fue asimilada con la Artemisa griega. Su santuario de culto principal estaba situado en la orilla del lago de Nemi —famoso por los palacios flotantes que Calígula construyó en él—, pero en el día de hoy se celebraba su fiesta en el templo que tenía en Roma, concretamente sobre el monte Aventino. Más allá de su espíritu salvaje y campestre, en la ciudad era venerada principalmente por las mujeres, las clases bajas de la sociedad y especialmente por los esclavos. Estos últimos celebraban una de sus fiestas más esperadas en este día, pues sus amos estaban obligados a dejarles libertad para venerar a Diana. Las mujeres, por su parte, tenían la costumbre de lavarse la cabeza de forma especial, sin que podamos saber exactamente el porqué.

A pesar de que el culto principal que se celebraba el 13 de agosto era el de Diana, coincidía con algunos otros como el de Vertumno —dios romano de los cambios—, Fortuna *Equestre* —cuyo culto no sobrevivió durante el Imperio—, los Dioscuros —en su templo junto al Circo Flaminio— y algunos otros. No debemos olvidar que las *idus* de cada mes eran, por encima de todo, días consagrados a Júpiter y por ello perfectos para realizar todo tipo de actividades relacionadas con la veneración a los dioses.

13, 14 y 15 de agosto	AUGUSTUS TRIUMPHAVIT	*Idibus Augustis ante diem XIX Kalendas Septembres ante diem XVIII Kalendas Septembres*

En el año 29 a. C., tras la conquista de Egipto por parte de Octaviano, el Senado comenzó a dedicarle diversos honores para agradecerle su incondicional entrega ante los problemas de Roma. El joven heredero de César ya era oficialmente el salvador de la República con quien los tiempos de inseguridad llegarían a su fin.

Entre los días 13, 14 y 15 de agosto de ese mismo año, Roma celebró por todo lo alto tres triunfos en honor de las victorias militares de Octaviano. El primero de ellos estuvo dedicado a las de Dalmacia, el segundo a la batalla naval de Accio y el tercero a la conquista de Egipto. Este último fue especialmente majestuoso y en él se gastó una enorme cantidad de dinero, cubierta con creces gracias al botín de guerra que se trajo en barcos desde Alejandría. En la procesión triunfal desfilaron numerosos prisioneros de guerra, entre ellos los hijos de Antonio y Cleopatra e incluso una figura de la reina egipcia recostada sobre un lecho que permitía que ella, enterrada en realidad en Alejandría, estuviera presente en el triunfo. La comitiva la cerraba el propio Octaviano triunfante, seguido de los magistrados y senadores que le habían otorgado tales honores.

17 de agosto	PORTUNALIA	*ante diem XVI Kalendas Septembres*

Portuno era una antigua divinidad, cuya dedicación era custodiar las puertas —*portae*—, de donde procedería su nombre. Su templo, perfectamente conservado gracias a su transformación en iglesia en el siglo IX, se encuentra en el Foro Boario. Parece posible asociarle con el dios Jano, quien también tenía poder sobre las puertas y los umbrales. No parece casualidad que su templo fuera dedicado en el Foro Holitorio durante las *portunalia* en el año 260 a. C.

En algún momento que no podemos precisar, tal vez a finales de la República, Portuno y su fiesta cambiaron de sentido, pues este dios pasó a ser el protector de los puertos —*portus*—. Jano, por su parte, fue separado de esta fiesta cuando se restauró su templo, inaugurado por el emperador Tiberio el 18 de octubre del año 17, pasando a ser esta la nueva fecha de su *dies natalis.*

18 de agosto	DIVO IULIO	*ante diem XV Kalendas Septembres*

No hay duda de que el mes de agosto fue para Augusto uno de los más destacados del año, especialmente en el 29 a. C. Tan solo tres días después de haber celebrado tres triunfos consecutivos otorgados por el Senado, dedicó el recién completado templo del *Divus Iulius* —'el divino Julio'— en un lugar destacado del Foro Romano. El templo, decorado en lo más alto con el *sidus iulium*, había sido construido justo sobre el lugar en el que fue cremado el cadáver de César en el año 44 a. C.

Para equipararlo a los dioses más destacados de la religión romana, en velado beneficio del propio Augusto, se incorporó un nuevo sumo sacerdote para su culto, el *Flamen Iuliaris,* que compartía la misma posición principal que los *flamines Dialis*, *Martialis* y *Quirinalis*. Durante varios días se realizaron en honor de César espectáculos que incluyeron combates de gladiadores exóticos, llegados de más allá del Rin, cacerías de animales nunca antes vistos en Roma, como rinocerontes e hipopótamos, y banquetes ofrecidos al pueblo por los senadores.

19 de agosto	VINALIA RUSTICA	*ante diem XIV Kalendas Septembres*

Esta era la segunda vez en el año que se celebraba la fiesta de las *vinalia*. La primera de ellas, que tuvo lugar el 23 de abril, estaba dedicada al vino ya maduro de la nueva cosecha, que solo a partir de ese día podía venderse en la ciudad. Las *vinalia* de agosto, llamadas *rustica* por ser más celebradas entre los campesinos que en la ciudad, se centraban en la protección de las uvas que crecían a buen ritmo en las viñas.

Las plegarias que en este día se realizaban ante Júpiter iban dirigidas a conseguir su favor para que ningún fenómeno natural o divino, especialmente las tormentas del final del verano —principios del otoño para los romanos—, afectaran a la vendimia que se realizaba en septiembre. Para ello, el *Flamen Dialis* sacrificaba un cordero y arrancaba unas pocas uvas, todavía sin madurar, de una viña, para ofrecerlas a las llamas junto con las entrañas de la víctima.

21 de agosto	CONSUALIA	*ante diem XII Kalendas Septembres*

Nos encontramos ante la primera de las dos fiestas dedicadas a Conso, un dios antiquísimo cuyo nombre proviene de *condere* —'conservar'—, pues era el dios protector de las cosechas y de los silos, pozos excavados para almacenar el grano. Acabada la cosecha era el momento de recoger sus frutos y almacenarlos. El *Flamen Quirinalis* y las vírgenes vestales le hacían ofrendas para que no permitiera que el grano se pudriera mientras estaba almacenado. Su altar se encontraba enterrado junto a una de las *metae*, los extremos de la estructura central que dividía longitudinalmente la arena del Circo Máximo. Durante sus dos fiestas —la segunda celebrada el 15 de diciembre—, el altar de Conso era desenterrado y se le ofrecían unos granos de la cosecha antes de ser enterrado de nuevo. Esta curiosa forma de culto parece tener que ver con su protección de los almacenes subterráneos y quizá incluso con la forma en la que se depositan las semillas enterradas en el campo para que crezcan.

Durante el periodo de los reyes etruscos se añadieron carreras de caballos y carros a la festividad. Por ello, más adelante también se relacionó a Conso con Poseidón, dios griego protector de los caballos. Paulatinamente se añadieron nuevos matices a las celebraciones que no tenían nada que ver con su sentido original, como el de dar descanso a los caballos y los burros y adornarlos con coronas de flores.

La leyenda cuenta también que Conso fue consejero del rey Rómulo y le ayudó a tomar importantes decisiones. Los propios romanos hacían derivar también su nombre de *consilium* —'consejo'—, convirtiéndolo así en la divinidad protectora de las decisiones importantes y los planes secretos. Uno de estos planes fue el que Conso le sugirió al rey para paliar la falta de mujeres en una Roma fundada tan solo cuatro años atrás. Así cuenta Dionisio de Halicarnaso el origen del plan que dio lugar al mito del rapto de las sabinas (*Antigüedades romanas* II, 31, 3). Los romanos invitaron, como era costumbre, a otros pueblos cercanos, entre los que estaban los sabinos, a la fiesta de las *consualia*. Antes de que acabaran las celebraciones, y a la señal del rey, cada romano raptó a una mujer sabina para convertirla en su esposa. Años después los sabinos volverían a Roma buscando venganza, pero esa parte de la narración no pertenece a las *consualia* sino a las *matronalia* del día 1 de marzo.

23 de agosto	VOLCANALIA	*ante diem X Kalendas Septembres*

Vulcano, *Volcanus* en latín, era un antiquísimo dios romano del fuego a quien todos temían y rogaban por igual. Era capaz tanto de provocar fuegos como de sofocarlos, siempre con una fuerza incontrolable. Su templo debía situarse fuera de la ciudad, para prevenir posibles desastres. A pesar de ello, su principal altar y también el más antiguo, donde el *Flamen Volcanalis* realizaba sacrificios, se encontraba en el corazón de Roma. El *Volcanal*, como se conocía este antiguo altar, se encontraba junto al *Comitium* y la Curia, en el Foro Romano.

En este espacio, uno de los más antiguos lugares de culto de toda la ciudad, los ciudadanos ofrecían objetos que habían sido alcanzados por rayos y animales vivos que lanzaban a las llamas como ofrenda en sustitución de sus propias almas. Una de las víctimas más comunes que ofrecer a Vulcano eran los peces, pues pertenecían al único lugar al que este dios no podía llegar: el agua.

Gracias a su asimilación con el dios griego Hefesto también se le relacionó con la metalurgia, siendo el patrón de herreros, armeros, fabricantes de moneda y muchos otros oficios relacionados con el trabajo del metal. Como protector ante los incendios se le aplicaba el epíteto *quietus*, implorando su calma y misericordia. Los incendios eran uno de los mayores problemas, junto con las inundaciones, de la ciudad de Roma. No todos los edificios romanos estaban construidos en piedra; teatros, anfiteatros e incluso templos estuvieron en algún momento construidos con madera. Paulatinamente la ciudad fue monumentalizándose a lo largo del periodo republicano y la llegada del Imperio supuso un gran auge en esta tendencia. A pesar de que los grandes monumentos y las zonas más ricas de la ciudad pasaron a construirse de forma más segura, gran parte de los edificios de viviendas de la gente corriente estaban construidos con materiales altamente inflamables.

El caso más evidente es el de las *insulae*, bloques de pisos de tres o incluso más alturas cuya base estaba hecha de piedra y ladrillo pero en los que los pisos superiores eran casi por completo de madera para aligerar las cargas. La gente más pobre de esta gran ciudad del mundo antiguo, que llegó a tener más de un millón de habitantes en su periodo de mayor esplendor, era también la que más sufría las consecuencias de los incendios. Una sola chispa podía hacer desaparecer un vecindario entero.

Augusto fue el primero que, para tratar de paliar esta situación, creó en el año 6 un cuerpo militar de bomberos: las *cohortes vigilum*. Estos bomberos —*vigiles*—, distribuidos en siete grupos de quinientos, hacían un total de 3500 hombres dedicados día y noche a la protección de la ciudad. Su principal cometido era patrullar y prevenir posibles incendios, aunque también funcionaban como un cuerpo de policía ante posibles desmanes que pudieran suceder en las calles. A pesar de la existencia de este cuerpo, que se mantuvo en activo durante más de tres siglos, solo en el reinado de Augusto hubo varios grandes fuegos por toda la ciudad. No podemos olvidar también incendios devastadores como el que asoló Roma durante el reinado de Nerón —sobre el que hoy sabemos que el emperador, a pesar de su mala fama, no tuvo nada que ver— u otros, como el que afectó a buena parte del centro monumental en el año 283.

24 de agosto — MUNDUS PATET — *ante diem IX Kalendas Septembres*

Esta jornada estaba reservada a una festividad sobre la que tenemos pocas certezas y que se repetía dos veces más a lo largo del año: el 5 de octubre y el 8 de noviembre. Se trataba de tres días en los que el *mundus*, un pozo ritual situado en el Foro Romano, se abría al retirar la piedra que lo mantenía clausurado durante el resto del año. Actualmente parece identificarse este pozo ritual con el llamado *umbilicus urbis*, el punto central de la ciudad de Roma y por tanto de todo el mundo romano.

A pesar de que la tradición podría tener orígenes agrícolas y el *mundus* podría ser un silo subterráneo en el que almacenar el cereal, pronto se lo relacionó con Dis Pater y Proserpina, los dioses de los muertos. En los tres días que el *mundus* permanecía abierto, se decía que los espíritus podían salir a través de él puesto que estaba conectado directamente con el inframundo. A pesar de que los orígenes de esta festividad no son demasiado claros y no parecen tener que ver con los muertos, el resultado de su evolución la llevó a convertirse en una celebración lúgubre y poco o nada propicia para realizar cualquier actividad.

24 de agosto	POMPEII	*ante diem IX Kalendas Septembres*

Nonum Kal. Septembres hora fere septima mater mea indicat ei apparere nubem inusitata et magnitudine et specie. [...] Nubes —incertum procul intuentibus ex quo monte; Vesuvium fuisse postea cognitum est— oriebatur, cuius similitudinem et formam non alia magis arbor quam pinus expresserit.

El 24 de agosto, como a la séptima hora, mi madre indica que ha aparecido en el cielo una nube de tamaño y aspecto inusitados. [...] Se alzaba una nube —siendo incierto para los que la miraban desde lejos de qué monte; luego se supo que había sido el Vesubio— cuyo aspecto y forma recordaba a un pino más que a ningún otro árbol.

(Plinio el Joven, *Cartas* VI, 16, 4-5).

Así fue como Plinio el Joven, que vivía junto con su tío Cayo Plinio Segundo —apodado el Viejo— y con su madre en la bahía de Miseno, describió su experiencia directa de lo que fue la erupción del monte Vesubio en el año 79. Él fue el único testigo ocular de la catástrofe del que nos ha llegado noticia. Dos cartas fueron las que envió muchos años después a su amigo el historiador Tácito narrando el suceso, para que este pudiera incluirlo en sus escritos. Su testimonio está más centrado en la figura y muerte de su tío Plinio, almirante de la flota de Miseno, que en el propio desastre en sí mismo. A pesar de ello, su descripción nos da algunos detalles importantes sobre una erupción tan devastadora e insólita que hasta el siglo XX nadie pensaba que hubiera sucedido realmente. Actualmente las erupciones explosivas más potentes, como la que sepultó las ciudades de la bahía de Nápoles, reciben el nombre de «plinianas» en su honor, por ser el primero en describirlas, y en el de su tío, como gran naturalista que era.

Según el testimonio de Plinio, la tragedia comenzó el 24 de agosto —aunque hoy sabemos que esa fecha no es correcta (más información: ▶ 24 de octubre, pág. 284)— hacia la *hora septima*, aproximadamente la una de la tarde. Ese mismo día y los anteriores se habían dejado sentir varios temblores de tierra que avisaban de la catástrofe a los habitantes de la zona, aunque, como cuenta el propio Plinio, nadie se había alterado porque estaban acostumbrados a ese tipo de fenómenos. Sin previo aviso, una nube de humo, ceniza y escombros volcánicos se elevó en el cielo con una fuerza y un estruendo inconcebibles, alcanzando rápidamente más de quince kilómetros de altura.

Los habitantes de las ciudades colindantes, Herculano, Pompeya y Estabia, no sabían muy bien lo que acababa de suceder; no tenían conciencia de lo que era un volcán pues nunca habían visto uno. En un primer momento, más extrañados y sorprendidos que asustados, muchos ciudadanos pensaron que se trataba de algún castigo de los dioses o incluso de gigantes que emergían de las profundidades de la montaña. A los pocos minutos, una lluvia de ceniza y ligera piedra pómez comenzó a caer sobre toda la región mientras la nube que emergía del volcán se iba haciendo cada vez más grande y dispersa.

Fueron los pompeyanos los que se llevaron la peor parte en el comienzo del desastre por la acción del viento, que arrastraba hacia allí todo lo que era expulsado por el Vesubio. A las pocas horas, la nube de ceniza se había hecho tan grande y extensa que había ocultado por completo el sol, sumiendo a la ciudad de Pompeya en un completo caos nocturno.

> *Audires ululatus feminarum, infantum quiritatus, clamores virorum; alii parentes alii liberos alii coniuges vocibus requirebant, vocibus noscitabant; hi suum casum, illi suorum miserabantur; erant qui metu mortis mortem precarentur; multi ad deos manus tollere, plures nusquam iam deos ullos aeternamque illam et novissimam noctem mundo interpretabantur.*
>
> Oías los lamentos de las mujeres, los llantos de los niños, los gritos de los hombres; unos llamaban a gritos a sus padres, otros a sus hijos, otros a sus mujeres, y por sus voces los reconocían; estos se lamentaban de su suerte, aquellos de la de sus parientes; había incluso algunos que por temor a la muerte pedían la muerte; muchos levantaban las manos hacia los dioses, la mayoría creía que ya no había dioses ningunos y que aquella era la noche eterna y última para el mundo.
>
> (Plinio el Joven, *Cartas* VI, 20, 14-15).

Muchos de sus habitantes huían hacia la Puerta Estabiana y la Marina, colapsándolas al poco tiempo, mientras las calles ya estaban cubiertas por casi un metro de piedras escupidas por el volcán. Algunos ciudadanos en cambio, por avaricia, ansias de latrocinio o simplemente por fe divina y miedo, habían optado por quedarse en la ciudad, esperando que aquel terrible acontecimiento terminara. Familias enteras se habían refugiado en el interior de sus casas junto con sus esclavos y sus posesiones más preciadas, creyendo estar seguros mientras rezaban a los dioses para sobrevivir a aquel extraño y aciago día; ninguno de ellos conseguiría llegar al amanecer.

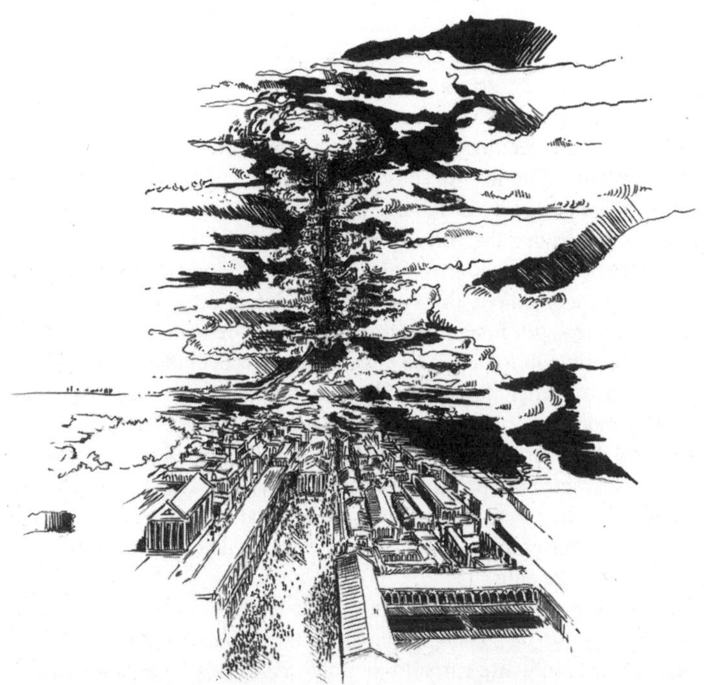

La erupción del Vesubio dejó a los pompeyanos atrapados en el tiempo. La ciudad entera, así como otras cercanas, quedaron enterradas bajo toneladas de escombros volcánicos.

Llegada la noche, Pompeya, que el día de antes presentaba ya un aspecto decadente por encontrarse muchos espacios y casas en restauración o abandonadas a causa del gran terremoto que afectó enormemente a la ciudad años atrás, agonizaba entre el fuego y la incesante lluvia de piedras que, acumulándose en los tejados, habían hecho derrumbarse muchos de ellos. Pero el Vesubio todavía les tenía reservada una última y mortal sorpresa que llegaría justo antes del amanecer.

Entre tanto, el almirante Plinio había dejado su fascinación naturalista a un lado, dando paso al militar que era, para dirigir la flota hacia la costa afectada y así tratar de rescatar a la mayor cantidad de personas posible, que ya se amontonaban en las playas pidiendo auxilio. Las condiciones del mar hacían imposible llegar hasta la cercana ciudad de Herculano sin correr el riesgo de naufragar, por lo que tuvo que cambiar sus planes y tomar rumbo hacia Estabia, al lado opuesto de la bahía. Allí esperó en casa de su amigo Pomponiano, pensando cómo podría paliarse aquella catástrofe.

Los herculanenses vieron con horror cómo la flota de rescate se alejaba y muchos decidieron que la mejor solución sería pasar la noche resguardados bajo las bóvedas del puerto de la pequeña ciudad, que hasta entonces parecía haberse librado de lo peor gracias al viento que arrastraba la nube volcánica hacia el sur. De madrugada un enorme estruendo los despertó, pero ninguno de ellos pudo reaccionar a tiempo. Una oleada de flujo piroclástico descendía a más de doscientos kilómetros por hora y a quinientos grados de temperatura desde el Vesubio, calcinando de forma instantánea toda la ciudad y a los que en ella se encontraban. Sus tejidos blandos hirvieron, sus cerebros explotaron y muchos ni siquiera tuvieron tiempo de darse cuenta de que los dioses del inframundo los estaban llamando. Herculano quedó enterrada a 26 metros de profundidad en una gran masa de escombros volcánicos que hizo retroceder la línea de la costa más de tres kilómetros. Nadie volvería a saber nada más de la ciudad o de sus habitantes en los siguientes 1700 años.

Los pompeyanos que se habían quedado en la ciudad, más de 2000 de entre los más de 15.000 habitantes de Pompeya, luchaban ya por respirar en un ambiente cargado de polvo volcánico y gases venenosos arrastrados por el viento. La muerte de muchos de ellos fue desgarradoramente dolorosa. Al inspirar, los gases que entraban en los pulmones se convertían en un líquido mortal que con una segunda inspiración se solidificaba, haciendo que cada una de las personas que todavía respiraba en la ciudad muriera ahogada. Sus cuerpos quedarían preservados para siempre entre las capas de escombros y ceniza de la ciudad.

Al amanecer, cualquier rastro de vida en la bahía había desaparecido. Tres oleadas más de flujo piroclástico arrasaron todo lo que estaba a su alcance, matando a muchos de los que seguían recorriendo a oscuras los caminos tratando de llegar a un lugar seguro. La destrucción llegó incluso hasta la ciudad de Estabia, donde se encontraba el almirante Plinio, a más de 15 kilómetros del volcán que había cambiado para siempre la vida a su alrededor. Plinio, siempre aquejado de problemas respiratorios, se desplomó en la playa antes de poder salir de allí, muriendo irremediablemente poco después, pero con la satisfacción de haber podido asistir a uno de los fenómenos naturales más sobrecogedores del mundo antiguo. Su cuerpo fue hallado al día siguiente y su historia inmortalizada por su sobrino, haciendo que su memoria viva para siempre, tanto en sus obras como en las que otros escribieron sobre él.

Cuando Roma tuvo conocimiento de la tragedia, el emperador Tito ordenó enviar una misión de rescate a la bahía de Nápoles, pero cuando llegaron la destrucción era tal que solo pudieron rescatar algunas estatuas del Foro de Pompeya, la zona que había quedado menos enterrada por encontrarse al sur de la ciudad. Nadie volvió a habitar nunca aquellos lugares, ya malditos durante toda la antigüedad.

25 de agosto	OPICONSIVIA	*ante diem VIII Kalendas Septembres*

La fiesta de la diosa Ops Consivia estaba relacionada con el culto a la tierra y a la fertilidad de los campos, pues su nombre simbolizaba abundancia. Poco se sabe de las ceremonias que se realizaban para contentarla, pero eran las vírgenes vestales, hijas de la tierra, las que realizaban las ofrendas. En el interior de la Regia del Foro existía un pequeño altar —el *sacrarium opis*— al que solo las vestales y los sacerdotes podían entrar para realizar sus plegarias.

27 de agosto	VOLTURNALIA	*ante diem VI Kalendas Septembres*

Volturno era uno de los nombres que tomaba Euro, el viento del sudeste, que si soplaba con fuerza podía dañar las viñas y sus uvas que todavía no estaban maduras para ser recogidas. Al ser un dios antiguo e importante para los primeros romanos, contaba con su propio *flamen* —el *Volturnalis*— y se le pedía calma en estas fechas, permitiendo así que la vendimia fuera buena.

28 de agosto	CURIA IULIA DEDICATA EST	*ante diem V Kalendas Septembres*

El 28 de agosto del año 29 a. C., solo unos días después de haber recibido sus tres triunfos y de haber dedicado el templo al divino Julio, Octaviano se dispuso a completar el mejor mes de su vida inaugurando la nueva curia, lugar de reunión del Senado romano. La celebración seguramente se pospuso unos días por culpa de una enfermedad que había tenido indispuesto al futuro *Princeps.* De él siempre se dijo que tenía una débil salud de hierro. Fue un hombre enfermizo durante toda su vida, estando a punto de morir en varias ocasiones, pero al final consiguió sobrevivir tantos años que, para muchos romanos, fue un símbolo inequívoco de que era el elegido de los dioses.

La Curia Julia, cuya construcción comenzó César poco antes de su asesinato, sustituyó a la antigua Curia Hostilia, atribuida según la tradición al rey Tulo Hostilio, que había ardido en un incendio provocado en el año 52 a. C. César aprovechó la ocasión para reestructurar la zona y así construir la nueva Curia de tal forma que estuviera conectada en su parte trasera con su propio Foro. Su muerte le impidió ver la culminación del proyecto.

Las obras se habían alargado más de lo esperado, pero por fin el Senado volvía a su lugar acostumbrado en el que realizar sus sesiones y todo se lo debían a Octaviano. Sumando esta al resto de las muestras de poder y piedad de Octaviano para con Roma, podemos comprender con cierta claridad el porqué de todos los honores que le serían concedidos menos de dos años después —en enero del año 27 a. C.—, cuando el Senado le otorgó el título de *Augustus.*

Para dar por inaugurada la nueva Curia se había ordenado traer en procesión desde Tarento una gran estatua de bronce dorado con las alas desplegadas que representaba a la Victoria para ser colocada en el interior del edificio. La figura parecía volar sobre un orbe y estaba rodeada por los *spolia opima* —'trofeos de guerra'— de la conquista de Egipto. La simbología era extraordinariamente poderosa, pues todo el conjunto que presidía la Curia simbolizaba la victoria universal que Octaviano había conseguido para Roma.

La Victoria de Tarento se mantuvo intacta a pesar de los incendios que afectaron al edificio en varias ocasiones, que llegó incluso a quedar prácticamente en ruinas tras el gran incendio del año 283, bajo el reinado del emperador Carino. Fue Diocleciano quien en el año 303 la reconstruyó siguiendo la estructura original. A lo largo del siglo IV, una serie de disputas entre senadores cristianos y paganos hicieron que la estatua y su altar fueran retirados y recolocados en varias ocasiones en su posición original. Los cristianos finalmente cedieron en sus peticiones, manteniendo la estatua como una reliquia del pasado pero eliminando todo culto o veneración hacia ella. A partir del siglo V la estatua desapareció, seguramente en alguno de los saqueos bárbaros que se sucedieron en la ciudad o a manos de los propios ciudadanos, que acaso la fundieron para recuperar el bronce del que estaba hecha.

En el año 630 la estructura de la Curia fue aprovechada para construir la iglesia de Sant'Adriano al Foro. A pesar de sus numerosas transformaciones, y del expolio de otros elementos como sus pesadas puertas de bronce, trasladadas a la basílica de San Juan de Letrán en 1660, el esqueleto de ladrillo del edificio, anteriormente recubierto de rico mármol, se conservó hasta que en los años treinta los arqueólogos del régimen fascista de Mussolini decidieron «restaurar su gloria». Despojaron a la estructura de toda su historia posterior para dejar a la vista los restos de la Curia del siglo IV. Su estado actual es fruto de aquellas intervenciones que, si bien dejaron al descubierto la estructura romana completa, destruyeron toda su historia posterior, que hasta entonces había formado un palimpsesto constructivo que ya nunca podremos recuperar.

SEPTIEMBRE — *SEPTEMBER*

Tempora maturis September vincta racemis
velate e numero nosceris ipse tuo.

Cubran velos, septiembre, tus sienes coronadas
de maduros racimos: sin más por el número se te conoce.

MENSIS SEPTEMBER DIES XXX

1	D	K·SEP·F			IOVI·TONANTI IN·CAPITOLIO
2	E	IIII	NP		IMP·CAESAR VICIT·ACTIVM
3	F	III	NP		
4	G	PR	C		LVDI·ROMANI
5	H	NON·F			LVDI
6	A	VIII	F	LVDI	
7	B	VII	C	LVDI	
8	C	VI	C	LVDI	
9	D	V	C	LVDI	
10	E	IIII	C	LVDI	
11	F	III	C	LVDI	
12	G	PR	N	LVDI	
13	H	EID·NP			IOVI·EPVLVM
14	A	XIIX	F	EQVORVM·PROBATIO	
15	B	XVII	N	LVDI·IN·CIRC	
16	C	XVI	C	LVDI·IN·CIRC	
17	D	XV	NP	LVDI·IN·CIRC	DIVO·AVGVSTO HONORES·CAELESTES
18	E	XIIII	C	LVDI·IN·CIRC	
19	F	XIII	C	LVDI·IN·CIRC	
20	G	XII	C	MERK	
21	H	XI	C	MERK	
22	A	X	C	MERK	
23	B	VIIII	F	MERK	NATALIS·AVGVSTI
24	C	VIII	C		
25	D	VII	C		
26	E	VI	C		VENERI·GENETRICI IN·FORO·CAESARIS
27	F	V	C		
28	G	IIII	C		
29	H	III	F		
30	A	PR	C		

XXX

Incipit mensis September

El comienzo del mes de septiembre suponía el descanso en el trabajo de los campos. Terminada la cosecha, y antes de comenzar la vendimia hacia el final del mes, los agricultores tan solo araban la tierra o preparaban los grandes recipientes —*dolia*— en los que la uva prensada fermentaría hasta convertirse en vino. Baco, dios del vino, tenía una gran importancia para ellos, así como Vulcano, a quien se otorgaba la protección de todo este mes. En la ilustración que acompaña a septiembre podemos ver un hombre con un manto que representa al otoño, rodeado de símbolos que indican el siguiente paso crucial del año agrícola. Los grandes recipientes semienterrados a sus pies para almacenar la uva, la rama de viña o los higos nos muestran la llegada de la vendimia. Lo hace incluso el pequeño lagarto que cuelga de una cuerda desde su mano derecha, pues su presencia en las viñas era considerada perniciosa, siendo muy común capturarlos y sacrificarlos para que no afectaran a los cultivos —tanto física como mágicamente—.

Mientras esto sucedía en el campo, en la ciudad el mes entero estaba consagrado a Júpiter, a quien se dedicaban los *ludi romani*, los juegos más importantes de todo el calendario romano. Septiembre era un mes de pocas fiestas, ninguna de ellas marcada en grandes letras en los *fasti* como hemos visto en otros meses. Los *ludi*, que ocupaban más de la mitad del mes, llegaban en el momento perfecto para ser disfrutados por los romanos: después del caluroso verano y antes de la llegada del invierno.

Durante el reinado del emperador Tiberio, entre los muchos honores que el Senado le ofreció —y que en su mayoría declinó por humildad o miedo a no estar a la altura de Augusto— estuvo el de cambiar el nombre de este mes. Siguiendo la tendencia de julio y agosto, se propuso que el mes de septiembre fuera conocido como *Tiberius* pero, como decíamos, el emperador rechazó tal honor.

1 de septiembre	IOVI TONANTI	*Kalendis Septembribus*

En el año 22 a. C. el emperador Augusto dedicó en el Capitolio un templo a Júpiter *Tonans* —'el tronador'— en agradecimiento por haber escapado de la muerte unos años antes. Durante una expedición nocturna en Hispania, hasta donde se había desplazado el propio Augusto a causa de las guerras cántabras, un rayo pasó rozando la litera que le transportaba, matando al esclavo que le precedía. Este impactante suceso le llevó a prometer la construcción de un templo a Júpiter por haber salvado su vida, cosa que hizo de buen grado para obtener la satisfacción del rey de los dioses.

2 de septiembre	FESTUM VICTORIAE BELLO ACTIACO	*ante diem IV Nonas Septembres*

En el año 32 a. C., una vez terminado el pacto del segundo triunvirato, la animadversión que sentían mutuamente Octaviano y Antonio comenzó a desatarse públicamente. Mientras Antonio reprochaba a Octaviano haberse apropiado del poder y los territorios de Lépido —el tercer magistrado al cargo del triunvirato—, Octaviano acusaba al primero de haber abandonado Roma por los placeres orientales de la reina Cleopatra.

El Senado y el pueblo se encontraban divididos entre los partidarios de Antonio, muchos de ellos sobornados, y los de Octaviano, que en muchos casos le seguían por no atreverse a contradecir su palabra. En esta situación, algunos de los que habían sido partidarios de Antonio cambiaron de bando para buscar recompensas y le contaron a Octaviano algunas de las cosas que su antiguo patrón había dispuesto. Así, el futuro Augusto irrumpió ilegalmente en el templo de Vesta y leyó el testamento de Marco Antonio, conservado allí como marcaba la costumbre. A pesar de este impuro acto, nadie se atrevió a recriminárselo a tenor de lo que Octaviano contó sobre lo que estaba escrito en aquel testamento. Primero ante el Senado, y después frente a la asamblea de ciudadanos, Octaviano reveló las disposiciones de su enemigo Antonio para conceder poderes desmesurados a los hijos habidos de su relación con Cleopatra, e incluso sus planes de ser enterrado con ella en Alejandría y no en Roma.

Ya fueran auténticos o no, estos y otros rumores sobre la posibilidad de que Cleopatra se adueñara de Roma y convirtiera Alejandría en la capital de la República hicieron prosperar las intenciones de Octaviano. Él por su parte se cuidó de no criticar a Antonio más de lo necesario e incluso llegó a ofrecerle total amnistía si se arrepentía de sus intenciones. Ante su negativa, Roma declaró la guerra a Cleopatra para no hacer de este un nuevo enfrentamiento entre romanos. La guerra contra el enemigo extranjero estaba dispuesta.

A pesar de toda la propaganda envenenada que lanzó contra los dos amantes egipcios, a Octaviano le supuso toda una odisea conseguir los recursos necesarios para la guerra. Se vio obligado a confiscar dinero y propiedades y a punto estuvo de sufrir una sublevación. Numerosos prodigios que pronosticaban desastres se sucedieron en Roma: varias estatuas cayeron solas de sus pedestales, una gran tormenta causó destrozos por toda la ciudad e incluso el *pons Sublicius*, el puente Sublicio, el más antiguo que cruzaba las aguas del río Tíber, fue consumido por las llamas.

Finalmente se consiguió armar una flota con la que Octaviano navegó hasta Grecia, concretamente hasta el golfo de Ambracia, quedando acampadas sus tropas junto al promontorio de Accio. Tras un largo tiempo de escaramuzas y pequeños ataques que propiciaban las tropas de Antonio esperando a que llegara la flota egipcia, se desató el enfrentamiento final, pero no en tierra como había propuesto Octaviano, sino en el mar.

El combate de Accio tuvo lugar el día 2 de septiembre del año 31 a. C. Las naves de Octaviano, comandadas por el diestro general Marco Agripa, que suplía con creces las carencias del propio Octaviano como militar, eran menos numerosas y pequeñas pero también más rápidas que los pesados barcos de Antonio. Dion Casio en su descripción del combate las comparaba con una caballería ligera y de ataques rápidos contra un sólido bloque de infantería que resistía los golpes del enemigo.

En esta situación de igualdad, que se mantuvo sostenida durante largo rato, Cleopatra decidió marcharse de aquel lugar, dando la orden a sus barcos de hacer lo mismo. Antonio y sus hombres, como vieran aquella desbandada, pensando que la reina egipcia daba por perdida la batalla, también se batieron en retirada. A la orden de Agripa, las tropas fieles a Roma aprovecharon el desconcierto del enemigo para masacrarlo, llegando a incendiar los barcos para forzar su rendición.

Mientras Cleopatra y Antonio iban camino de su refugio seguro en Egipto, una buena parte de las tropas romanas de Antonio cambiaron de bando para salvar la vida y todos los tesoros que llevaban en sus barcos fueron rescatados de las naves antes de que las llamas los consumieran. Este gran botín de guerra, que fue repartido entre los soldados y todos aquellos ciudadanos a los que Octaviano había expropiado bienes, consiguió que una sola batalla supusiera prácticamente la derrota de Antonio.

Como agradecimiento se fundó allí mismo la ciudad de Nikopolis —'ciudad de la victoria'— y se instituyeron los juegos actiacos, celebrados con gran festejo cada cuatro años en la ciudad. El desenlace de la guerra no se hizo esperar: menos de un año después —el 1 de agosto del año 30 a. C., como tuvimos ocasión de comprobar— Alejandría caía en poder de Roma.

4-19 de septiembre	LUDI ROMANI	*pridie Nonas Septembres ante diem XIII Kalendas Octobres*

Los *ludi romani* eran los juegos más famosos y majestuosos —por lo que también eran conocidos como *magni*— del mundo romano. Fueron celebrados por primera vez para conmemorar la dedicación del gran templo de Júpiter Óptimo Máximo Capitolino en las *idus* de septiembre del año 509 a. C. Durante sus primeros años de existencia se volvieron a celebrar, solo de forma votiva, para conmemorar procesiones triunfales o momentos destacados para los romanos.

Sabemos con seguridad que a partir del año 366 a. C. los *ludi romani* se habían convertido en una tradición anual. Aunque los juegos habían comenzado alrededor del día 13 de septiembre, paulatinamente ganaron importancia añadiendo cada vez más días de espectáculos. Hacia el final de la República fueron ampliados de diez a quince días y tras la muerte de César se le añadió uno más en su honor. Los *ludi romani* abarcaron durante el Imperio más de la mitad del mes, entre el 4 y el 19 de septiembre.

Los primeros días estaban dedicados especialmente a los *ludi scaenici* o representaciones teatrales, que aparecieron en Roma hacia el siglo IV a. C.

Eran celebrados en teatros temporales construidos con madera o aprovechando espacios en pendiente, como las escaleras de acceso a los templos. Roma no contó con su primer teatro de piedra hasta el año 55 a. C., y aun entonces el general Pompeyo se cuidó de crear una escenografía que podía interpretarse como la escalinata de acceso a un templo que había dedicado a Venus en lo más alto de las gradas. Así nadie podría acusarle de dedicar un espacio tan majestuoso al ocio humano y no a los dioses.

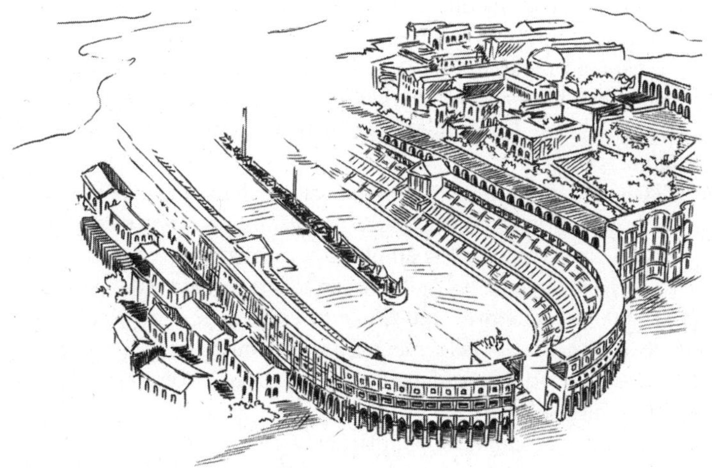

Restitución ideal del Circo Máximo de Roma,
uno de los edificios más importantes del mundo romano.

Pasados los diez primeros días de los *ludi* llegaba el momento de honrar a Júpiter durante las *idus* (▶ pág. 271). Finalizados estos ritos religiosos comenzaba la última parte de los juegos, sin duda la más importante y esperada por todos los romanos: los *ludi circenses*. Las ceremonias comenzaban con una procesión ritual —*pompa circensis*— que iba encabezada por los hijos de los magistrados romanos como representantes del futuro de Roma. En esta marcha, que iba desde el templo de Júpiter en el Capitolio hasta el Circo Máximo recorriendo el Foro por la Vía Sacra, les seguían los aurigas con sus caballos, los atletas y otros participantes en los espectáculos. Tras ellos, animando la comitiva, llegaban bailarines y músicos tocando flautas y cítaras así como hombres que quemaban incienso y otros que portaban recipientes de oro y plata. El público estallaba en aplausos esperando ver tras ellos las estatuas de culto de muchos dioses transportadas en andas, comenzando por la Victoria, seguida de todos los dioses celestiales y otros tantos como Ops, las musas, Hércules o los Dioscuros. Finalmente cerraban la comitiva los bueyes de sacrificio, los sacerdotes y los magistrados de Roma.

Terminada la procesión, y antes de comenzar los espectáculos deportivos, los sacerdotes se lavaban las manos y purificaban los bueyes con agua y *mola salsa*. Después de pronunciar algunas oraciones ordenaban a sus ayudantes que sacrificaran a los animales. El ritual consistía en golpearlos con un mazo para que cayeran al suelo, donde se habían preparado los cuchillos sacrificiales sobre los que se desplomaban los animales muriendo desangrados. Una vez ofrecida su carne al fuego de los dioses se daban por inaugurados los juegos de circo.

El Circo Máximo se construyó para el entretenimiento de Roma en un valle conocido como Murcia, situado entre los montes Palatino y Aventino. Su estructura fue ampliada y reconstruida en numerosas ocasiones a lo largo de los siglos, llegando a tener capacidad para más de 150.000 espectadores: fue el mayor edificio de espectáculos del mundo antiguo. Todos los esfuerzos por mejorarlo eran pocos, teniendo en cuenta el fervor que sentían los romanos por las carreras de carros que allí se disputaban.

Una de las razones de la popularidad de estos espectáculos era seguramente la posibilidad de socializar y el flirteo con las mujeres, pues el circo era el único espacio de este tipo en el que se permitía a unos y a otras sentarse juntos —ni en los teatros ni en los anfiteatros estaba permitido—. El poeta Ovidio, en sus obras *Amores* y *Ars amatoria* —'El arte de amar'—, aconsejaba a los romanos cómo cortejar a una mujer aprovechando las perfectas circunstancias que ofrecía el graderío del circo:

> *Non ego nobilium sedeo studiosus equorum; cui tamen ipsa faves, vincat ut ille, precor, ut loquerer tecum veni, tecumque sederem, ne tibi non notus, quem facis, esset amor. Tu cursus spectas, ego te; spectemus uterque quod iuvat, atque oculos pascat uterque suos. O, cuicumque faves, felix agitator equorum! Ergo illi curae contigit esse tuae? Hoc mihi contingat!*

> No estoy aquí sentado por afán de ver unos caballos que gozan de fama. Pero deseo que venza tu favorito. He venido para hablar contigo y sentarme a tu lado, con el fin de que no ignores el amor que me inspiras. Tú miras las carreras, yo a ti; miremos ambos lo que nos agrada

y dé cada uno pábulo a sus ojos. ¡Oh afortunado, quienquiera que sea, tu auriga favorito! Así pues, ¿ha tenido la suerte de que tú te intereses por él? ¡Ojalá tuviera yo la misma suerte!

(Ovidio, *Amores* III, 2, 1-9).

Iunge tuum lateri qua potes usque latus; et bene, quod cogit, si nolis, linea iungi, quod tibi tangeda est lege puella loci. [...] Utque fit, in gremium pulvis si forte puellae deciderit, digitis excutiendus erit: esti nullus erit pulvis, tamen excute nullum: quaelibet officio causa sit apta tuo. Pallia si terra nimium demissa iacebunt, collige, et inmunda sedulus effer humo; protinus officii pretium, patiente puella contingent oculis crura videnda tuis.

Acerca tu costado al suyo todo lo que puedas, sin miedo, puesto que, aunque tú no quieras, la estrechez de los asientos obliga a juntarse y por imposición del lugar has de rozar a la joven. [...] Si algo de polvo cayera por casualidad en el regazo de la joven, sacúdeselo con los dedos, y aunque no haya polvo ninguno, sacúdeselo de todas formas, como si lo hubiera: cualquier cosa te puede servir para mostrar tu amabilidad; si el manto le cuelga demasiado y lo arrastra por tierra, recógeselo y álzalo deprisa del inmundo suelo; después de lo cual y en premio por tu amable gesto, tendrás la suerte de contemplar, sin que se oponga a ello la joven, sus piernas con tus propios ojos.

(Ovidio, *El arte de amar* I, 140-143; 149-156).

Las carreras de carros comenzaban desde uno de los extremos del circo, donde se encontraban las *carceres* o establos, cuyas puertas se abrían al estilo de las competiciones de hípica actuales. Desde allí la carrera consistía en siete vueltas en sentido contrario de las agujas del reloj alrededor de la *spina* central del circo, una estructura —cuyo nombre, poco claro en las fuentes clásicas, también podría ser *euripus*— que separaba la pista en dos partes de forma longitudinal. Este espacio central estaba adornado con pequeños templetes y otros elementos en forma de huevos y delfines que eran movidos según avanzaba la carrera para contabilizar las vueltas. En ambos extremos de la *spina* se encontraban las *metae*, los puntos más peligrosos de la carrera, donde los carros debían realizar espectaculares maniobras de 180º en las que se podían llegar a producir graves accidentes.

Finalmente, el centro de la *spina* estaba coronado por un gran obelisco egipcio —de 24 metros de altura— dedicado al dios Sol, que fue llevado en barco hasta Roma en el año 10 a. C. por orden de Augusto.

En el año 357 se añadió un segundo obelisco aún mayor —de unos cuarenta metros— también traído desde Egipto. Ambos obeliscos debieron derrumbarse en algún momento de la Edad Media siendo recuperados en 1587 y reubicados, por orden del Papa Sixto V, el primero en la Piazza del Popolo y junto a la basílica de San Juan de Letrán el segundo.

Las carreras más emocionantes y peligrosas eran las de carros tirados por dos caballos —*bigae*— y por cuatro —*quadrigae*—. En ellas los aurigas —*agitatores equorum*—, vestidos con los colores característicos de sus respectivos equipos, iban atados con riendas a los carros para no caerse, aunque en caso de accidente su «cinturón de seguridad» podía convertirse en una sentencia de muerte al ser arrastrados por la pista. Existían también otras modalidades de carrera en las que un segundo hombre iba montado en el carro. Al cruzar la línea de meta, este debía saltar del carro lo más rápido posible para completar varias vueltas corriendo por la pista.

En las carreras existían cuatro *factiones* —equipos— que competían entre ellas: *russata* —roja— que simbolizaba el verano; *albata* —blanca— el invierno; *veneta* —azul— el otoño; y *prasina* —verde— la primavera. Estos equipos despertaban verdadera pasión deportiva, existiendo una enorme rivalidad entre rojos y blancos y entre verdes y azules. Durante el Imperio estos dos últimos equipos fueron los que consiguieron una mayor fama y favor de los ciudadanos. Los emperadores, que teóricamente debían ser ecuánimes, también solían apoyar a alguna de estas dos *factiones*. Domiciano incluso llegó a crear dos nuevas, la púrpura y la dorada, que desaparecieron tras su asesinato.

El fanatismo por apoyar a los equipos y a sus aurigas era tan grande que algunos de ellos llegaron a convertirse en verdaderas estrellas. Uno de los más famosos de la historia fue el lusitano Cayo Apuleyo Diocles. Compitió para los blancos, los verdes y los rojos a lo largo de 24 años de carreras, en las que consiguió amasar una fortuna de más de 36 millones de sestercios gracias a los premios obtenidos en sus 1462 victorias de un total de 4257 carreras.

En los *ludi romani* también se podían admirar espectáculos visuales como acróbatas saltando entre varios caballos al galope o simulacros de combate y tácticas militares que hacían las delicias de la mayor parte de los ciudadanos. Por contrario, algunos importantes hombres de la elite, pocos pero con una amplia voz, dejaron constancia de su animadversión o al menos indiferencia hacia los *ludi*. Cicerón los detestaba abiertamente, por lo que solía marcharse de la ciudad durante su celebración para no oír a la gente hablando de ello en todas partes. Julio César se veía obligado a asistir por motivos políticos al circo pero, sentado en el *pulvinar* —la tribuna presidencial—, aprovechaba para leer y contestar su correo, algo que le fue recriminado duramente por el pueblo en varias ocasiones. Plinio el Joven, por su parte, escribía esta dura carta a su amigo Calvisio Rufo:

> *Omne hoc tempus inter pugillares ac libellos iucundissima quiete transmisi. 'Quemadmodum' inquis 'in urbe potuisti?' Circenses erant, quo genere spectaculi ne levissime quidem teneor. Nihil novum nihil varium, nihil quod non semel spectasse sufficiat. Quo magis miror tot milia virorum tam pueriliter identidem cupere currentes equos, insistentes curribus homines videre. Si tamen aut velocitate equorum aut hominum arte traherentur, esset ratio non nulla; nunc favent panno, pannum amant [...]. Tanta gratia tanta auctoritas in una vilissima tunica, mitto apud vulgus, quod vilius tunica, sed apud quosdam graves homines; quos ego cum recordor, in re inani frigida assidua, tam insatiabiliter desidere, capio aliquam voluptatem, quod hac voluptate non capior. Ac per hos dies libentissime otium meum in litteris colloco, quos alii otiosissimis occupationibus perdunt. Vale.*
>
> He pasado todo este tiempo en medio de mis tablillas y opúsculos en la más deliciosa tranquilidad. Me dirás: «¿Cómo has podido hacerlo estando en Roma?». Se celebraban unos juegos de circo, un género de espectáculos que no me gusta lo más mínimo. Nada nuevo, nada diferente, nada que no sea suficiente haber visto una vez. Por todo ello me resulta sorprendente que miles de adultos deseen ver una y otra vez, con una pasión tan infantil, caballos corriendo y aurigas de pie sobre los carros. Si fuesen atraídos al espectáculo por la velocidad de los caballos o por la habilidad de los aurigas habría al menos una cierta razón; pero es que aplauden a un trozo de tela, aman a un trozo de tela [...]. Tal es el favor, tal es la importancia que conceden a una túnica miserable, no me refiero al populacho, más despreciable aún que la túnica, sino a algunos individuos de prestigio. Cuando recuerdo que se mantienen sentados sin cansarse para presenciar un espectáculo tan fútil, aburrido, monótono, siento cierta alegría por no verme cautivado por este tipo de espectáculos. Y durante estos días, que otros pierden en las más inútiles ocupaciones, dedico mi descanso con enorme placer a las letras. Adiós.
>
> (Plinio el Joven, *Cartas* IX, 6).

Los *ludi circenses* fueron siempre el espectáculo más importante de Roma y, al no contener ningún elemento violento *per se*, el cristianismo siempre los toleró, de tal manera que se mantuvieron vivos incluso después de la caída de Roma gracias al Imperio bizantino en Oriente.

No hemos hablado todavía de una tercera categoría de espectáculos, aquellos que requerían derramamiento de sangre. No lo hemos hecho por una sencilla razón: este tipo de espectáculos no formaban parte de los *ludi romani*, que eran establecidos de forma pública para complacer a los dioses, sino que eran celebrados por separado y costeados de forma privada, o al menos así fue hasta la llegada del Imperio.

En origen, los *spectacula gladiatoria* fueron celebrados para honrar la memoria de los muertos. Se trataba de combates rituales en los que luchaban a muerte prisioneros de guerra extranjeros, de ahí que los tipos de gladiadores profesionales posteriores tuvieran las características de muchos de ellos. Los llamados *munera*, espectáculos para honrar a un antepasado muerto, solían celebrarse tras los funerales y eran costeados de forma privada. La primera lucha de gladiadores que se celebró en Roma tuvo lugar en el Foro Boario en el año 264 a. C. y en ella se enfrentaron tres parejas de combatientes.

A partir de ese momento fueron evolucionando y comenzaron a celebrarse cada vez con mayor asiduidad en ocasiones extraordinarias, principalmente aquellas que estaban relacionadas con el derramamiento de sangre como los triunfos militares. Siempre al margen del Estado, los combates rituales se celebraban normalmente en el Foro. Así fue hasta que, dado el enorme interés del público por este tipo de espectáculos, hacia los años 31-27 a. C. se construyó el primer anfiteatro de Roma. Augusto realizó un gran esfuerzo en pos de la regularización de este tipo de espectáculos, haciendo que tuvieran que ser autorizados por el Senado y limitando su celebración a dos eventos anuales con un máximo de 120 gladiadores. Así se evitaban las peligrosas muestras de lo que se conoce como «evergetismo» —una suerte de mecenazgo privado e interesado que practicaban algunos notables romanos, que financiaban estos espectáculos para ganarse el favor del pueblo—, que habían aumentado de forma desmesurada a lo largo de la primera mitad del siglo I a. C. Estos «regalos» de grandes combates para el disfrute del pueblo no eran más que formas de comprar su opinión a través del ocio.

Con la inauguración del majestuoso *amphiteatrum caesareum* en el año 80 —conocido desde la Edad Media como Coliseo—, que contaba con espacio para 50.000 espectadores, la gladiatura se institucionalizó definitivamente como un nuevo negocio que había dejado muy atrás sus orígenes rituales y funerarios. La tendencia hacia la magnificación y la vistosidad de los combates fue cada vez mayor. Durante los juegos celebrados por el emperador Trajano en el año 107 para conmemorar las victorias contra los dacios, de 123 días de duración, llegaran a combatir diez mil gladiadores, casi tantos como los que lo habían hecho durante los 41 años del reinado del emperador Augusto.

Además de la gladiatura existieron otros tipos de espectáculos violentos, algunos muy singulares pero a la vez escasos por su magnitud y coste, como las *naumachiae.* Se trataba de batallas navales que podían realizarse en lagos naturales, estanques construidos a tal fin —como el que mandó crear Augusto en la zona del Trastevere— o incluso en los propios anfiteatros. El Coliseo fue escenario de tres de estos espectáculos durante los reinados de Tito y Domiciano antes de que fueran construidos los pasillos subterráneos de la arena, que imposibilitaron irremediablemente la celebración de más *naumachiae* en su interior.

Los espectáculos más característicos del anfiteatro, por el contrario, eran relativamente menos costosos pero igual de celebrados por el público romano. El tiempo y la costumbre llegaron a institucionalizar la forma de realizarlos fijando lo que se conocía como *munus legititum,* que se extendía a lo largo de toda la jornada. La mañana comenzaba con las *venationes* o cacerías de animales. La caza de animales como espectáculo independiente ya existía en Roma al menos desde el año 186 a. C., pero con la llegada del Imperio y la reestructuración de los espectáculos quedó unida a los juegos del anfiteatro. En el anfiteatro se podían ver osos, jabalíes y toros, pero también —cada vez con mayor frecuencia— leones, elefantes, cocodrilos o tigres, luchando entre sí o siendo cazados por los *venatores,* especializados en el enfrentamiento contra las bestias.

Al mediodía se producían los *ludi meridiani*, ejecuciones de prisioneros condenados a muerte, un sufrimiento gratuito y sin piedad que no era del agrado de todo el público, por lo que muchos aprovechaban el momento para salir a comer. Las condenas a muerte podían ser infligidas por algunos de los animales salvajes de la mañana —*damnatio ad bestias*— o en combates a muerte entre ellos. Sin duda el más famoso de estos combates fue el que tuvo lugar entre un grupo de condenados en época de Claudio que saludaron al emperador con la famosa frase: *Have Imperator, morituri te salutant!*, ("¡Ave, Emperador, los que van a morir te saludan!'; Suetonio, *Vida de los doce césares*, «Claudio», 21, 6). Debemos subrayar que esta frase, popularmente atribuida a los combates de gladiadores, nunca tuvo relación alguna con ellos. Esta es la única ocasión que se menciona en toda la historia de Roma, siendo unos condenados a muerte —y no unos gladiadores, que sí tenían la posibilidad de sobrevivir al combate— los que la pronunciaron.

Si existía un lema que realmente identificaba a los gladiadores ese era el juramento de honor —*sacramentum gladiatorium*— que debían recitar durante su iniciación: *uri, vinciri, verberari, ferroque necari* ('ser quemado, atado, golpeado y muerto a hierro'; Petronio, *Satiricón* 117, 5). Su turno llegaba por la tarde, cuando el público abarrotaba los asientos del anfiteatro. Las luchas iniciales —*prolusiones*— eran las más suaves, realizándose incluso con armas de madera. Según avanzaba la tarde, los combates iban ganando emoción hasta que a última hora el público podía disfrutar de los enfrentamientos más destacados entre veteranos gladiadores que luchaban por conseguir la gloria y su libertad.

El más famoso de estos combates fue el que tuvo lugar durante el día de la inauguración del Coliseo en el año 80, bajo la atenta mirada del emperador Tito. El poeta Marcial narró así la lucha entre los gladiadores Prisco y Vero:

Cum traheret Priscus, traheret certamin Verus,
esset et aequalis Mars utriusque diu
missio saepe viris magno clamore petita est;
sed Caesar legi paruit ipse suae;
—lex erat, ad digitum posta concurrere parma—
quod licuit, lances donaque saepe dedit.
Inventus tamen est finis discriminis aequi:
pugnavere pares, subcubuere pares.
Misit utrique rudes et palmas Caesar utrique:
hoc pretium virtus ingeniosa tulit.
Contigit hoc nullo nisi te sub principe, Caesar:
cum duo pugnarent, victor uterque fuit.

Al prolongar el combate Prisco, al prolongarlo Vero,
y estar la destreza de ambos igualada por largo tiempo,
insistentemente se pidió para estos hombres a voces la licencia,
pero César mismo obedeció a su propia ley
—la ley era combatir sin escudos hasta levantar el dedo—.
Según pudo, les dio en repetidas ocasiones bandejas y regalos.

Se encontró, sin embargo, final para el igualado combate:
lucharon los dos, los dos sucumbieron.
Envió a los dos la espada de madera y a los dos las palmas:
esta recompensa consiguió su talento y valor.
Esto no sucedió más que bajo tu principado, César [Tito]:
siendo así que lucharon los dos, los dos fueron vencedores.

(Marcial, *Libro de los espectáculos,* 29).

Este singular combate, que acabó con los dos luchadores victoriosos por su tremenda tenacidad e igualadas fuerzas, nos revela algunos de los secretos de los *munera gladiatoria.* Ambos consiguieron también la llamada *rudis*, «la espada de madera», que para un gladiador representaba la libertad y el final de su carrera en la arena. También se menciona la ley de los combates —*leges pugnandi*— que se encargaban de hacer cumplir los dos árbitros —*summa rudis* y *secunda rudis*— regulando la lucha y velando por evitar movimientos ilegales o deshonrosos. Si ambos luchadores combatían con destreza, el final solo llegaba si uno de los dos tiraba sus armas y levantaba el dedo índice de la mano derecha: ese era el gesto de la rendición.

Llegado este momento, si la lucha había sido digna, en la mayor parte de las ocasiones el gladiador era perdonado. No es cierto que los romanos buscaran combates despiadados y sangrientos. No se valoraba la capacidad de matar, sino la habilidad de los combatientes peleando en unas condiciones muy igualadas. Así, había dos tipos principales de gladiadores a los que se identificaba por el tamaño de su escudo: los *parmularii* —con *parma* o escudo pequeño— y los *scutarii* —con *scutum* o escudo grande—. Ambos tipos contaban con características contrapuestas a las de su oponente. Unos, como el *murmillo,* portaban armamento pesado, que los protegía pero también les hacía más lentos; otros, como el *thraex* —contrincante natural del anterior—, estaban más desprotegidos al llevar espadas cortas y escudos pequeños, pero eran más ágiles que sus rivales. Este tipo de combates aseguraban un espectáculo vistoso y duradero.

Cuando uno de los dos gladiadores se rendía, el público comenzaba a gritar pidiendo su salvación —*Mitte!*— o su muerte —*Iugula!*—. Existe la creencia popular, alimentada —aunque no creada— por Hollywood, de que los gestos de la vida y la muerte del público se hacían con el pulgar hacia arriba o hacia abajo. El origen de esta tendencia seguramente tuvo lugar en el lienzo *Pollice verso* (1872), de Jean-Léon

Gérôme, en la que este pintor francés mostró por primera vez el gesto del pulgar hacia abajo en el que se inspiró posteriormente la industria cinematográfica estadounidense.

A este respecto, parece complejo interpretar los gestos realizados por el público en el anfiteatro. Son varios los textos que mencionan la expresión *verso* —o *converso*— *pollice* (Juvenal, *Sátiras* III, 34-37; Prudencio, *Contra Símaco* II, 1094-1102), pero no tenemos ninguna referencia iconográfica que nos ayude a saber qué significa, más allá de su significado literal: 'pulgar vuelto'. Este pulgar, también llamado «amenazante» —*infesto pollice*— (*Antología latina*, 415, 27-28), podría estar extendido horizontalmente junto con el resto de los dedos apuntando hacia el pecho o el cuello para simbolizar un gesto de muerte. Si el gesto para pedir la muerte es mencionado en contadísimas ocasiones en las fuentes, el de la vida no se menciona en absoluto, pero sí parece estar representado en un medallón de terracota de finales del siglo II hallado cerca de Nimes. Gracias a ello se ha podido relacionar con un gesto utilizado en cualquier situación por los romanos para indicar su favor y aprobación: *premere pollicem* (Plinio el Viejo, *Historia natural* XXVIII, 25), que consistía en apretar el pulgar, con el puño cerrado y seguramente en alto. La única duda es si el pulgar quedaría fuera del puño o dentro de él, como si fuera una daga envainada.

Ambos gestos, en el caso de los grandes anfiteatros como el Coliseo, debían ser prácticamente indistinguibles desde el palco imperial, por lo que la posición del brazo, subiendo el puño bien alto o manteniendo la mano junto al pecho podía ser un elemento más definitorio a la hora de valorar la opinión del público. Y es que eso era lo único que ellos aportaban, pues la decisión final la tenía en todo momento el *editor muneris*, el patrocinador de los combates. En caso de que el gladiador fuera condenado a muerte, esta llegaba de manos de su contrincante de la forma más honrosa y rápida posible, clavando la espada en el hueco entre el cuello y la clavícula izquierda asegurándose de atravesar el corazón.

Después de la muerte de los gladiadores comenzaba un ritual en el que dos personajes con máscaras entraban en la arena. Uno de ellos representaba a Dis Pater, dios del inframundo, y el otro a Mercurio en su función de *phsychopompos* —el que transporta a los muertos—. Este llevaba un caduceo de hierro al rojo vivo con el que tocaba los cuerpos para certificar que no estaban solo inconscientes. Una vez hecho esto, el primer hombre, en ocasiones también asociado con Caronte, el barquero de los muertos, golpeaba la cabeza del gladiador muerto con un gran mazo para reclamar su alma para el inframundo. Finalmente se recogía el cuerpo, que era llevado en una camilla hasta la Puerta Libitinaria del anfiteatro, dedicada a Libitina —diosa de los entierros—, cuyo nombre era un sinónimo de la propia muerte.

Fueron muchos los tipos de gladiadores que se enfrentaron en los anfiteatros de todo el Imperio y la mayoría debían sus características al armamento de los guerreros extranjeros que, en periodos más antiguos, habían sido llevados a las luchas rituales como prisioneros de guerra. La profesionalización de la gladiatura acabó con estas prácticas, pero mantuvo la esencia de aquellos primeros luchadores. Otros tipos simplemente procedían de oficios comunes, como el *retiarius*, que se asimilaba con un pescador que con su tridente y su red trataba de «dar caza» al pez que el *murmillo* solía llevar como decoración en su casco. Algunos tipos incluso fueron desarrollados específicamente para contrarrestar los puntos fuertes de otros gladiadores, como el *secutor*, creado para defenderse eficazmente de los ataques del *retiarius*.

Los combates de gladiadores gozaron de gran popularidad durante casi todo el periodo imperial. Su importancia fue tal que incluso el emperador Cómodo se obsesionó con la idea de ser la reencarnación en vida del mismo Hércules, luchando en el Coliseo con el nombre de *Hercules romanus*. Gracias a Dion Casio (*Historia romana* LXXIII, 19) sabemos que el emperador combatió como *secutor* al menos en diciembre del año 192 —pocos días antes de su asesinato—. Lo hizo, lógicamente, bajo sus propias condiciones y sin llegar a temer en ningún momento por su vida al luchar con armas de madera y siendo él mismo quien debía decidir el destino final del combate.

Con el paso de los siglos la cristianización de los poderes imperiales acabó por eliminar este tipo de espectáculos violentos, en parte por su relación con el martirio de seguidores de Cristo en épocas pasadas —muchas veces inventado por los propios escritores cristianos para justificarse—. A comienzos del siglo v dejaron de celebrarse los combates de gladiadores, mientras que las *venationes* se siguieron realizando hasta el siglo vi y las carreras de carros siguieron vivas varios siglos más, como ya hemos comentado, gracias a la transición cultural del Imperio bizantino.

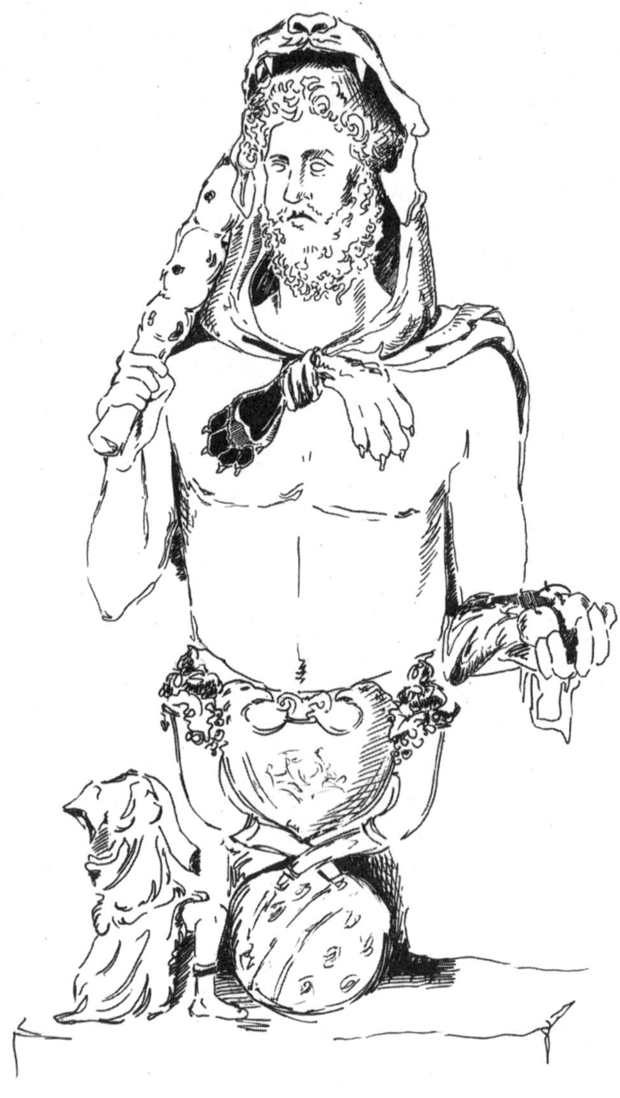

Estatua del emperador Cómodo representado con los atributos de Hércules: la piel del león, la clava y las manzanas del jardín de las Hespérides. Museos Capitolinos, Roma.

13 de septiembre | IOVI EPULUM | *Idibus Septembribus*

En las *idus* de septiembre del año 509 a. C. los magistrados de la recién instaurada República romana dedicaron en la cima del monte Capitolio un templo a Júpiter Óptimo Máximo. Este templo, que fue reconstruido en varias ocasiones a lo largo de la historia de la ciudad, era el más importante de la religión romana y acogía la morada terrenal de la tríada capitolina: Júpiter, Juno y Minerva. El interior del templo estaba dividido en tres *cellae* de culto para las tres divinidades y su estructura fue variando a lo largo de los siglos, haciéndose cada vez más majestuosa. Con casi sesenta metros de anchura y recubierto de mármol y oro, la última reconstrucción del templo, de finales del siglo I, debía ser todo un espectáculo para la vista de quienes lo miraban. Sus restos ya abandonados se conservaron hasta el siglo XVI, en que fueron destruidos en su mayor parte para levantar sobre los cimientos antiguos el palacio Caffarelli. En la actualidad tan solo algunas partes de estos profundos y sólidos cimientos son visibles en el interior de los Museos Capitolinos.

Además de la dedicación del templo, hoy se celebraban otras dos singulares ceremonias. La primera de ellas era un banquete —*epulum*— dedicado a Júpiter, así como a Juno y a Minerva. En el banquete, al que asistían los magistrados y los senadores, los lugares más destacados eran ocupados por las estatuas de culto de los tres dioses. Júpiter tumbado en un lecho en el centro y las dos diosas sentadas a ambos lados. El festín que se ofrecía era tanto para los representantes políticos como para los propios dioses, a los que también se les colocaban platos de comida.

Por otra parte, otra antiquísima tradición relacionada con el templo de Júpiter consistía en clavar un clavo cada año durante su fiesta, quizá para llevar un cómputo del número de años que pasaban durante el periodo más antiguo de la República. El clavo se colocaba en la zona del templo dedicada a Minerva, pues a ella se le atribuía la invención de los números. La ceremonia también debía tener un componente mágico y apotropaico —de la buena suerte— para dejar clavadas en la pared del templo las enfermedades o las plagas y que así estas no pudieran afectar a la ciudad. La tradición fue decayendo con el paso de los siglos, desapareciendo antes de la llegada del Imperio.

17 de septiembre	DIVO AUGUSTO	*ante diem XV Kalendas Octobres*

El 17 de septiembre del año 14, menos de un mes después de la muerte del emperador Augusto —19 de agosto—, el Senado decretó su divinización del mismo modo que él en vida había hecho con Julio César. Livia ordenó entregar una gran suma de dinero a un tal Numerio Ático, un senador que juró haber visto al fantasma del emperador ascender a los cielos en sus funerales, celebrados el día 8 de septiembre, un hecho crucial para que el Senado aceptara la divinización del emperador fallecido.

Se estableció entonces un nuevo culto a *Divus Augustus* cuya primera sacerdotisa fue su mujer, Livia, convertida en *Iulia Augusta* por mandato testamentario del propio emperador. Se creó también el colegio sacerdotal de los *sodales augustales* para administrar su culto y se construyó un templo en el Foro a expensas de Livia y de su hijo Tiberio, el nuevo emperador. A partir de ese momento muchos templos fueron construidos en honor del ya divino Augusto por todo el Imperio, y muchos más se construirían para otros emperadores que serían divinizados posteriormente. La *apotheosis* —'subida al cielo'— estaba reservada para aquellos cuyo reinado era valorado positivamente por el Senado tras su muerte. Los intereses políticos y económicos de los senadores eran, en definitiva, los que primaban a la hora decidir el destino de un emperador tras su muerte. Aquellos que, a su parecer, habían sido excepcionales eran elevados junto a los dioses, mientras que aquellos que no habían servido a sus intereses eran vilipendiados y sentenciados a la *damnatio memoriae*, la condena al olvido. Este proceso, que no estaba únicamente reservado a emperadores, era el peor deshonor que se podía hacer a una persona tras su muerte. Fueron muchos los emperadores que sufrieron esta condena, como tantos otros recibieron el honor de ascender a los cielos. En la mayoría de los casos fue su relación en vida con el Senado lo que decidió su destino tras su muerte.

26 de septiembre	VENERI GENETRICI	*ante diem VI Kalendas Octobres*

En el año 46, durante el triunfo militar que recibió Julio César en Roma por la victoria en la batalla de Farsalia, se dedicó el templo de Venus

Genetrix en el complejo que el propio César estaba construyendo en honor de su familia junto al Foro Romano. La dedicación del templo estuvo acompañada de *ludi* en honor de la diosa madre de la *gens Iulia*. Estos juegos fueron trasladados en el año 44 a. C. por Augusto, como ya vimos, a finales de julio, cambiando su nombre por el de *ludi victoriae Caesaris*.

OCTUBRE — *OCTOBER*

Octobri laetus portat vindemitor uvas,
omis ager bacchi munere, voce sonat.

En octubre el viñador acarrea alegre sus uvas,
todo el campo proclama entre voces las faenas de Baco.

MENSIS OCTOBER DIES XXXI

1	B	K · OCT · NP			FIDEI·IN·CAPITOL TIGILL·SORORIO
2	C	VI	F		
3	D	V	C		
4	E	IIII	C	IEIVNIVM·CERERIS	
5	F	III	C	LVDI·DIVO·AVGVSTO MUNDVS·PATET	
6	G	PR	C	LVDI	
7	H	NON · F		LVDI	IOVI·FVLGVR IVNONI·Q·IN·CAMPO
8	A	VIII	F	LVDI	
9	B	VII	C	LVDI	GENIO·PVBLIC·FAVSTAE FELICITATI·VENER·VICTR IN·CAPITOL·APOL·IN·PAL
10	C	VI	C	LVDI	
11	D	V	MEDITR · NP	LVDI	
12	E	IIII	AVGVST · NP	LVDI·IN·CIRC	
13	F	III	FONT · NP		
14	G	PR	EN		MAGN·PENAT·IN·VELIA
15	H	EID · NP			EQVVS·OCTOBER
16	A	XVII	F		
17	B	XVI	C		
18	C	XV	C	IANO·AD·THEATR·MARCELLI IVENALIA	
19	D	XIIII	ARM · NP		
20	E	XIII	C		
21	F	XII	C		
22	G	XI	C		
23	H	X	C		
24	A	VIIII	C		
25	B	VIII	C		
26	C	VII	C	LVDI VICTORIAE SVLLANAE	
27	D	VI	C	LVDI	
28	E	V	C	LVDI	
29	F	IIII	C	LVDI	
30	G	III	C	LVDI	
31	H	PR	C	LVDI	

XXXI

Incipit mensis October

Octubre, octavo mes en el calendario arcaico, estuvo a punto de perder su denominación tradicional nada menos que en dos ocasiones distintas. Como ya vimos en septiembre, el emperador Tiberio declinó que aquel mes llevara su nombre, pero también que este llevara el de su madre, Livia, manteniendo la denominación de *October* y no adoptando la propuesta por el Senado: *Livius*. Por su parte el emperador Domiciano, en este caso por iniciativa propia y no del Senado, decidió que este mes, en el que había nacido, debía llevar su nombre. Así fue durante su reinado, pero la *damnatio memoriae* que cayó sobre él tras su asesinato devolvió a octubre su nombre tradicional.

Para los romanos el otoño también traía consigo la esperada vendimia. Era el momento de que la uva madura pasara por el proceso de transformación en el vino que se consumiría en las *vinalia priora* del año siguiente. El final del mes también era el momento de dejar atrás las campañas militares y regresar a la patria antes de que el frío comenzara su escalada hacia el invierno. Ambos motivos hacían que Marte, dios de la guerra, aunque también relacionado con la agricultura como descubrimos en marzo, fuera la divinidad protectora de este mes.

En la ilustración de octubre podemos ver cómo la figura masculina que señala las estaciones del año viste un manto algo más largo, que simboliza el calor ya ausente en pleno otoño. La vendimia y sus frutos aparecen dentro de una cesta, mientras que la actividad principal que se representa es la caza de la liebre que ha quedaba atrapada en los cestos trampa preparados por los cazadores romanos. También aparece en la parte superior una técnica de caza para pájaros que consiste en atraparlos en las ramas aplicando sobre ellas sustancias pegajosas en las que quedan apresados. A pesar de que hoy en día es una práctica ilegal, durante el mes de octubre se sigue practicando en algunas zonas del Mediterráneo, incluido el levante de la península Ibérica.

1 de octubre TIGILLO SORORIO *Kalendis Octobribus*

Como tantas otras festividades del mundo romano, esta tuvo un cierto significado en su origen que con el paso del tiempo fue reinterpretado. El *tigillum sororium* era un dintel hecho con un tronco de madera que seguramente estuvo relacionado en el periodo monárquico con los ritos de paso a la adolescencia. A los lados existirían dos altares: uno dedicado a Juno *Sororia* y otro a Jano *Curiatus*. Ella sería la diosa protectora del paso a la madurez de las niñas y él protegería a los niños. El ritual seguramente consistiría en pasar por debajo del tronco, lo que marcaba un hito en la vida del adolescente, un antes y un después para realizar la transición hacia la vida adulta. Poco más sabemos de este ritual que se perdió con el paso del tiempo.

El tronco, por el contrario, se mantuvo como un monumento perenne, sustituyéndose la madera cada cierto tiempo, incluso hasta el siglo IV. A pesar de ello, el olvido de las ancestrales tradiciones hizo que debiera crearse una nueva historia para este monumento, situado en el monte Opio. Así, Tito Livio (*Desde la fundación de la ciudad* I, 24-26) y Dionisio de Halicarnaso (*Antigüedades romanas* III, 22) cuentan una historia de la época del rey Tulo Hostilio, en la que Roma y la cercana ciudad de Alba estaban en guerra. Ambas ciudades convinieron que la victoria se decidiría en un combate singular entre tres gemelos de Alba, los Curiacios, contra tres gemelos romanos, los Horacios. Ambas partes juraron que los hermanos que vencieran le darían a su ciudad el control sobre la otra.

Tras la rápida pérdida de dos hermanos Horacios, que murieron a pesar de haber herido a los albanos, el único superviviente romano no perdió la esperanza. Decidió que no podría vencer a sus tres adversarios a la vez pero, al estar los tres heridos, sí podría con ellos de uno en uno. Así mató uno tras otro a los tres hermanos, regresando a Roma triunfante ante el júbilo de los ciudadanos. Su hermana, por el contrario, lloraba desconsolada porque estaba prometida con uno de los Curiacios muertos. Publio, su hermano, le recriminó su actitud al no alegrarse de su victoria y, acusándola de apoyar al enemigo, la mató allí mismo. Cuando el rey se enteró de lo ocurrido ordenó reunir a la asamblea popular para juzgar al héroe y a la vez asesino.

El padre salió en defensa de su hijo, alegando que ya había perdido al resto de sus descendientes y no era el momento de que perdiera al único que le quedaba. La asamblea se apiadó de él y se le ordenó realizar un sacrificio expiatorio. Así se colocó el *tigillum sororium* —'el tronco de la hermana'— para que su asesino y hermano pasara bajo él, consiguiendo así el perdón de los dioses. Los descendientes de esta familia celebraron durante varios siglos sacrificios en honor de sus antepasados en este día para honrar los orígenes de su familia, que pudo florecer gracias al perdón de los dioses y del pueblo.

4 de octubre	IEIUNIUM CERERIS	*ante diem IV Nonas Octobres*

En el año 191 a. C. los *decenviri sacris faciundis* decretaron, por consejo de los libros sibilinos, que se realizara un ayuno —*ieiunium*— en honor de la diosa Ceres cada cinco años para expiar algunos sucesos funestos que habían tenido lugar con anterioridad. Era un ritual poco frecuente en la religión romana, dado que lo más normal era la celebración de banquetes como forma de agradar a los dioses. Posteriormente, la fiesta pasó a celebrarse anualmente y así lo hizo durante el periodo imperial.

4 de octubre	BELLUM PHILIPPENSE	*ante diem IV Nonas Octobres*

El 4 de octubre del año 42 a. C. los ejércitos comandados por Casio y Bruto, asesinos de Julio César, se encontraron con los de Marco Antonio y Octaviano cerca de la ciudad de Filipos, en Macedonia. Se produjo entonces el primero de los dos enfrentamientos con los que se conseguiría la venganza final para el divino Julio, orquestada por ambos triunviros: el que había sido su mano derecha en vida, por un lado, y por otro su heredero.

En la primera batalla las mejores posiciones, dos pequeños montes, estaban ocupadas por los ejércitos de los cesaricidas, mientras que los de Octaviano y Antonio debieron ubicarse en posiciones más débiles. Las tropas de Bruto asaltaron por sorpresa el campamento de Octaviano, acuchillando repetidamente la litera en la que dormía el joven heredero de César. Por suerte, había sido advertido del ataque, según se cuenta, por el sueño premonitorio de un compañero y a pesar de que había caído muy enfermo salió de la cama para ponerse a salvo.

Al mismo tiempo Marco Antonio consiguió rodear por unas marismas la posición de Casio, que esperaba el resultado del ataque de Bruto. Al sentirse acechado por Antonio, y no habiendo recibido respuesta de Bruto, pensó que había sido vencido, con lo que se cubrió la cabeza y pidió a su esclavo de confianza que lo decapitara para no ser capturado con vida por Antonio. Así, en la primera batalla de Filipos, a pesar de haber tomado el campamento de Octaviano, los asesinos de César sufrieron la enorme pérdida de uno de sus cabecillas.

El segundo enfrentamiento tuvo lugar unos días después —el 23 de octubre— y supuso la derrota definitiva de Bruto. El que era el último de los asesinos de César que seguía con vida prefirió seguir el mismo camino que su amigo antes que ser capturado y se suicidó, apoyando su propia espada contra su pecho y lanzándose contra ella.

A raíz de esta victoria, Octaviano prometió construir a su vuelta a Roma un magnífico templo en honor de *Mars Ultor* —'Marte vengador'— para honrar al dios de la guerra por haber ayudado a vengar el asesinato de César. El templo se levantó en el centro de Roma, en un gran terreno comprado a diversos particulares que acabaría convirtiéndose en el grandioso Foro del emperador Augusto, inaugurado el 1 de agosto del año 2 a. C. con los últimos remates del templo todavía por finalizar.

Si el Foro de César había sido toda una oda a su figura y a su familia, la *gens Iulia*, el de Augusto no podía ser menos. Contaba con dos exedras laterales en las que se ubicó el primer «salón de la fama» de la historia. Se colocaron estatuas de los hombres más importantes de la historia romana —*summi viri*—, comenzando por Rómulo, y de los antepasados destacados de la familia Julia, incluyendo a Eneas, fundador de la estirpe. Se construyó también un gran espacio en el que se ubicó una estatua dedicada al *Genius Augusti* —el espíritu protector del emperador— que medía once metros de altura. Tal magnitud solo se podía conseguir al tratarse de una estatua de tipo acrolítico; el cuerpo estaba hecho con un armazón interno recubierto con telas al que se añadían los brazos y la cabeza de mármol, al ser las únicas partes del cuerpo que eran visibles.

5 de octubre	MUNDUS PATET	*ante diem III Nonas Octobres*

Por segunda ocasión en el año, el *mundus* —la puerta del inframundo— se abría y los muertos salían al mundo de los vivos (para conocer más detalles sobre esta lúgubre celebración: ▶ 24 de agosto, pág. 244).

11 de octubre	MEDITRINALIA	*ante diem V Idus Octobres*

Terminada ya la vendimia era el momento del pisado de la uva. En este día se celebraba la última de las festividades del año relacionadas con el vino. Las *meditrinalia* estaban dedicadas a Júpiter y a la diosa Meditrina, creada por los romanos para proteger esta festividad. En ella se probaba vino viejo y vino nuevo —quizá recién pisado y todavía sin fermentar, aunque podría no ser así— y se ofrecía a cambio de buena salud. Varrón cuenta que el nombre de la fiesta proviene de *medeor* —'sanar'— y que al realizar esta ofrenda se debían decir unas palabras que servían como conjuro para la buena suerte.

> Novum vetus vinum bibo: novo veteri morbo medeor.
>
> Bebo el vino viejo y el nuevo; me curo de los males viejos y de los nuevos.
>
> (Varrón, *Sobre la lengua latina* VI, 21).

12 de octubre	AUGUSTALIA	*ante diem IV Idus Octobres*

En el año 19 a. C. Augusto volvió sano y salvo de sus viajes de conquista en el este y, como agradecimiento, el Senado le dedicó un altar a la diosa Fortuna *Redux* —la suerte del regreso—, ubicado junto a la Puerta Capena. Augusto decidió entrar en Roma de noche para que no se llevara a cabo ningún desfile multitudinario y, a pesar de que se le ofrecieron muchos más honores, solo aceptó que se celebrara una fiesta que llevaría el nombre de *augustalia*. Este fue uno de los primeros pasos que se dieron en Roma para asimilar a Augusto con una figura divina mientras aún seguía vivo, algo que, al menos en el área occidental del Imperio, nunca se permitió de forma explícita durante su reinado.

Tras la muerte del *Princeps* en el año 14, la fiesta incluyó la celebración de *ludi* entre los días 5 y 12, así como el sacrificio de un buey por parte de los hermanos *arvales*. Fue la primera gran celebración romana dedicada a un hombre en vida y se mantuvo en el calendario al menos hasta el siglo III.

13 de octubre	FONTINALIA	*ante diem III Idus Octobres*

Las *fontinalia*, dedicadas a Fons, dios de los manantiales, las fuentes y los pozos, eran fiestas de agradecimiento por el agua que abastecía los campos y las ciudades. Era costumbre tirar monedas a las fuentes y los pozos y adornarlos con guirnaldas. Hoy en día se mantiene todavía la costumbre de tirar monedas a fuentes o pozos con la esperanza de atraer la buena fortuna.

15 de octubre	EQUUS OCTOBER	*Idibus Octobribus*

La celebración del *equus October* —'caballo de octubre'— se mantuvo desde sus inicios más arcaicos hasta el final del Imperio y a pesar de ello no aparece marcada en ninguno de los calendarios que conservamos del mundo romano, excepto en los *fasti filocali* del siglo IV. En este día se realizaba una carrera de *bigae* —carros de dos caballos— en el Campo de Marte. El caballo derecho del equipo vencedor era entonces sacrificado por orden del *Flamen Martialis*. Los caballos no eran víctimas comunes en los sacrificios de la religión romana por su carácter sagrado como animal de combate y también por la dificultad que comportaba su sacrificio, al tener un cuello mucho más largo y alto que el de los bueyes, las ovejas o los cerdos. El sacrificio no se podría llevar a cabo de la forma tradicional con el decoro debido, por lo que las fuentes nos cuentan que quizá se realizaba con una lanza o una jabalina.

Una vez sacrificada la víctima, la cabeza era cortada y los habitantes de la Vía Sacra y de la Subura se peleaban por conseguirla. El equipo ganador tenía el privilegio de llevársela como trofeo y exponerla. La cabeza del caballo terminaba clavada en los muros de la Regia, si ganaban los primeros, y en la Torre Mamilia si lo hacían los segundos. Mientras tanto, la cola del caballo también se cortaba y se llevaba lo más rápido posible hasta la Regia, donde su sangre debía gotear sobre el altar sagrado de su interior. Además, las vírgenes vestales conservaban la sangre que se usaría más adelante para fabricar la *mola salsa* que ya conocemos por otras festividades.

El origen de esta celebración podría estar tanto en un rito agrícola como guerrero, aunque fue este último carácter el que mantuvo la importancia de la fiesta. No podemos olvidar tampoco que el dios Marte, divinidad guerrera por excelencia, también tenía en sus orígenes una fuerte relación con la agricultura. En cualquier caso, con el paso del tiempo, el *equus October* se convirtió en un rito de purificación para el ejército, cuyas campañas terminaban oficialmente tan solo unos días después.

15 de octubre	LUDI CAPITOLINI	*Idibus Octobribus*

Los *ludi capitolini* estaban dedicados a Júpiter Óptimo Máximo y fueron instituidos seguramente por Camilo a comienzos del siglo IV a. C. como agradecimiento al rey de los dioses por haber salvado el Capitolio de la invasión gala a la ciudad. Los juegos, que no eran públicos sino costeados de forma privada por el *collegium capitolinum*, comenzaron a celebrarse en las *idus* de octubre —dedicadas todos los meses a Júpiter— y se extendieron hasta el final del mes.

Su importancia disminuyó con el tiempo hasta perderse por completo. Fue el emperador Domiciano quien en el año 86 los recuperó como unos juegos atléticos al estilo griego que, al igual que los Olímpicos, se celebraron cada cuatro años a lo largo de todo el periodo imperial.

18 de octubre	IUVENIALIA	*ante diem XV Kalendas Novembres*

La fiesta de *iuvenalia*, también conocida como los *ludi iuvenales*, fue instituida en el año 59 por el emperador Nerón en honor de la diosa Juventas —'juventud'— para conmemorar su primer afeitado, que representaba su paso a la edad adulta. Nerón, de 21 años, celebraba estos *ludi scaenici* con representaciones teatrales a las que solo podía asistir la elite más poderosa de Roma. Eran una ocasión perfecta para su lucimiento artístico personal, contando con un ambiente en el que se aseguraba que nadie criticaría sus actuaciones. También se llegaban a ver algunos espectáculos que podían ser considerados como indecentes, pero todo quedaba en secreto con la complicidad de la clase más poderosa de Roma. Después del reinado de Nerón esta celebración se mantuvo activa, ampliándose con *venationes* y *ludi circenses*.

19 de octubre	ARMILUSTRIUM	*ante diem XIV Kalendas Novembres*

Si durante el mes de marzo descubrimos cómo se celebraban diferentes fiestas que simbolizaban el comienzo de las campañas militares, el 19 de octubre tenía lugar la repetición de una de ellas: el *armilustrium*. Se trataba de la celebración de clausura de la temporada tradicional de campañas militares, en la que se purificaban las armas para eliminar cualquier impureza derivada del contacto con la sangre enemiga. Es posible que los *salii* también participaran de los ritos en honor al dios Marte, bailando y saltando con los *ancillia*, como ya vimos en las festividades guerreras de marzo.

24 de octubre	FECHA REAL DE LA DESTRUCCIÓN DE POMPEYA	*ante diem IX Kalendas Novembres*

«El 24 de octubre, como a la séptima hora, mi madre percibe que ha aparecido en el cielo una nube extraña por su aspecto y tamaño». Así es cómo tal vez podría haberse leído la carta original de Plinio el Joven dirigida a su amigo Tácito en la que le narraba la erupción del Vesubio en el año 79. Por todos es sabido que la fecha tradicional del desastre siempre ha sido la del 24 de agosto, puesto que las transcripciones medievales de la carta han reflejado así la fecha: *nonum Kal. Septembres*. Sin embargo, son varios los factores que apuntan hacia la posibilidad de que la erupción tuviera lugar durante el otoño y ahora vamos a repasarlos.

Las dudas sobre la fecha de la erupción surgieron ya en el siglo XVIII, aunque sin demasiada repercusión en la época. Solo el paso del tiempo y los avances en las excavaciones han podido llegar a confirmar estas sospechas. El hallazgo de grandes cantidades de frutos otoñales carbonizados —nueces, higos, castañas, uvas—, así como grandes recipientes para el almacenaje de la vendimia —*dolia*— ya sellados para conservar el vino, descartan completamente la posibilidad de que la erupción tuviera lugar en verano y apuntan claramente hacia el otoño, como mínimo al mes de octubre.

Existen también otros indicios de la llegada del frío a las ciudades enterradas por el Vesubio al haberse encontrado braseros para calentar las casas o tejidos de alfombras que cubrían los fríos suelos de mármol y mosaico. La prueba definitiva fue hallada en el año 1974 en la Casa del Brazalete de Oro de Pompeya. En ella fue descubierto un pequeño tesoro de cuarenta áureos y casi doscientos denarios que llevaban unos fugitivos que estaban intentando saquear la casa cuando murieron. Al margen del importante descubrimiento, uno de los denarios de plata guardaba una sorpresa crucial para probar que el Vesubio no entró en erupción el 24 de agosto. En esta moneda, acuñada por el emperador Tito, aparecen sus títulos, incluyendo su decimoquinta aclamación imperial que, gracias a dos inscripciones, sabemos que le fue concedida el 7 de septiembre del año 79. Por ello, esa moneda no pudo ser creada antes del 8 de septiembre del año 79, haciendo imposible que quedara enterrada en Pompeya si la erupción hubiera tenido lugar en agosto.

Una vez hemos establecido que la erupción sucedió al menos en un momento posterior al 8 de septiembre, ¿es posible averiguar la fecha exacta? La respuesta corta seguramente es no. En este caso, lo único que podemos hacer es plantear hipótesis que por el momento no pueden confirmarse de forma definitiva, pero que cumplen todos los requisitos que ya hemos comentado. La investigación ha propuesto el 1 de noviembre o el 30 de octubre como posibilidades, pero la que parece tener mayores opciones es la del 24 de octubre.

La copia de textos era algo muy común en la antigüedad y en el medievo puesto que era la única forma de conservar el contenido de una obra a pesar de que, por su antigüedad, su soporte se estuviera degradando. Los monasterios medievales hicieron un gran favor a la historia al transcribir los textos antiguos; sin ellos no habrían llegado hasta nosotros los contenidos de una gran cantidad de obras del mundo romano.

Si tomamos como punto de partida la fecha que aparece en el documento que conocemos —*nonum Kal. Septembres, hora fere septima*—, podemos descubrir el error de copia que pudo haber cometido el amanuense encargado de transcribir las cartas de Plinio respecto al texto original. Si nos fijamos en las tres palabras más importantes del texto, las que hacen referencias a números —*nonum*, *Septembres* y *septima*—, vemos que se refieren a los números nueve, siete y siete. Ahora veamos cual sería la forma de escribir la fecha del 24 de octubre: *no-*

num Kal. Novembres, hora fere septima. En este caso la secuencia sería nueve, nueve y siete. La posibilidad de que el copista confundiera la palabra *Novembres* con *Septembres* al tener delante y detrás *nonum* y *septima* es bastante alta, aunque no podemos más que presentar esta hipótesis sin que podamos estar completamente seguros de que el 24 de octubre del año 79 sea la fecha real de la erupción.

Como se puede comprobar, el avance de la investigación es crucial para continuar conociendo nuevos detalles sobre uno de los tesoros arqueológicos más importantes del mundo. Cabe destacar que todos los datos que ya conocemos sobre la catástrofe tienen su origen en el redescubrimiento que hizo Carlos III de sus restos mientras fue rey de Nápoles y las dos Sicilias. El rey, apasionado de la cultura y de las civilizaciones antiguas, algo que había heredado de su madre, Isabel de Farnesio, inició un proyecto de excavación por pozos junto al palacio que se estaba construyendo muy cerca de donde mil setecientos años atrás había estado la ciudad de Herculano. De aquellos pozos a gran profundidad, que se excavaban con presos dirigidos por ingenieros militares, comenzaron a extraerse esculturas y frescos. A pesar de que la corte se reía de las aficiones poco apropiadas del joven rey, él se mantuvo firme y continuó excavando en el teatro de Herculano, la Villa de los Papiros, Pompeya y Estabia, redescubriendo algunos de los lugares que habían sido completamente olvidados por la historia.

Desde el comienzo de las excavaciones, por las que Carlos III se interesó a lo largo de toda su vida, incluso desde Madrid —siendo ya rey de España—, el interés por las antigüedades romanas creció, influyendo enormemente en la arquitectura, pintura y escultura de la época. Su legado se mantuvo vivo gracias a aquellos que continuaron con las excavaciones que todavía hoy siguen en activo, con más fuerza que nunca, para seguir conociendo los detalles de un pasado al que, por suerte, ya no somos ajenos.

26 de octubre – 1 de noviembre	LUDI VICTORIAE SULLANAE	*ante diem VII Kalendas Novembres – Kalendis Novembribus*

Los *ludi victoriae*, a los que posteriormente fue necesario añadir el apelativo *Sullanae* para distinguirlos de aquellos instituidos en honor del divino Julio César, fueron celebrados por primera vez en el año 81 a. C. en conmemoración de la victoria del general Sila contra los samnitas de la Puerta Colina. El 1 de noviembre del año 82 a. C. tuvo lugar la batalla, en la que Sila aseguró Roma en contra de los partidarios y aliados de Mario, poniendo punto y final a la guerra civil. Tras la derrota definitiva de sus enemigos, Sila fue nombrado *dictator* y ostentó el poder absoluto sobre la República durante un año.

28 de octubre	EVICTIO TYRANNI	*ante diem V Kalendas Novembres*

El siglo IV comenzó para Roma con la contienda entre dos rivales que se disputaban el control político y militar del Imperio. Por un lado Majencio, que había sido aclamado como emperador en Roma, aunque también tachado de tirano por los propios ciudadanos que incluso causaron revueltas en su contra. Por otro Constantino quien, habiendo puesto bajo su mando la mayor parte del occidente del Imperio, se dirigió a Roma para capturar la capital, reclamando su puesto como emperador legítimo en contra del usurpador.

Después de varios combates en Italia, Constantino llegó a Roma en octubre del año 312 y acampó sin cruzar el Tíber, muy cerca del puente Milvio, que había sido destruido por orden de Majencio para evitar el paso del atacante. Tras un cambio de estrategia propiciado por el oráculo de los libros sibilinos, Majencio decidió entablar combate. El pasaje escogido había asegurado que en la batalla moriría quien fuera enemigo de los romanos. A pesar de todo, su familia se ocultó para no ser víctima del escarnio en caso de derrota e hizo enterrar las insignias —cetros y estandartes— imperiales en el Palatino —halladas en el año 2005 y expuestas hoy en día en el Museo Nazionale Romano Palazzo Massimo de Roma—.

Llegado el momento se reconstruyó el puente Milvio con madera de forma provisional para poder cruzar al otro lado del río y así entablar combate contra Constantino. Este, según cuentan las fuentes cristianas como Lactancio (*Sobre la muerte de los perseguidores,* 44) o Eusebio de Cesarea (*Vida de Constantino,* 38), tuvo un sueño o una visión en la que comprendió que el dios cristiano estaba de su parte para ganar la batalla. Así, decidió pintar en los escudos de sus soldados el símbolo del dios celeste *—caeleste signum dei—*, asociado con el crismón, uno de los símbolos más importantes de la fe cristiana.

Durante el combate, las tropas de Majencio se batieron en retirada hacia Roma. Al cruzar el inestable puente de madera de forma precipitada, este no aguantó el peso de todos los hombres y muchos de ellos, incluido el propio Majencio, cayeron al Tíber y murieron ahogados. El cadáver del emperador fue recuperado, mutilado y decapitado. Constantino llevó a Roma la cabeza del tirano clavada en una lanza para que todos los ciudadanos comprobaran por sí mismos que Majencio había muerto.

Constantino se convirtió en el nuevo emperador de Roma tras una batalla que tanto las fuentes cristianas como las paganas alabaron por haber supuesto la liberación de la ciudad. Todas ellas también coincidieron en que la ayuda divina había sido crucial en la victoria. Sin embargo, esto no significa realmente que Constantino se cristianizara como aseguran los cronistas cristianos para su propio beneficio. Un acto muy común antes de cualquier contienda era pedir la ayuda y la protección de alguna divinidad, en este caso Constantino se encomendó al dios cristiano. Su planteamiento, bien estudiado, también le servía para tener de su parte a los cristianos, cada vez más numerosos en Roma, para que lo apoyaran al entrar triunfante en la ciudad. Constantino nunca abandonó la veneración del resto de los dioses, pero sí aceptó al cristiano entre ellos, ensalzando aún más la libertad de culto religioso en el Imperio que acabaría menos de un siglo después con la imposición definitiva de la doctrina cristiana.

NOVIEMBRE — *NOVEMBER*

Frondibus amissis repetunt sua frigora mensem,
cum iuga centaurus celsa retorquet eques.

Tras la caída de la hoja regresan sus fríos a este mes
cuando el jinete centauro —sagitario— tuerce su celeste yugo —la Osa Mayor—.

MENSIS NOVEMBER DIES XXX

1	A	K·NOV·F		LVDI·IN·CIRC	
2	B	IIII	F		
3	C	III	C		
4	D	PR	C	LVDI·PLEBEII	
5	E	NON·F		LVDI	
6	F	VIII	F	LVDI	
7	G	VII	C	LVDI	
8	H	VI	C	LVDI	MVNDVS PATET
9	A	V	C	LVDI	
10	B	IIII	C	LVDI	
11	C	III	C	LVDI	
12	D	PR	C	LVDI	
13	E	EID·NP		IOVI·EPVLVM FERONIAE·IN·CAMP FORTVNAE·PRIMIGENIAE	
14	F	XIIX	F	EQVORVM·PROBATIO	
15	G	XVII	C	LVDI·IN·CIRC	
16	H	XVI	C	LVDI·IN·CIRC	
17	A	XV	C	LVDI·IN·CIRC	
18	B	XIIII	C	MERK	
19	C	XIII	C	MERK	
20	D	XII	C	MERK	
21	E	XI	C		
22	F	X	C		
23	G	VIIII	C		
24	H	VIII	C		
25	A	VII	C		
26	B	VI	C		
27	C	V	C		
28	D	IIII	C		
29	E	III	F		
30	F	PR	C		

XXX

Incipit mensis November

Comienza el mes de noviembre y con él llega el frío, que enmudece las noches y apaga los días. Este mes, el noveno en el calendario romano arcaico, de donde procede su nombre, era parco en fiestas. De hecho, los calendarios no marcan ninguna de las fiestas estatales —de grandes letras— a lo largo de este mes. Por el contrario, y al igual que septiembre, sus días se concentraban alrededor de la celebración de *ludi* a los que el frío no impedía que asistiera masivamente la población.

En lo que respecta al campo, comenzaba el duro trabajo de arar y sembrar los cultivos esperando que la tierra protegiera las semillas del frío antes de que germinaran. Su protección y la del mes se le encomendaba, según los calendarios agrícolas, a la diosa Diana.

3 de noviembre	Isia	*ante diem III Nonas Novembres*

La ilustración que acompaña este mes de noviembre hace referencia a una festividad que fue ganando importancia a medida que avanzaba el Imperio. A partir de la conquista e incorporación de Egipto como provincia romana, el gusto y las costumbres egipcios invadieron y conquistaron a su vez a los romanos. Las divinidades a las que se refieren las *isia* —Isis, Osiris y Horus— comenzaron su andadura para expandir su culto a una nueva civilización.

La celebración de esta festividad de origen egipcio tenía lugar entre los días 28 de octubre y 3 de noviembre. A pesar de la oposición que mostraron tanto Augusto como Tiberio hacia este tipo de cultos, Calígula los favoreció ampliamente, construyendo incluso un gran templo a Isis en el Campo de Marte. A partir de ese momento comenzó a celebrarse esta fiesta que reconstruía el mito de la muerte y resurrección de Osiris.

Según el mito, que tenía diferentes versiones, Seth —el caos—, hermano de Osiris —el bien— lo asesinó por envidia y despedazó su cadáver repartiéndolo por todo Egipto. Isis, esposa y también hermana de Osiris, buscó desesperadamente los pedazos del cuerpo de su marido hasta que los recuperó todos y consiguió recomponer el cuerpo. El miembro viril había sido devorado por un gran pez del Nilo para evitar que Osiris pudiera tener descendencia jamás. Sin embargo, una poderosa magia revivió temporalmente a Osiris, quien consiguió dejar embarazada a Isis de su hijo Horus, asociado con Harpócrates en la religión grecorromana. Finalmente Osiris, por su excepcional estado vital, ocupó el puesto de dios de los muertos para toda la eternidad.

Las *isia*, al igual que otros cultos en los que los ritos seguían una serie de estados de sufrimiento, muerte y resurrección, celebraban cada una de las fases del mito en un día diferente hasta llegar al momento en el que el bien triunfaba sobre el caos y el orden natural era restablecido. Todas las ceremonias estaban dirigidas por los anubóforos, sacerdotes de culto como el que aparece en la ilustración. Tradicionalmente vestían largas túnicas y se cubrían la cabeza con máscaras de cabeza de chacal, en representación del dios Anubis. Además, se acompañaban elementos rituales como los que vemos dibujados en la ilustración del mes: el *sistrum*, un instrumento musical de carácter sagrado, la serpiente sobre un plato de hojas y ramas rotas e incluso el ganso, animal de culto relacionado con la diosa. A medida que el culto a Isis ganó adeptos en Roma, los oficiantes comenzaron a ser elegidos de entre los miembros más destacados de la sociedad. El cargo llegó a ser ostentado por algunos emperadores como Cómodo, que se afeitó la cabeza y participó de los ritos de Isis personalmente.

Durante los siglos II y III el culto a Isis se hizo especialmente popular, llegando a mantenerse incluso en el siglo IV —apareciendo indicado en los *fasti filocali*— junto con otras fiestas isiacas, como la que ya conocimos en el mes de marzo: el *navigium isidis*.

4-17 de noviembre	LUDI PLEBEII	*pridie Nonas Novembres – ante diem XV Kalendas Decembres*

Los *ludi plebeii,* o juegos de la plebe, fueron establecidos de forma pública en el año 220 a. C. cuando el censor Cayo Flaminio construyó un circo, llamado Flaminio en su honor. Allí se celebraron los espectáculos hasta que, todavía en el periodo republicano, fueron trasladados al Circo Máximo como el resto de los *ludi* principales.

Estos juegos, que incluían *ludi scaenici* —del 4 al 12— y *circenses* —del 15 al 17—, eran el contrapunto perfecto para los *ludi romani* de septiembre. Ambos contaban una estructura prácticamente idéntica, incluyendo la *pompa circensis* y el banquete en honor de Júpiter en las *idus*. La diferencia radicaba en la organización de los juegos, que corría a cargo de los *aediles* plebeyos en este caso y de los curules en el otro. Del mismo modo que en los *ludi romani* de septiembre, tras la conclusión de los juegos se ofrecían tres días seguidos de mercado —del 18 al 20 de noviembre— para que todos aquellos que habían acudido a Roma desde otras ciudades para disfrutar de los juegos aprovecharan para abastecerse de las mercancías que pudieran necesitar.

8 de noviembre	MUNDUS PATET	*ante diem VI Idus Novembres*

Por tercera y última vez a lo largo del año, el *mundus* —la puerta del inframundo—, se abría y los muertos vagaban libres por el mundo de los vivos (más detalles sobre esta lúgubre festividad: ▶ 24 de agosto, pág. 224).

11 de noviembre	MARE CLAUSUM	*ante diem III Idus Nvembres*

El día 11 de noviembre, según cuentan las fuentes clásicas, era el primero a partir del cual no era recomendable navegar debido al mal tiempo y las condiciones marítimas adversas. Durante este periodo conocido como *mare clausum* —'mar cerrado'—, las rutas marítimas más importantes, que conectaban Roma con los puertos más lejanos del mar Mediterráneo, quedaban obstaculizadas hasta la llegada del buen tiempo, concretamente hasta el 10 de marzo. La fiesta del *navigium isidis*, celebrada tan solo unos días antes de esa fecha, también indicaba la bendición de la diosa para navegar.

> *Quidam menses aptissimi, quidam dubii, reliqui classibus intractabiles sunt lege naturae. Pachone decurso, id est post ortum Pliadum, a die VI. Kal. Iunias usque in Arcturi ortum, id est in diem XVIII. Kal. Octobres, secura navigatio creditur, quia aestatis beneficio ventorum acerbitas mitigatur; post hoc tempus usque in tertium Idus Novembres incerta nauigatio est [...] Ex die igitur tertio Idus Novembres usque in diem sextum Idus Martias maria clauduntur. Nam lux minima noxque prolixa, nubium densitas, aeris obscuritas, ventorum imbri vel nivibus geminata saevitia non solum classes a pelago sed etiam commeantes a terrestri itinere deturbat.*
>
> Algunos meses son muy aptos para la navegación, otros dudosos y los demás son impracticables para las flotas por la ley de la naturaleza. Después de la aparición de las Pléyades, desde el 27 de mayo, hasta la aparición de Arturo, el 14 de septiembre, la navegación se considera segura, porque la dulzura del verano calma la acritud de los vientos. Desde ese momento hasta el 11 de noviembre empieza a ser peligrosa; [...] Así, desde el 11 de noviembre hasta el 10 de marzo, los mares están cerrados. Pues el día es mínimo y la noche larga, la densidad de las nubes, la oscuridad del ambiente, el rigor de los vientos recrudecido por la lluvia o las nieves no solo impiden el viaje de las naves por mar, sino también el de los viajeros por tierra.
>
> (Vegecio, *Compendio sobre las instituciones militares* IV, 39).

A pesar de estas recomendaciones no existía una prohibición legal que imposibilitara la navegación, pero hacerse a la mar durante el invierno era una arriesgada empresa que solo los comerciantes más aguerridos y con ansias de beneficio se podían permitir. El mar era un poderoso aliado para Roma a través del cual podían transportarse mercancías y tropas a grandes distancias en poco tiempo, pero también podía convertirse en el más terrible enemigo si se desataba una tormenta.

Muchos fueron los barcos que se hundieron en aguas del Mediterráneo en la antigüedad, algunos de ellos tan impresionantes como el *Bou Ferrer*, un gran barco mercante que naufragó frente a las costas de Alicante procedente de Gades —Cádiz—. Desde allí se dirigía a Roma cargado con más de tres mil ánforas llenas de las mejores salsas de pescado de la Bética y lingotes de plomo que formaban parte de un importante cargamento propiedad del emperador Nerón. Las hipótesis actuales apuntan a que dicho cargamento de plomo podría tener como destino final la majestuosa, aunque malograda, *Domus Aurea* del emperador.

Descubre aquí mucho más sobre el pecio Bou Ferrer.

13 de noviembre	IOVI EPULUM	*Idibus Novembribus*

Del mismo modo que en las *idus* de septiembre el banquete de Júpiter marcaba el final de las representaciones teatrales y el comienzo de las circenses en los *ludi romani*, en las de noviembre lo hacía para los *ludi plebeii* (más detalles sobre esta celebración: ▶ 13 de septiembre, pág. 271).

13 de noviembre	FERONIAE IN CAMPO	*Idibus Novembribus*

También durante las *idus* de noviembre se celebraba la fiesta de la diosa Feronia, cuyo origen debía de ser más antiguo que los *ludi plebeii* al situarse en medio de su celebración. Esta divinidad, tal vez etrusca o sabina, estaba relacionada con la diosa Libertas, que personificaba la libertad. Por este motivo, Feronia estaba considerada la diosa protectora de los libertos —*dea libertorum*—.

En la ciudad de Tarracina se ha conservado un asiento en su templo, en el que se realizaba el ritual de la manumisión. Allí se sentaba el esclavo que iba a ser liberado, luciendo sobre su cabeza —que debía ser rapada— el *pilleus*, el gorro que simbolizaba su libertad. La inscripción conservada decía: *bene merenti servi sedeant, surgant liberi* ('que se sienten los esclavos que bien lo merecen y se levanten libres'; Servio, *Comentario a la* Eneida *de Virgilio* VIII, 564).

Los esclavos constituían el fundamento de la sociedad romana; podían desempeñar numerosas labores tanto en el campo como en la ciudad. De los primeros Varrón llegó a decir que eran *instrumenti genus vocale* o, lo que es lo mismo, herramientas con voz (Varrón, *Sobre las cosas del campo* I, 17, 1). A pesar de esta concepción tan despectiva, algunos esclavos podían llegar a ser muy influyentes y poderosos al servir a importantes familias romanas o incluso al propio emperador. La mayoría tenían oficios comunes como lavanderos, panaderos, cocineros o sirvientes, siempre dirigidos por un patrón, y otros tantos servían como esclavos públicos para el Estado.

Muchos de estos esclavos urbanos trabajaban con la esperanza de ser liberados algún día y poder comenzar una nueva vida. Algunos morirían antes de cumplir siquiera dieciocho años, pero quienes sobrevivieran hasta la madurez tenían posibilidades de conseguir su libertad. Las esclavas eran liberadas más jóvenes, en muchos casos para poder casarse con sus amos, pero la mayor parte de las veces era común que un buen esclavo fuera liberado entre los veinticinco y los treinta años de edad. Por el contrario, muchos esclavos empleados en las labores agrícolas de los latifundios o, peor aun, en las minas o canteras, tenían una baja esperanza de vida y pocas opciones para conseguir su *manumissio* —'liberación'—.

DICIEMBRE — *DECEMBER*

Argumenta tibi mensis concedo Decembris
quae sis quam vis annum claudere possis.

Concluyo mi tema con tus fiestas, diciembre,
con las que puedes cerrar cualquier año.

MENSIS DECEMBER DIES XXXI

1	G	K·DEC·N		NEPTVNO PIETATI·AD CIRC·FLAM
2	H	IIII	N	
3	A	III	N	
4	B	PR	C	
5	C	NON·F		
6	D	VIII	F	
7	E	VII	C	
8	F	VI	C	TIBERINO·IN·INSVLA
9	G	V	C	
10	H	IIII	C	
11	A	III	AGON·NP	
12	B	PR	EN	CONSO·IN·AVENTINO
13	C	EID·NP		TELLVRI·LECTIST CERERI·IN·CARINIS
14	D	XIX	F	
15	E	XIIX	CONS·NP	
16	F	XVII	C	ARA·FORTVNAE·REDVCI DEDICATA·EST
17	G	XVI	SAT·NP	
18	H	XV	C	
19	A	XIIII	OPAL·NP	
20	B	XIII	C	
21	C	XII	DIVA·NP	
22	D	XI	C	LARIB·PERMAR
23	E	X	LAR·NP	
24	F	VIIII	C	
25	G	VIII	C	NATALIS·SOL·INVICTI
26	H	VII	C	
27	A	VI	C	
28	B	V	C	
29	C	IIII	F	
30	D	III	F	
31	E	PR	C	

XXXI

Incipit mensis December

Comienza diciembre, el último mes del año romano y el décimo en el calendario arcaico, en el que posteriormente iría seguido de *Februarius* durante varios siglos. En el campo este mes era poco exigente, por lo que los propietarios de las tierras podían aprovechar para cobijarse del frío y disfrutar de un merecido descanso hasta el siguiente mes.

En la ciudad era el momento de celebrar de nuevo grandes festividades, después de un mes de noviembre más ligero en cuanto a celebraciones relacionadas con los dioses. La ilustración que acompaña al último mes del año nos habla de una de las fiestas más importantes y celebrada entre los romanos: las *saturnalia*, dedicadas a Saturno, dios protector de este mes. De esta representación invernal hablaremos más adelante cuando detallemos los pormenores de la fiesta.

4 de diciembre	BONA DEA	*pridie Nonas Decembres*

Bona Dea era una divinidad cuyo culto, relacionado con la fertilidad, estaba permitido solo a las mujeres. Su nombre real no era pronunciado o siquiera conocido por los romanos y sus rituales sagrados eran secretos. Todo eso ya lo descubrimos en su fiesta que tenía lugar el día 1 de mayo.

A pesar de ello, a principios de diciembre se celebró durante buena parte de la historia de Roma otra fiesta en su honor. En este caso no era una festividad pública, sino privada, a la que asistían las mujeres más destacadas de la sociedad, desde las vírgenes vestales hasta las esposas de los hombres más influyentes de Roma. Todas ellas se reunían en secreto y fuera del alcance de la vista de cualquiera en la casa de uno de los cónsules o del pretor para rendir culto a Bona Dea en favor del pueblo de Roma —*pro salute populi romani*—.

En el año 63 a. C. se celebró en casa de Cicerón, siendo él cónsul, y en el 62 a. C. en la de César, que ostentaba entonces el cargo de pretor. La fiesta, que ese año se celebró la noche del 3 o el 4 de diciembre, comenzó como de costumbre. Las mujeres se reunieron en una habitación decorada con hojas de viña. Bajo la atenta mirada de las dos anfitrionas, Aurelia y Pompeya, madre y esposa de César respectivamente, se sacrificó un cerdo y se ofreció el vino —al que debían llamar «leche»— a la diosa. Mientras las mujeres bailaban al ritmo de la música lejos de los hombres, un invitado no deseado se coló en la fiesta.

Publio Clodio Pulcro había entrado a escondidas, vestido de mujer, para estar con Pompeya, la esposa de César, con quien se decía que mantenía un romance. Al poco de infiltrarse Clodio entre las mujeres, una de las sirvientas de la casa se percató de su voz masculina y descubrió inmediatamente el ultraje. Todas las mujeres se apresuraron a cubrir todo aquello que no debía ser visto por los hombres y Aurelia dio por concluidos los rituales de forma abrupta y poco ortodoxa. Aquel ultraje a las mujeres romanas necesitó de grandes expiaciones a Bona Dea para evitar males mayores. Clodio, por su parte, debía responder ante los hombres y los dioses en un juicio en que las clases altas abogaban por la condena pero el pueblo estaba decidido a conseguir su salvación.

César se divorció inmediatamente de Pompeya para evitar cualquier tipo de suspicacias. Cuando fue llamado a declarar en el juicio de Clodio, sorprendió a todos al asegurar que no sabía nada del incidente. Los magistrados, extrañados, le preguntaron: «Entonces, ¿por qué repudias a tu mujer?», a lo que César respondió: «Porque considero que de la mía no debe siquiera sospecharse» (Plutarco, *Vida de César* 10, 9). Hubo quienes dijeron que realmente pensaba así y otros que lo hizo simplemente para ganarse el favor del pueblo, que clamaba fervorosamente por la absolución. Finalmente, Clodio resultó absuelto de toda acusación y para la posteridad quedó una enseñanza plasmada en la historia del refranero popular: «La mujer del César, además de ser honesta, debe parecerlo».

5 de diciembre	FAUNALIA	*Nonis Decembribus*

Fauno, dios silvestre que correteaba por los bosques y los cultivos favoreciendo a los campesinos, era venerado en este día. A diferencia de la que se le ofrecía al dios el 13 de febrero, esta era una fiesta que probablemente no se celebraba en Roma o en cualquier otra ciudad, sino en el campo. A Fauno se le ofrecía vino y un cabrito para conseguir su favor como protector de los cultivos, los rebaños y los bosques. Horacio le dedicó una de sus *Odas* (III, 18) a esta fiesta, en la que todos los habitantes del campo descansaban y bailaban alegres, olvidándose por un día del duro trabajo rural.

8 de diciembre	TIBERINO IN INSULA	*ante diem VI Idus Decembres*

El 8 de diciembre se celebraba en Roma la fiesta de Tiberino, personificación del río Tíber. Su templo se encontraba en la isla Tiberina, desde donde la divinidad controlaba las aguas y su caudal. El río Tíber era una parte fundamental de la ciudad. Gracias a su profundo lecho los barcos podían arrastrar mercancías hasta Roma y en sus aguas se realizaban diversos ritos de *lustratio* —limpieza religiosa—, siendo el río un elemento que conjugaba por igual cualidades divinas y terrenas.

A pesar de todo lo bueno que aportaba el río a los romanos, el Tíber era testigo de muchos suicidios desde sus puentes y también de ejecuciones, como las de los parricidas, que eran arrojados vivos a las aguas dentro de un saco en el que previamente se introducía un perro, un gallo, una serpiente y un mono. Esta condena, conocida como *poena cullei*, estuvo en activo al menos desde el siglo II a. C., perdurando en algunos casos hasta bien entrada la Edad Moderna en Europa.

Como podemos comprobar, la relación de Roma con el Tíber era, y sigue siendo, compleja. Por encima de todo había algo que los romanos trataban de evitar a toda costa con sus plegarias al dios Tiberino: las inundaciones. Las aguas del Tíber inundaron la ciudad en numerosas ocasiones en la antigüedad, afectando seriamente a muchos edificios del Campo de Marte y llegando a anegar a veces la zona del Foro. En las fuentes que atestiguaron algunas de estas catástrofes se cuenta que, en diversas ocasiones, la única forma de ir de un lugar a otro de la ciudad había sido navegando por las calles.

Incluso hoy en día, a pesar de los esfuerzos que comenzaron en la antigüedad por elevar el nivel de la ciudad, las inundaciones siguen afectando a Roma periódicamente, si bien no de una forma tan dramática como en épocas pasadas pero sí alterando la vida diaria de los romanos que, con el paso del tiempo, parecen haber olvidado que Tiberino sigue decidiendo desde su templo —ya desaparecido— el destino de las aguas de la ciudad.

11 de diciembre	AGONALIA	*ante diem III Idus Decembres*

La cuarta y última *agonalia* del año, después de las de enero, marzo y mayo, estaba dedicada a Indiges una divinidad relacionada con el dios Sol, así como con Eneas, fundador de la raza latina, en periodos más antiguos. En ella se sacrificaba un carnero pidiendo al dios Sol que calentara con sus rayos (más información sobre las *agonalia*: ▶ 9 de enero, pág. 122).

11 de diciembre	SEPTIMONTIUM	*ante diem III Idus Decembres*

El 11 de diciembre también se celebraba la fiesta del *septimontium.* Se trata de una tradición arraigada desde los primeros momentos de existencia de las comunidades que comenzaron a formar la primitiva población de Roma. Sin embargo, al no incluir a todos los ciudadanos, sino tan solo a los *montani*, habitantes de los montes de Roma, no aparece en ninguno de los calendarios imperiales. La única mención la encontramos en el *laterculus polemi silvi*, el códice calendario del siglo v.

Esta fiesta celebraba la unión de los montes en los que se asentaron las diversas poblaciones de Roma hacia el siglo IX a. C. La unión de siete —*septem*— de estos hizo surgir la fiesta. Como en tantos otros aspectos de la cultura romana, es complejo establecer qué siete montes eran los que componían esta primera unión, no ya para los investigadores actuales sino para los propios romanos, quienes dieron distintas respuestas ante el mismo concepto de los *septem montes.*

Es posible que los siete montes originarios, que fueron anexionándose uno tras otro fueran estos: Palatino, Velia, Cermalo, Opio, Cispio, Fagutal y Celio. La población de estas siete zonas de Roma serían los llamados *montani*, quienes celebraban los sacrificios en esta festividad, dejando a un lado a los habitantes del Quirinal y el Viminal, por ser consideradas colinas —*colles*— y no montes.

A lo largo de la historia de Roma el concepto de los siete montes, que contenía este poderoso número mágico de gran importancia para tantas culturas del mundo antiguo —y moderno—, se mantuvo intacto, aunque no así la lista de los montes que lo formaban. A pesar de la enorme incertidumbre existente, muchos autores coincidieron en otorgar el honor de pertenecer a la lista canónica ya en época Imperial a estos siete: Palatino, Capitolio, Quirinal, Viminal, Esquilino, Celio y Aventino.

El ritual más importante de la fiesta se celebraba en el Palatino, el monte que había visto nacer la ciudad de la mano de Rómulo. En él se honraba a Palatua, la divinidad protectora del monte. Al margen de este y otros ritos, sabemos que durante la celebración de la fiesta no estaba permitido desplazarse por la ciudad en carros o cualquier otro medio de transporte que utilizara animales de tiro. En la propia Roma se llegó a decir que, más allá de los motivos rituales, esta tradición evitaba que los ciudadanos se marcharan fuera durante esta fiesta.

13 de diciembre	LECTISTERNIUM TELLURI	*Idibus Decembribus*

Las *idus* de diciembre estaban marcadas en el calendario con una fiesta dedicada a la diosa Tellus en la que se celebraba la dedicación de su templo, su *dies natalis*. En su honor, y quizá también en el de la diosa Ceres, a quien Tellus —la Tierra— estaba muy unida por la agricultura, se celebraba un *lectisternium*. Se trataba de un ritual en el que las estatuas de las divinidades se tumbaban en lechos y se les ofrecía un banquete sagrado. Todo ello estaba enfocado como un rito propiciatorio de la fertilidad de los campos en la nueva siembra.

15 de diciembre	CONSUALIA	*ante diem XVIII Kalendas Ianuarias*

Este día se desenterraba por segunda vez en el año el altar del dios Conso, protector de los pozos y los silos, situado en el Circo Máximo. Seguramente también volvían a repetirse otros rituales, como las carreras de carros y caballos (más detalles sobre las *consualia*: ▶ 21 de agosto, pág. 242).

17-23 de diciembre	SATURNALIA	*ante diem XVI Kalendas Ianuarias - ante diem X Kalendas Ianuarias*

Si bien el año ya está tocando a su fin, los romanos todavía esperan que llegue una de las fiestas más importantes de todo el año: se trata de las *saturnalia*, las fiestas de Saturno. En seguida nos ocuparemos de las alegres —y transgresoras— tradiciones que tenían lugar durante estas fiestas, aunque nos centraremos antes en conocer a Saturno, a quien se debía su origen y concepción inicial.

Saturno era un dios con un origen antiquísimo que gobernó el mundo en una edad de oro en la que no existían diferencias entre hombres libres y esclavos; todos eran libres, iguales y compartían los frutos de la tierra. Fue el propio Saturno, según contaba la tradición romana, el que había enseñado a los mortales a cultivar el campo, por lo que se le veneraba como el dios que protegía las tareas de la siembra. Incluso se decía que su nombre derivaba de *sero, satus* —'sembrar'— y, aunque hoy sabemos que esta interpretación etimológica seguramente no es correcta, para los eruditos romanos ninguna otra relación podía tener más sentido.

Las *saturnalia* comenzaron a celebrarse el 17 de diciembre del año 497 a. C., cuando se dedicó un templo a Saturno en el Foro Romano, justo frente a la ladera del monte Capitolio. Su fiesta se estableció en los últimos días del año, recién acabada la siembra, para pedirle al dios la protección de los cultivos que debían enfrentarse al frío del invierno antes de comenzar a crecer. El trabajo del campo había terminado por lo que, después de ofrecer sus súplicas, los campesinos aprovechaban para disfrutar de unos días de descanso y tiempo libre; incluso los esclavos que trabajaban la tierra tenían permiso para abandonar sus tareas durante el periodo invernal.

El templo de Saturno, reconstruido en diversas ocasiones durante los siguientes mil años, fue no solo el lugar de culto del dios, sino que se convirtió también en la sede del *aerarium populi romani*, el tesoro público del Estado. Si durante el reinado de Saturno todos los hombres habían vivido en igualdad y todo era de todos, ¿qué mejor lugar que su templo para custodiar la riqueza que pertenecía a todos y cada uno de los romanos por igual? La estatua de culto que presidía la estructura sagrada se custodiaba atada con cuerda de lana para evitar que el dios abandonara la ciudad, dejando sin protección a los romanos. Tan solo al llegar las *saturnalia* la estatua de Saturno era desatada para que pudiera disfrutar de su fiesta.

En la concepción popular, las *saturnalia* eran las fiestas de los contrastes y los contrarios, algo que estaba muy presente en los rituales que se realizaban de forma privada en las siguientes jornadas festivas. Las celebraciones públicas del Estado, realizadas el primer día, también demostraban estas tradiciones de cambio y contraste —aunque no de forma alocada y caótica como veremos después—. Los sacrificios de este día se hacían *capite aperto* —con la cabeza descubierta—, cuando lo normal era que los sacerdotes llevaran la cabeza cubierta por la túnica para evitar ver u oír algo de mal agüero que pudiera estropear el ritual. La fiesta oficial concluía con una gran *convivium publicum*, un banquete al que podían asistir todos los ciudadanos que así lo desearan. Cuando todos habían disfrutado ya de la comida y seguramente ya corría más vino que viandas por sus gargantas, un grito unánime resonaba en toda la ciudad: *Io saturnalia!*, algo así como '¡Felices saturnales!'.

Nadie podía imaginar un día mejor en todo el año: los colegios y establecimientos permanecían cerrados, las calles rebosaban alegría y todos podían celebrar el día —libres o esclavos— sin distinción; descansaban también los soldados e incluso los criminales, puesto que no estaba permitido condenar a nadie durante el que, para muchos, era el mejor día del año —*Saturnalibus, optimo dierum!*, Catulo, *Poemas*, XIV, 15—.

Aunque la fiesta oficial se celebraba el día 17 de diciembre desde hacía siglos, el cambio al calendario juliano provocó que muchos comenzaran a celebrarla dos días más tarde, los mismos que César había añadido al mes de diciembre. Ante esta situación, en la que cada cual celebraba las *saturnalia* en un día diferente, acabó por extenderse su duración del 17 al 19, siendo oficializada por el propio emperador Augusto. Ante la popularidad de los festejos, la gente fue ampliando cada vez más la fiesta de forma espontánea en los días posteriores. Aunque nunca fueron reconocidos oficialmente, durante la mayor parte del Imperio las *saturnalia* se celebraron durante siete días seguidos, hasta el día 23 de diciembre.

La gente salía a la calle de día y de noche para disfrutar de las fiestas, en las que sonaban las flautas, corría el vino y aquellos que mantenían el decoro de vestir la toga eran motivo de burla por parte de quienes veneraban las *saturnalia* como ninguna otra fiesta del calendario. El caos y el bullicio se apoderaban de Roma, dejando a un lado la razón y la sensatez del resto del año. La inversión del orden natural era celebrada en muchos aspectos de la vida diaria. Se permitían, por ejemplo, las apuestas y los juegos de azar en las calles, ilegales en cualquier otro momento del año.

La imagen que ilustra el mes de diciembre muestra este aspecto de las *saturnalia,* por ser uno de los más llamativos e interesantes para muchos romanos. Un hombre que sostiene una antorcha, dando a entender que las celebraciones continuaban también durante la noche, acaba de lanzar los dados sobre una mesa. Cuenta además con un curioso accesorio que evitaba que se pudieran hacer trampas al lanzar. Se trata de una pequeña torrecilla conocida como *pyrgus* que tenía en su interior una serie de pequeñas rampas y escalones en las que rebotaban los dados consiguiendo que la tirada no pudiera ser amañada.

Los juegos de azar —como dados o monedas— o de tablero —como el famoso *ludus latrunculorum*, el juego de los ladrones, de concepto similar al ajedrez—, eran muy comunes en el mundo romano, sobre todo entre las clases más bajas de la sociedad. Incluso los niños jugaban desde pequeños con fichas hechas de hueso o cerámica, tabas o monedas. Uno de los juegos más populares entre los más pequeños era *caput aut navis*, literalmente 'cabeza o barco', pero que podemos traducir como nuestro «cara o cruz». El nombre del juego provenía de la iconografía de las monedas de bronce de la República, que solían tener por un lado la cara de una divinidad y por el otro una proa de nave. A pesar de que ese tipo de monedas desapareció, el nombre se mantuvo durante toda la antigüedad.

Por otra parte, la elite intelectual solía reunirse en pequeños grupos para celebrar banquetes culturales. Era tradición, como dejó escrito Aulo Gelio (*Noches áticas* XIII, 11) citando a Varrón, que el número de comensales siempre debía ser mayor que las Gracias —tres— y menor que las Musas —nueve— para que el banquete fuera perfecto. En estos ambientes eran comunes los debates filosóficos sobre el tiempo, la vida, el amor y tantos otros temas profundos. El mejor ejemplo de ellos lo conservamos gracias a Macrobio quien, a finales del siglo IV, narró toda la discusión de uno de estos banquetes eruditos celebrados durante las *saturnalia* en una obra homónima a esta fiesta.

En ambientes menos sofisticados también se hacían reuniones sociales y banquetes, aunque la discusión no era tan filosófica y muchas veces se preparaban juegos y divertimentos variados para la fiesta. En este tipo de situaciones se cree que pudo existir una figura conocida como *saturnalicius princeps*, una especie de reyezuelo que se introdujo con el Imperio y que podía dar órdenes extrañas que los invitados debían obedecer: bailar, cantar o incluso desnudarse y tirarse agua fría por encima. También era común que se plantearan enigmas, se resolvieran adivinanzas y se recitaran juegos de palabras y trabalenguas.

Nam qui lepide postulat alterum frustrari
quem frustratur, frustra eum dicit frustra esse;
nam qui sese frustrari quem frustra sentit,
qui frastratur is frustrat, si non ille est frustra.

Quien pretende engañar a alguien, resulta engañado él mismo cuando dice que aquel a quien engaña está engañado; pues quien considera engañosamente que engaña a alguien, es él, el que engaña, quien resulta engañado, si no engaña a aquel a quien quería engañar.

(Aulo Gelio, *Noches áticas* XVIII, 2, 7;
citando una de las sátiras del poeta Quinto Ennio).

BARBARA BARBARIBVS BARBABANT BARBARA BARBIS

Balbuceaban bárbaras barbaridades con barbas bárbaras.

(Grafito inciso en los muros de la Casa de la Regina
Margherita, en Pompeya.
Corpus Inscriptionum Latinarum IV, 4235).

Un componente fundamental de la celebración popular de las *saturnalia* eran las bromas y los chistes. Los chistes tal y como los entendemos hoy en día fueron una invención romana. Los más populares trataban sobre borrachos, glotones u hombres con halitosis; incluso tenían su particular «Lepe»: la ciudad griega de Abdera. Pero, por encima de todos, a los romanos les encantaban los chistes en los que los protagonistas eran los *scholastikos*, intelectuales para los que la racionalidad parecía ser más importante que el sentido común. Debieron ser comunes las obras dedicadas a recopilar los mejores chistes, de las que conservamos una del siglo IV o V: Φιλόγελως —'El amante de la risa'—, que contiene más de 260 chistes variados. Aunque el humor ha evolucionado mucho a lo largo de la historia y muchos de los chistes romanos los encontraríamos poco graciosos —*frigidi*, que dirían ellos—, hay algunos conceptos que siempre han sido populares, como empezar los chistes con un trío de personajes como nuestro: «esto eran un inglés, un francés y un español…»:

> Σχολαστικὸς καὶ φαλακρὸς καὶ κουρεὺς συνοδεύοντες καὶ ἔν τινι ἐρημίαι μείναντες συνέθεντο πρὸς τέσσαρας ὥρας ἀγρυπνῆσαι καὶ τὰ σκεύη ἕκαστος τηρῆσαι. ὡς δὲ ἔλαχε τῶι κουρεῖ πρώτωι φυλάξαι, μετεωρισθῆναι θέλων τὸν σχολαστικὸν καθεύδοντα ἔξυρεν καὶ τῶν ὡρῶν πληρωθεισῶν διύπνισεν. ὁ δὲ σχολαστικὸς ψήχων ὡς ἀπὸ ὕπνου τὴν κεφαλὴν καὶ εὑρὼν ἑαυτὸν ψιλόν· μέγα κάθαρμα, φησίν, ὁ κουρεύς πλανηθεὶς γὰρ ἀντ᾽ ἐμοῦ τὸν φαλακρὸν ἐξύπνισεν.
>
> Un intelectual [*scholastikos*], un calvo y un barbero viajaban juntos y, como tenían que pasar la noche en un lugar apartado, decidieron que cada uno de ellos estaría despierto cuatro horas durante la noche para proteger el equipaje. El barbero fue el primero en hacer guardia y para distraerse se dedicó a afeitarle la cabeza al intelectual mientras dormía; cuando se acabó su guardia le despertó. El intelectual se pasó la mano por la cabeza y al encontrarla lisa y sin pelo dijo: «¡Que idiota es este barbero, ha despertado al calvo en lugar de a mí!».
>
> (Hierocles y Filagrio, *El amante de la risa,* 56).

En estos días la alegría y el júbilo también se apoderaban de los esclavos puesto que en las *saturnalia* eran completamente libres para hacer lo que quisieran. Muchos ciudadanos, como gesto de hermanamiento, lucían el *pilleus* —gorro de la libertad—, que simbolizaba la equidad de todos los hombres durante la fiesta de Saturno. Los rituales de inversión de las normas sociales afectaban especialmente a los esclavos. Era costumbre que se les permitiera sentarse a la mesa con sus amos e incluso que, en los ambientes de mayor confianza, fueran estos últimos los que sirvieran a los esclavos por un día.

El último día de las fiestas de Saturno se conocía como *sigillaria*, una celebración dedicada especialmente a hacer regalos a familiares y amigos cercanos. Existían pequeños detalles genéricos, como velas o figurillas de cera y cerámica, que llevaban precisamente el nombre de *sigillaria*. Existían incluso mercadillos de *saturnalia* en los que se podían adquirir estos y otros objetos para regalar, al más puro estilo de los tradicionales mercados de Navidad de muchas ciudades actuales.

Al emperador Augusto, amante de esta celebración, de sus chanzas y en general de su ambiente festivo, le gustaba bromear con los regalos que hacía. En sus banquetes se hacían sorteos repartiendo boletos entre los comensales con los que podían ganar objetos de lujo, como oro, ropajes y grandes sumas de dinero, u objetos de broma como esponjas, pinzas o mantos de pelo de cabra. Otros emperadores mantuvieron esta costumbre e incluso la llevaron al extremo, como Heliogábalo. En sus banquetes solía hacer rifas de objetos que siempre estaban emparejados. Los invitados podían ganar diez camellos o diez moscas, diez libras de oro o de plomo, diez avestruces o diez huevos de gallina.

Como en muchas otras ocasiones, la mayor parte de los romanos celebraban de buen grado todas estas tradiciones, aunque siempre había quienes se negaban a ello por considerarlas depravadas, banales o simplemente poco dignas de aquellos que tenían en muy alta estima su propia sabiduría. Entre ellos Séneca, que advertía sobre los peligros de dejarse arrastrar por la locura de las masas, o Plinio el Joven, que durante las *saturnalia* se encerraba en una alejada habitación de su casa para no molestar la diversión de sus allegados y que ellos no molestaran sus estudios.

Las *saturnalia* eran, sin lugar a dudas, una de las festividades más queridas y aclamadas del mundo antiguo. Fueron tan populares que algunas de sus tradiciones se mantuvieron incluso en los siglos v y vi, cuando el componente religioso de la fiesta había desaparecido por completo en favor del cristianismo. Especial interés ha suscitado siempre el popular intercambio de regalos y las celebraciones en familia en relación con las fiestas navideñas. En estas celebraciones cristianas sin duda tuvieron mucha influencia diversas tradiciones romanas, como comprobaremos dentro de unos días, cuando llegue su turno. En el caso de las *saturnalia* no podemos asegurar que su relación con la Navidad sea directa, pero sí es posible que algunos de los elementos más característicos de esta fiesta romana se mantuvieran en la tradición cristiana posterior.

Quos ibit procul hic dies per annos!
quam nullo sacer exolescet aevo!
dum montes Latii paterque Thybris,
dum stabit tua Roma dumque terris
quod reddis Capitolium manebit.

¡Por cuántos años perdurará la memoria de este día!
El tiempo no podrá destruir un día tan sagrado [las *saturnalia*]
mientras permanezcan los montes del Lacio y, padre Tíber,
mientras tu Roma se mantenga en pie
y altivo el Capitolio que al orbe restituyes.

(Estacio, *Silvas* I, 6, 98-102).

19 de diciembre	OPALIA	*ante diem XIV Kalendas Ianuarias*

Las *opalia*, dedicadas a la diosa Ops, se celebraban dentro de los días en los que las *saturnalia* imperaban sobre Roma. A la diosa Ops se la consideraba esposa de Saturno por lo que, a pesar de encontrarse en medio de los días de *saturnalia*, su fiesta no desentonaba con el ambiente. Ops era una divinidad relacionada con la fertilidad de los campos, muy en consonancia con el sentido primitivo de las fiestas de su marido. Las plegarias a Ops se realizaban en dos momentos críticos del año agrícola: tras la siembra, en la festividad celebrada en este día, y tras la cosecha, para garantizar su protección, el 25 de agosto en la fiesta de las *opiconsivia*.

21 de diciembre	DIVALIA VEL ANGERONALIA	*ante diem XII Kalendas Ianuarias*

Angerona era una diosa arcaica cuyo culto estaba inmerso en el secretismo, al tratarse de una de las divinidades que los romanos debían favorecer para mantener la ciudad en un estado de armonía y prosperidad. Por su nombre se la relacionaba con la protección de las anginas o con el dolor y las penas —*angor*— del alma. Pero quizá su función más importante tenía que ver con la protección de un importante secreto de la ciudad. Su estatua de culto, para reflejar esta tarea, tenía la boca tapada y un dedo delante de los labios ordenando silencio. El secreto con el que los autores clásicos la relacionaban era el auténtico nombre de Roma.

Este concepto puede parecernos muy sorprendente puesto que es muy poco conocido que la ciudad tenía, además de Roma, otro nombre que era tabú. Muy pocos debían conocerlo realmente y aquellos que lo hacían tenían prohibido siquiera pronunciarlo bajo pena inmediata de muerte. Ni siquiera en las ceremonias sagradas podía ser pronunciado, salvo quizá en aquellas que eran secretas —*arcanis caeremoniis*—. Pero, ¿por qué era un sacrilegio tan terrible que alguien revelara el nombre secreto de Roma? Los propios romanos creían que ante una situación de conquista de una ciudad, invocar su nombre y el de su divinidad protectora —*evocatio*— podía granjearles la victoria al conseguir con sus ofrendas que la divinidad se pasara a su bando. Así, al no revelar jamás el auténtico nombre de la ciudad de Roma —ni el de su divinidad protectora— ningún enemigo podría jamás tomar esa ventaja contra ellos.

Tan solo Juan el Lidio, un historiador bizantino del siglo VI, se atrevió a decir cuál pensaba que había sido el nombre secreto de Roma. Para él parecía evidente que ese nombre, por su relación con la diosa Venus, madre de la estirpe romana, no podía ser otro que *AMOR*, anagrama de ROMA. Durante toda la historia de Roma, esta curiosa coincidencia semántica fue muy popular, apareciendo en la literatura, grabada en las paredes de Pompeya y en muchos otros lugares, incluso en forma de palíndromo: *ROMAMOR*.

Quizá hubo quien en la antigüedad pensara que este realmente era el nombre secreto de la ciudad, al fin y al cabo nadie lo podría confirmar o desmentir, pero no parece probable que así fuera al ser una asociación de palabras demasiado conocida como para que ningún autor aportara siquiera sospechas sobre ello. Desgraciadamente para nosotros, es probable que nunca lleguemos a saber cual era aquel nombre prohibido; aquellos que lo conocieron se llevaron el secreto a la tumba y la diosa Angerona aun hoy sigue ordenando silencio sobre el verdadero nombre de la ciudad de Roma.

23 de diciembre	LARENTALIA	*ant diem X Kalendas Ianuarias*

Nos adentramos en las *larentalia*, la última de las fiestas marcadas con grandes letras en los calendarios marmóreos de finales de la República y comienzos del Imperio. Esta celebración estaba dedicada a Aca Larentia —*Acca Larentia* en latín—, a quien se le atribuía haber sido la madre adoptiva de los gemelos Rómulo y Remo. Su nombre así parece indicarlo: *Acca* se ha relacionado con el sánscrito *akka*, que significa 'madre', y *Larentia* podría hacer referencia a los Lares, divinidades protectoras en las que se vieron reflejados Rómulo y Remo.

Su presencia en la leyenda fundacional de Roma, criando a los gemelos junto con su esposo, el pastor Fáustulo, podría haber creado también la figura mítica de la Loba Capitolina. Podemos pensar, pues así lo mencionan algunas versiones del mito, que no fue una loba —*lupa*— la que rescató a los gemelos de las aguas del Tíber en un primer momento, sino una prostituta, a quienes también se las llamaba *lupae* —'lobas'—. Parece posible, por tanto, que fuera Aca Larentia la prostituta que recogió a los bebés y los cuidó junto a su esposo en la versión más antigua del mito. Las versiones posteriores habrían transformado —por confusión o conveniencia— a la prostituta en loba, aportando un mayor dramatismo a la leyenda.

Los rituales que se le dedicaban eran celebrados en el supuesto lugar de enterramiento de Aca Larentia, en la zona del Velabro, seguramente tras el templo de los Dioscuros. Allí se hacían las ofrendas, dirigidas por el *Flamen Quirinalis*, cuya presencia era muy apropiada por la relación de Aca Larentia con Rómulo, de quien este *flamen* era el máximo representante entre los mortales.

Algunos autores clásicos también mencionan la leyenda de otra Larentia, también prostituta, que habría sido ofrecida a Hércules en su templo para que la tomara durante la noche como ofrenda. Fue el guardián del propio templo quien, habiendo perdido una partida de dados con el dios —en la que él mismo lanzó las dos veces—, se vio obligado a complacerle con tal ofrenda. Hércules aconsejó en sueños a Larentia que saliera al Foro y besara al primer hombre que encontrase. Ella besó a un viejo rico llamado Tarutio, al que convirtió en su amante. Cuando este murió le dejó toda su fortuna y, pasado un tiempo, cuando también ella falleció, dejó escrito que todo su dinero fuera legado al pueblo romano. De ahí que se la honrara durante las *larentalia* en agradecimiento.

25 de diciembre	NATALIS SOLIS INVICTI	*ante diem VIII Kalendas Ianuarias*

El 25 de diciembre no era una fecha relevante para los romanos, teniendo en cuenta que, en su concepción, el solsticio de invierno no suponía el comienzo de esta estación sino su punto medio. A pesar de que, como ya vimos, a este día se le conocía como *bruma* —por ser *brevissimus*: el día más corto del año—, no existía ninguna fiesta al uso que celebrara el comienzo del nuevo periodo en el que los días cada vez se hacían más largos, o al menos así fue hasta el siglo III.

La religión romana, como hemos podido comprobar a lo largo de esta obra, siempre estuvo presidida por el sincretismo y la asimilación de nuevos dioses que se añadían o superponían a los ya existentes. Esto les sirvió, en parte, como una forma muy efectiva de integrar culturalmente a todas aquellas personas que entraban en contacto con Roma, ya fuera comercial o socialmente.

El culto al Sol durante la República no fue especialmente importante en comparación con otras divinidades. Aun así contaba con dos santuarios en Roma: uno de ellos en el Circo Máximo y otro junto al templo de Quirino, posiblemente en relación con el primer reloj de sol que fue llevado a Roma por Lucio Papirio Cursor en el año 293 a. C.

Restitución ideal de la colosal estatua de bronce situada en pleno centro de Roma que representaba al dios Sol Invicto.

A comienzos del Imperio, concretamente el año 10 a. C., Augusto honró al dios Sol con el gran obelisco del Circo Máximo, dejando patente que la importancia del astro rey comenzaba a ser más destacada en el panteón de dioses romanos. Medio siglo después, Néron mandó construir una gran estatua de bronce dorado de sí mismo para adornar los jardines de su gigantesco palacio: la *Domus Aurea.* Este coloso, de treinta metros de altura, fue convertido por Vespasiano en una estatua del dios Sol colocándole una corona de rayos. Así, la gran estatua, que sufrió varias vicisitudes más a lo largo de los siglos hasta su destrucción en la Edad Media, fue la más monumental que conoció Roma, dando una idea de la veneración que comenzaba a sentir el pueblo romano por el dios Sol ya desde finales del siglo I.

Hacia la segunda mitad del siglo II el dios Sol adquirió el epíteto de *Invictus*, el astro invencible e inmortal que un día tras otro moría y renacía para alumbrar al mundo. A partir del reinado de Cómodo, que añadió este mismo nombre al suyo propio, todos los emperadores comenzaron a llevar también el nombre de *Invictus* en su titulatura oficial, lo que suponía una fuerte relación entre la divinidad y el gobernante que prácticamente convertía a este último en un dios en vida.

También a lo largo del siglo II comenzó a emerger el culto a Mitra, un dios llegado desde oriente que se encontraba entre las llamadas «religiones mistéricas», una categoría de cultos que, a diferencia de la religión estatal —más centrada en la vida diaria—, prometían la salvación eterna del alma tras la muerte. El mitraísmo comenzó a ser muy popular entre los romanos, sobre todo entre los soldados, que encontraron en Mitra un dios piadoso y redentor.

Según sus creencias, el alma se originaba más allá de las esferas celestiales que formaban el universo. Desde allí comenzaba un viaje místico que culminaba, al llegar a la Tierra, con su nacimiento en un cuerpo mortal. Desde ese momento, la vida humana solo tenía un propósito: llegar a conseguir, con la experiencia, el conocimiento suficiente para que en el momento de la muerte el alma pudiera realizar el camino de vuelta a través de las siete esferas celestiales que contenían los planetas. Así se cerraba un ciclo que solo entonces podía volver a comenzar.

El mitraísmo, acorde con estos preceptos, exigía a sus fieles diferentes ritos de iniciación a partir de los cuales los iniciados conseguían ascender a través de los siete niveles de veneración que se correspondían con cada uno de los planetas del firmamento: *corax* —'cuervo', asociado con Mercurio—, *nymphus* —'esposo', con Venus—, *miles* —'soldado', con Marte—, *leo* —'león', con Júpiter—, *perses* —'persa', con la Luna—, *heliodromus* —'el corredor solar', con el Sol— y *pater* —'padre', con Saturno, el más lejano y poderoso de los planetas—.

Es relativamente poco lo que sabemos hoy en día del mitraísmo, debido principalmente al celo y el secretismo con el que se guardaban los misterios de su culto. Ninguna persona ajena a esta religión, a la que solo podían acceder los hombres, podía conocer las revelaciones que Mitra ofrecía para la salvación eterna. Entre sus sacramentos más importantes conocemos el banquete que se ofrecía en comunión con los dioses y especialmente la llamada «tauroctonía», el mito central de la religión mitraica.

Este ritual del sacrificio del toro estaba representado en los *mithraea*, santuarios de culto a Mitra que normalmente cumplían la condición de encontrarse bajo tierra o incluso aprovechando grutas naturales. En el fondo de un *mithraeum* se encontraba siempre la imagen de culto del dios, en forma de relieve, estatua o pintura, representado sobre el toro al que estaba dando muerte con un cuchillo. A su alrededor se encontraban una serie de símbolos que acompañaban la escena: el perro y la serpiente que beben la sangre que mana del cuello del toro sacrificado, el cuervo que se posa sobre el manto de Mitra o el escorpión que atrapa con sus pinzas los testículos del animal. También suelen estar presentes en las representaciones del mito el Sol y la Luna en sus carros, representando al día y a la noche, así como dos portadores de antorchas; uno de ellos la lleva en alto y el otro hacia abajo, para diferenciar los solsticios de verano e invierno.

Relieve de finales del siglo II - principios del III en el que se representa el ritual mitraico de la tauroctonía. Museo Nazionale Romano, Termas de Diodeciano, Roma.

A lo largo del siglo III, la relación entre Mitra y el dios Sol fue creciendo, en parte gracias a su asimilación con otras divinidades solares como *Elagabalus*, cuya representación terrenal era un gran meteorito negro que el emperador Heliogábalo llevó a Roma desde la ciudad siria de Emesa.

Tras un periodo de tremenda inestabilidad conocido como la «anarquía militar», en el que se sucedieron uno tras otro los asesinatos de emperadores, Aureliano consiguió reunificar el Imperio bajo su mando, devolviendo la estabilidad a Roma, tanto a nivel social como religioso, ya bajo el manto del poderoso *Deus Sol Invictus*. En el año 274 oficializó su culto dedicándole un templo en el Campo de Marte el día 25 de diciembre, considerado como el día del nacimiento del Sol —*dies natalis Solis Invicti*— porque a partir de ese momento los días empiezan a ser más largos.

Este día pasó a acoger una festividad destacada, celebrada incluso con *ludi circenses*, dada la importancia que había conseguido alcanzar el dios Sol, a quien comenzaban a asociarse no solo dioses como Mitra o Atis, sino todas las divinidades celestiales del panteón religioso. Esta nueva tendencia comenzaba a dejar atrás la religión tradicional, en la que los mortales ofrecían sacrificios a los dioses para conseguir su apoyo en la vida diaria, en favor de la religión de salvación —concepto que se mantiene todavía en la actualidad—, en las que los fieles tratan de conseguir su salvación eterna más allá de la vida.

En este mismo contexto comenzó a extenderse otra religión de influencias también mistéricas que con el tiempo terminaría por destruir al resto de cultos: el cristianismo. Esta religión estaba fundamentada, del mismo modo, en un dios salvador que prometía la vida eterna a sus fieles. Este dios fue encarnado en la figura de Jesús, quien debió nacer, según las fuentes cristianas de los siglos III y IV, hacia los años 3-2 a. C., una fecha para nosotros confusa que responde a la manera defectuosa en la que se fijó el inicio de la era cristiana.

Jesús, como tantos otros en su época, fue un estudioso de la ley judía que defendía el regreso del reino de Israel y con él la llegada del fin del mundo, entendido como el comienzo del reino de Dios en la Tierra. No es objeto de esta obra, ni tendríamos espacio suficiente para ello, tratar los pormenores de la interesantísima asimilación del Jesús histórico en la figura mística de *Christos* —'el ungido'— y su transformación final con el paso del tiempo en Jesucristo, el mesías salvador de la nueva religión.

El culto cristiano, que fue evolucionando principalmente a partir de la reinterpretación que Pablo de Tarso hizo de la figura de Jesús, incluía, al igual que en otras religiones mistéricas, sacramentos de iniciación a través de los cuales los fieles podían ganar su salvación. Del mismo modo que el mitraísmo, la religión cristiana comenzó a ganar importancia en Roma desde el siglo II y, con el paso del tiempo, fue afianzando sus rituales. Los cristianos comenzaron a asociar el *dies Solis* —domingo, 'día del Sol'— con el día del Señor —*dies Dominicus*—, algo por lo que muchos fieles adoradores de Sol *Invictus* pensaban que los cristianos también eran seguidores del dios Sol.

Nada más lejos de la realidad; los cristianos, a diferencia de otros cultos religiosos que toleraban la adoración de otras divinidades, tenían completamente prohibido participar de cualquier rito religioso que no perteneciera a su religión. Como resultado de esta restrictiva política religiosa, muchos cristianos comenzaron a quedar excluidos de la vida social de sus comunidades, íntimamente ligada a los ritos religiosos. Así, era común pensar incluso que los cristianos eran en realidad ateos, al no participar de la adoración de los dioses. En la antigüedad fue común atribuir los desastres y las malas épocas al descontento de los dioses ante el comportamiento de los hombres; en esta situación de tensión religiosa no debe extrañarnos que se culpara de los malos sucesos a aquellos que no veneraban a los dioses: los cristianos eran los culpables, no por adorar a su dios, sino por negarse a aceptar a los demás y, con ellos, al propio emperador como enviado de la divinidad en la Tierra.

En este ambiente surgieron las primeras persecuciones de cristianos, intensificadas a comienzos del siglo IV por el emperador Diocleciano, cuya represión religiosa se prolongó durante ocho años. Posteriormente, la llegada al poder de Constantino y la proclamación del edicto de tolerancia de los cristianos consiguió calmar temporalmente un pulso religioso, que acabaría con la imposición cristiana del año 380, de la que ya hablábamos al escribir sobre la cristianización del calendario (▶ pág. 54).

A pesar de todo ello, realmente nunca existió una rivalidad dual entre Mitra/Sol y Cristo, al menos no desde la perspectiva de los primeros. Si bien los fieles de los cultos relacionados con el Sol no tendrían ningún inconveniente en aceptar también al dios cristiano como una asimilación más del astro rey, los cristianos jamás habrían podido aceptar a otras divinidades, cuya existencia no era negada aunque sí se les consideraba como falsos dioses o demonios.

A pesar de las restricciones y de los problemas que podía acarrear a los fieles, el cristianismo experimentó un crecimiento exponencial desde los primeros seguidores de Jesús —a quienes no se debe considerar cristianos, sino judíos que creían en la llegada del fin del mundo—, que no debieron llegar a cien personas, hasta los casi diez mil que acumulaba la primitiva religión en el siglo II. Llegado el siglo IV, Roma contaba ya con más de diez millones de cristianos. Pero, ¿por qué triunfó esta religión sobre las demás?

En la antigüedad no existió un solo cristianismo, sino muchas ramas de pensamiento con mayor influencia judía o griega —entre otras— que pugnaron entre sí para conseguir imponerse sobre las demás. De entre todas ellas fue la visión de los seguidores de Pablo de Tarso la que consiguió su propósito por su carácter abierto que, a diferencia de muchas otras, perseguía una idea integradora en la que la salvación era posible para todos los hombres. Para ello fue necesario matizar y reestructurar el cristianismo originario con el fin de que fuera más atractivo a una masa ingente de personas con los más diversos orígenes e idiosincrasias.

De cara a los romanos más tradicionales, fue necesaria una total separación de la figura de Jesucristo de su verdadero ser mortal como judío, pues en Roma, nadie habría aceptado convertirse a un nuevo culto religioso derivado del judaísmo. El judaísmo nunca fue visto con buenos ojos en Roma principalmente entre los hombres, a causa del ritual de la circuncisión. Este sagrado rito judío se realizaba con un cuchillo de sílex de una forma tosca que en muchos casos producía un importante destrozo en el miembro viril. Así, cuando un judío iba a las termas públicas, todos los hombres se reían de él y en muchos casos llegaba a quedar socialmente aislado, algo que un ciudadano romano de bien jamás se podría permitir. La salvación debía llegar de otra manera.

Por otra parte, la doctrina cristiana también ganó muchos adeptos entre las mujeres que, a diferencia de otras religiones que las vetaban —como el mitraísmo—, eran bien recibidas por los cristianos, consiguiendo potencialmente el apoyo de una buena parte de la población femenina.

Finalmente, frente otras religiones de salvación, en las que muchas veces los ritos de iniciación para lograr la salvación eterna requerían de complejos rituales y grandes desembolsos económicos, el cristianismo tan solo requería el ritual del bautismo, en el que los fieles vivían una experiencia de salvación. Al sumergirse bajo el agua el nuevo adepto se unía con la divinidad en la muerte y era Cristo quien le sacaba figuradamente de esa situación, resucitando en su nueva fe.

Una vez comprendidos algunos de los porqués del rápido ascenso del cristianismo en sus primeros siglos de vida, podemos centrarnos en el último rival al que la doctrina cristiana tuvo que vencer antes de convertirse en la religión mayoritaria de Roma. Aun desde su posición privilegiada, a finales del siglo III el dios cristiano todavía no había superado el poder de quien había sido erigido en la práctica como divinidad única del culto pagano: el dios Sol Invicto.

La estrategia cristiana pasaba por contrarrestar el poder del dios Sol y tratar de convencer a sus fieles para que adoraran al dios cristiano. Con gran acierto estratégico y propagandístico, los fieles cristianos comenzaron a celebrar la fiesta del nacimiento de Jesucristo el 25 de diciembre, el mismo día en el que Aureliano había oficializado anteriormente el del Sol. La celebración de la fiesta cristiana del nacimiento de Cristo está atestiguada por primera vez en una lista de mártires fechada en el año 336, aunque seguramente esta nueva práctica se fue desarrollando desde comienzos del siglo IV por la influencia positiva de la tolerancia religiosa que había comenzado con el emperador Constantino.

Con este simple gesto, al modificar artificialmente la fecha oficial de su nacimiento, Cristo fue equiparado por sus propios fieles con el Sol, pero no con el Sol Invicto, un dios pagano y demoniaco: Cristo era el único y verdadero Sol que ilumina el mundo. Este concepto, que no era nuevo en el cristianismo por el trasfondo de divinidad solar que en sí misma tenía esta religión, estaba reflejado en los Evangelios: «[La palabra de Dios] era la luz verdadera, la que ilumina a todos los hombres, la que viene al mundo», «Jesús se dirigió de nuevo a ellos diciendo: "Yo soy la luz del mundo; el que me siga jamás andará en la oscuridad, sino que llegará a la luz de la vida"» (*Evangelio de Juan,* 1, 9 y 8, 12; escrito hacia el 95-100 d. C.).

Cristo era el *Sol Iustitiae* —'sol de justicia'— al que verdaderamente debían adorar los fieles del astro rey. No se les pedía que abandonaran su culto, sino que escucharan a un nuevo Sol que iluminaría el mundo para toda la eternidad. Incluso las representaciones iconográficas de Cristo se adaptaron para afianzar esta idea, colocándole una corona de rayos de sol sobre la cabeza y apareciendo montado sobre el carro solar, una representación muy común, idéntica a la que hemos podido ver en la iconografía de los ritos de Mitra.

Tras la cristianización oficial del Estado romano por parte del emperador Teodosio en el año 380, los restos de cualquier otra religión pagana fueron erradicados del Imperio. A pesar de ello, todavía tendrían que pasar varios siglos hasta que desaparecieran por completo los últimos cultos locales y para que se afianzara definitivamente un cristianismo que, heredero de su época, todavía hoy conserva muchos recuerdos de todas las religiones con las que convivió. En la actualidad es posible encontrar, fosilizados en ritos y cultos diversos, muchos restos de la sociedad y la religión romanas, que llegan hasta nosotros después de un largo viaje a través del tiempo.

Recreación del mosaico del siglo III que decora la bóveda de la tumba M de la necrópolis vaticana. Por su contexto, se puede interpretar que se trata de una representación de Cristo en un carro como *Sol Iustitiae,* el sol de justicia que ilumina al mundo.

EPÍLOGO

El calendario y todos sus elementos, como hemos podido comprobar a lo largo del viaje temporal que hemos hecho en estas páginas, es sin duda uno de los elementos básicos que aporta la estabilidad y el orden fundamentales para el desarrollo de una sociedad.

El calendario romano en particular, fundamento y origen del nuestro, nos permite comprender el desarrollo tanto tecnológico como sociocultural de Roma a lo largo de toda su historia. Desde sus primeros pasos a través de la observación de la luna, pasando por su evolución hacia el modelo solar durante la República y la creación de los *fasti*, hasta el hito fundamental que conocemos como «calendario juliano», sin duda uno de los avances tecnológicos más destacados de la antigüedad. Tanto es así que más de 2000 años después seguimos empleándolo tan solo con una pequeña mejora —la corrección del desfase temporal conocida como «calendario gregoriano»— y ya es tan intrínseco a nosotros que, por el consenso alcanzado con su utilización global, seguramente jamás sea sustituido.

Aun así, debemos mirar mucho más allá: a los siglos, los años, los meses, las semanas, los días y las horas, y todo lo que en su interior guardan los diversos engranajes que forman la gran estructura temporal e idiosincrática que es el calendario romano. Todo ello nos habla de sus tradiciones, sus fiestas, sus miedos, sus divinidades, su orgullo, sus orígenes e incluso de su día a día cotidiano.

Un día a día que fue evolucionando y modificándose sustancialmente a lo largo de los más de mil años de historia de Roma hasta llegar a su fase final, en la que pareciera que el mundo romano había muerto desangrado por fuera y por dentro. Sin embargo, y a pesar de los muchos esfuerzos de aquellos que impusieron las nuevas normas del mundo, su esencia, los cimientos sobre los que se apoya todo lo que somos y lo que decimos hoy en día siguen inamovibles para recordarnos de lo que fueron capaces aquellos que dominaron el mundo antes que nosotros.

El calendario es un ciclo que se repite y que nos conecta con el pasado hasta extremos tan profundos que a veces son difíciles de imaginar. Aprendamos ahora a valorar la importancia de mirar al pasado, no con orgullo —no es necesario—, tan solo con admiración por el camino recorrido y con la vista puesta en aprender tanto de lo bueno como de lo malo. Es el momento de hacer un hueco en nuestra vida personal y en la sociedad contemporánea a nuestro pasado, para así comprender mejor el presente y vislumbrar con claridad lo que todavía está por llegar.

> *Nescire autem quid ante quam natus sis acciderit, id est semper esse puerum. Quid enim est aetas hominis, nisi ea memoria rerum veterum cum superiorum aetate contexitur?*
>
> Ignorar lo que sucedió antes de que tú nacieras, es como ser siempre un niño. ¿Qué es, en efecto, la vida de un hombre si no se une a la de sus antepasados mediante el recuerdo de los hechos antiguos?
>
> (Marco Tulio Cicerón, *El orador,* a *Marco Bruto,* 34, 120).

Primus romanas ordiris, Iane, kalendas.
Februa vicino mense Numa instituit.
Martius antiqui primordia protulit anni.
Fetiferum Aprilem vindicat alma Venus.
†Maiorum† dictus patrium de nomine Maius.
Iunius aetatis proximus est titulo.
Nomine caesareo Quintilem Iulius auget.
Augusto nomen caesareum sequitur.
Autumnum, Pomona, tuum September opimat.
Triticeo october faenore ditat agros.
Sidera praecipitas pelago, intempeste November.
Tu genialem hiemem, feste December, agis.

Tú el primero abres, Jano, las romanas *kalendas*.
En el mes siguiente Numa instituyó las fiestas de purificación.
Marzo inauguraba el comienzo del año antiguo.
Al fructífero abril lo reivindica Venus bienhechora.
Por el nombre de nuestros mayores se conoce a mayo.
Junio está relacionado con el nombre de la juventud
Julio engrandeció a *Quintilis* con el nombre de César.
También agosto persiste en tener nombre cesáreo.
Septiembre colma, Pomona, a tu otoño.
Octubre enriquece los campos con el rédito del grano.
Tú precipitas estrellas al mar, noviembre desapacible.
Tú, festivo diciembre, celebras el alegre invierno.
(Ausonio, *Églogas*, 9).

Agradecimientos

Escribir sobre el tiempo, las festividades y la vida cotidiana de aquellos que vivieron hace dos mil años no es tarea fácil, sobre todo si se pretende hacer asequible a todo aquel que se acerque a su lectura manteniendo intacta también su fidelidad a la realidad académica actual. Aun así, una empresa de tal magnitud puede volverse mucho más sencilla si se cuenta con un equipo editorial como el que yo he tenido la suerte de encontrar en Espasa. Especial agradecimiento merecen Pilar Cortés y Alegría Gallardo, quienes me han acompañado y aconsejado a lo largo de toda esta aventura y sin las cuales *Un año en la antigua Roma* todavía no existiría más allá de mis pensamientos.

No dejarán de sorprenderme los dibujos que Silvia Gutiérrez ha creado para este proyecto, devolviendo la vida a todo aquello que muchas veces ya solo podemos contemplar gracias a la destreza de artistas como ella. Otra artista —de las palabras— a la que debo mi agradecimiento es María Limón, filóloga clásica y profesora de la Universidad de Sevilla, que ha atendido, con amabilidad innata, todas mis dudas técnicas en el campo de la lengua latina. Todos los aciertos que uno encuentre tanto en las ilustraciones como en los textos clásicos están ahí gracias a ellas y cualquier error será solo responsabilidad mía —*quandoque bonus dormitat Homerus*—.

Quiero dar las gracias también a todos aquellos que desde hace ya muchos años han compartido momentos conmigo, soportando y comprendiendo que a menudo pase más tiempo en la antigua Roma que en el siglo XXI. También debo dar las gracias a mi padre y a mi cuñada por su trabajo como correctores de todos esos pequeños detalles que mejoran la lectura. A mi pareja —*mea Lesbia*—, a mi madre y al resto de mi familia y amigos —especialmente a los que están ahí en el día a día—, por su apoyo y disposición consiguiendo que escribir este libro a su lado haya sido todo un placer que guardaré siempre conmigo.

A las ciudades de Roma, Segovia, Madrid, y tantas otras en las que he escrito estas líneas y todas las que las preceden. Por supuesto, también cabe elogiar al Senado y al pueblo de Roma, pues su mera existencia nos ha legado la posibilidad de descubrir una de las civilizaciones más fascinantes de la historia de la humanidad que ahora tratamos de comprender y compartir con todo el que quiera escuchar.

Por último, siempre estaré en deuda con todas aquellas personas que siguen y apoyan desde hace años el proyecto cultural *Antigua Roma al Día*, ya sea a través de los medios tecnológicos en las redes sociales —Twitter, Facebook, Instagram, YouTube...— y en la web —*antiguaroma.com*— o de forma presencial en conferencias, viajes y demás encuentros en los que se me brinde la oportunidad de compartir la cultura del mundo romano. Sin todos ellos este proyecto jamás habría llegado tan lejos: siempre contaréis con mi más sincero agradecimiento.

Y si tú, lector, consideras que esta obra, con sus aciertos y sus errores, ha conseguido aportarte aunque solo sea un pequeño destello de claridad sobre la vida en la antigua Roma, todo el trabajo invertido en ella habrá merecido la pena.

Fuentes clásicas

Las obras escritas por los autores del mundo antiguo, conservadas a través de los siglos gracias a la inestimable labor de copia de los guardianes —cristianos y árabes—, del saber y la erudición en la Edad Media, suponen uno de los testimonios más importantes que tenemos para conocer la historia.

A pesar de todo, en muchos casos, no debemos depositar toda nuestra confianza en ellas de forma ciega, pues son reflejos del pensamiento de sus autores y de su época y siempre contarán, de una forma u otra, con sesgos inconscientes o incluso mentiras malintencionadas.

En definitiva, una lectura mesurada y crítica de las mismas nos permitirá recopilar los datos más dispares y detallados sobre tantos y tantos aspectos de la antigua Roma. Aquí está la lista de fuentes clásicas empleadas para documentar este libro, ordenadas por autores y con sus títulos más comunes en castellano, aunque durante la investigación también se han utilizado versiones tanto en latín como en griego e inglés.

Anónimo, *El origen de la estirpe romana.*
Anónimo, *Evangelio de Juan.*
Apiano, *Guerras civiles.*
Apuleyo, *El asno de oro.*
Augusto, *Hazañas del Divino Augusto.*
Aulo Gelio, *Noches áticas.*
Aulo Persio, *Sátiras.*
Ausonio, *Églogas.*
Beda el Venerable, *Sobre el cómputo del tiempo.*
Catón el Censor, *Sobre la agricultura.*
Claudiano, *Poemas.*

CATULO, *Poemas.*
CENSORINO, *Sobre el día del nacimiento.*
CICERÓN, *Sobre la respuesta de los arúspices.*
— *El orador, a Marco Bruto.*
— *Filípicas.*
DIÓN CASIO, *Historia romana.*
DIONISIO DE HALICARNASO, *Antigüedades romanas.*
DIONISIO EL EXIGUO, *Sobre la Pascua.*
EUSEBIO DE CESAREA, *Vida de Constantino.*
FESTO, *Sobre el significado de las palabras.*
FRONTÓN, *Cartas.*
HIEROCLES y FILAGRIO, *El amante de la risa.*
HORACIO, *Arte poética.*
— *Epístolas.*
— *Odas.*
JUAN EL LIDO, *Sobre los meses.*
JUSTINIANO, *Digesto.*
JUVENAL, *Sátiras.*
LACTANCIO, *Sobre la muerte de los perseguidores.*
Instituciones divinas.
Lucano, *Farsalia.*
MACROBIO, *Comentario al sueño de Escipión.*
— *Saturnales.*
MARCIAL, *Libro de los espectáculos.*
NICOLÁS DE DAMASCO, *Vida de Augusto.*
OROSIO, *Historias contra los paganos.*
OVIDIO, *Amores.*
— *El arte de amar.*
— *Fastos.*
PLINIO EL JOVEN, *Cartas.*
PLINIO EL VIEJO, *Historia natural.*
PLUTARCO, *Cuestiones romanas.*
— *Isis y Osiris.*
— *Vidas paralelas* («Camilo»; «Julio César»; «Numa»; «Pompeyo»; «Rómulo»).
POLIBIO, *Historias.*
PROPERCIO, *Elegías.*
PRUDENCIO, *Contra Símaco.*
SÉNECA, *Cartas a Lucilio.*

SERVIO, *Comentario a la* Eneida *de Virgilio.*
SUETONIO, *Vida de los doce césares.*
TÁCITO, *Anales.*
TIBULO, *Elegías.*
TITO LIVIO, *Desde la fundación de la Ciudad.*
VALERIO MÁXIMO, *Hechos y dichos memorables.*
VARRÓN, *Sobre las cosas del campo.*
— *Sobre la lengua latina.*
VEGECIO, *Compendio sobre las instituciones militares.*
VELEYO PATÉRCULO, *Historia romana.*
VIRGILIO, *Eneida.*
— *Églogas.*
VV. AA., *Antología latina.*
— *Historia augusta.*
ZÓSIMO, *Nueva historia.*

BIBLIOGRAFÍA

ABASCAL, J. M., 2000-2001, «La era consular hispana y el final de la práctica epigráfica pagana», *Lvcentvm*, vol. XIX-XX, pp. 269-292.

— 2002, «*Fasti consulares, fasti locales* y *horologia* en la epigrafía de Hispania», *Archivo Español de Arqueología*, vol. 75, pp. 269-286.

ALDRETE, G. S., 2006, *Floods of the Tiber in ancient Rome*. The Johns Hopkins University Press, Baltimore.

ALFÖLDY, A., 1937, *A festival of Isis in Rome under the christian emperors of the IVth century*. Institute of numismatics and archaeology of the Pázmány-Universiy, Budapest.

ALONSO RODRÍGUEZ, M. C., 2012, «El rey en el balcón: Carlos III y el descubrimiento de Herculano», en M. Almagro Gorbea y J. Maier Allende (eds.), *De Pompeya al nuevo mundo: La corona española y la arqueología en el siglo XVIII*, pp. 81-92.

ALVAR EZQUERRA, A., 1980-1981, «Las *res gestae divi augusti*», *Cuadernos de prehistoria y arqueología*, n.º 7-8, pp. 109-140.

AUGET, R., 1972, *Cruelty and civilization. The roman games*. Routledge, Londres y Nueva York.

BAGNALL, R. S. *et al.* (eds.) 2013, *The encyclopedia of ancient history*. Willey-Blackwell Publishing, Chicester.

BAILÓN GARCÍA, M., 2012, «El papel social y religioso de la mujer romana. *Fortvna mvliebris* como forma de integración en los cultos oficiales». *Habis*, vol. 43, pp. 101-118.

BARCHIESI, A., 1997, *The poet and the prince: Ovid and Augustan discourse*. University of California Press, Berkeley, Los Ángeles y Londres.

BARKER, D., 1996, «The golden ages is proclaimed? The *Carmen Saeculare* and the renascence of of the golden race», *The Classical Quarterly*, vol. 46, pp. 434-446.

BARNES, T. D., 1968, «Hadrian's farewell to life», *The classical quarterly*, vol. 18, n.º 2, pp. 384-386.

— 2014, *Constantine. Dynasty, religion and power in the later roman empire.* Wiley Blackwell, Malden.

BARNETT, J. E., 1998, *Time's pendulum: From sundials to atomic clocks, the fascinating history of timekeeping and how our discoveries changed the world.* Mariner Books, Nueva York.

BARTON, C. A., 1993, *The sorrows of the ancient romans. The gladiator and the monster.* Princeton University Press, Princeton.

BARTON, T., 1995, «Augustus and capricorn: astrological polyvalency and imperial rhetoric», *The journal of roman studies,* vol. 95, pp. 33-51.

BARRETT, A. A., 2002, *Livia: first lady of imperial Rome.* Yale University Press, New Haven y Londres.

BEARD, M., 1987, «A complex of times: no more sheep for Romulus' birthday», *Proceedings of the Cambridge Philological Society,* vol. 33, pp. 1-15.

— 2013, *Laughter in ancient Rome. On joking, tickling, and cracking up.* University of California Press, Berkeley, Los Ángeles y Londres.

BEARD, M., NORTH, J., PRICE, S., 1998a, *Religions of Rome. Volume 1: a history.* Cambridge University Press, Cambridge.

— 1998b, *Religions of Rome. Volume 2: a sourcebook.* Cambridge University Press, Cambridge.

BECK, R., 1988, *Planetary gods and planetary orders in the mysteries of Mithras.* E. J. Brill, Leiden, Nueva York, Copenhage y Colonia.

— 2006, *The religion of the Mithras cult in the roman Empire. Mysteries of the unconquered Sun.* Oxford University Press, Oxford.

BENNETT, C., 2003, «The early augustan calendars in Rome and Egypt», *Zeitschrift für papyrologie und epigraphik,* vol. 142, pp. 221-240.

BERESFORD, J., 2013, *The ancient sailing season.* Brill, Leiden y Boston.

BLACKBURN, B., HOLFORD-STREVENS, L., 1999, *The Oxford companion to the year.* Oxford University Press, Oxford.

BORMANN, E., HENZEN, G. (eds.), 1876, *Corpus Inscriptionum Latinarum. Voluminis sexti pars prima. Inscriptiones sacrae. Augustorum, magistratuum, sacerdotum. Latercula et tituli militum.* Berolini apud Georgium Reimerum.

BORMANN, E., HENZEN, G., HUELSEN, CHR. (eds.), 1882, *Corpus Inscriptionum Latinarum. Voluminis sexti pars secunda. Monumenta columbariorum. Tituli officialium et artificium. Tituli sepulcrales reliqui: A-Claudius.* Berolini apud Georgium Reimerum.

BOWMAN, A., WILSON, A. (eds.), 2009, *Quantifying the roman economy: methods and problems.* Oxford University Press, Oxford.

BROUWER, H. H. J., 1989, *Bona Dea. The sources and a description of the cult.* E. J. Brill, Leiden, Nueva York, Copenhage y Colonia.

CAIRNS, F., 2010, «Roma and her tutelary deity: names and ancient evidence», en C. S. Kraus, J. Marincola y C. Pelling (eds.), *Ancient historiography and its contexts. Studies in honour of A. J. Woodman.* Oxford University Press, Oxford, pp. 245-266.

CARABIAS TORRES, A. M., 2012, *Salamanca y la medida del tiempo.* Ediciones Universidad de Salamanca, Salamanca.

CARANDINI, A. (ed.), 2013, *Atlante di Roma Antica.* Mondadori Electa, Milán.

CARTER, M. J., 2006, «Gladiatorial combat: the rules of engagement», *The classical journal,* vol. 102, n.º 2, pp. 97-114.

CHRISTENSEN, P., KYLE, D. G. (eds.), 2014, *A companion to sport and spectacle in greek and roman antiquity.* Wiley Blackwell, Malden.

CIARDIELLO, R., 2011-2012, «Alcune riflessioni sulla casa del Bracciale d'oro a Pompei», *Annali. Archeologia, studi e ricerche sul campo. Unisob,* pp. 167-193.

CID LÓPEZ, R. M., 2014, «Imágenes del poder femenino en la Roma antigua. Entre Livia y Agripina», *Asparkía, 25,* pp. 179-201.

CLAUSS, M., 2000, *The roman cult of Mithras. The god and his mysteries.* Trad. R. Gordon. Routledge, Londres y Nueva York.

COBBETT, R. E., 2008, «A dice tower from Richborough», *Britannia,* vol. 39, pp. 219-235.

CULHAM, P., 2004, «Women in the roman republic», en H. I. Flower (ed.), *The Cambridge companion to the roman Republic.* Cambridge University Press, Cambridge.

DE JUAN FUERTES, C., CIBECCHINI, F., MIRALLES, J. S., 2014, «El pecio Bou Ferrer (La Vila Joiosa-Alicante). Nuevos datos sobre su cargamento y primeras evidencias de la arquitectura naval», *I Congreso de arqueología náutica y subacuática española (Cartagena, 14, 15 y 16 de marzo de 2013).* Ministerio de Educación, Cultura y Deporte, Madrid.

DECLERCQ, G., 2002, «*Dionysius Exiguus* and the introduction of the christian era», *Sacris Erudiri,* vol. 41, pp. 165-246.

DEGRASSI, A., 1963, *Inscriptiones Italiae, XIII, Fasti et elogia.* Fasc. II, *Fasti anni numani et iuliani.* Roma.

DESSAU, H. (ed.), 1887, *Corpus Inscriptionum Latinarum. Volumen decimum quartum. Inscriptiones Latii veteris Latinae.* Berolini apud Georgium Reimerum.

Dolansky, F., 2008, «*Togam virilem sumere*: coming of age in the roman world», en J. Edmondson y A. Keith (eds.), *Roman dress and the fabrics of roman culture.* University of Toronto Press, Toronto, Buffalo y Londres, pp. 47-70.

— 2011, «Honouring the family dead on the *parentalia*: ceremony, spectacle, and memory», *Phoenix,* vol. 65, n.º 1/2, pp. 125-157.

Donahue, J. F., 2003, «Toward a typology of roman public feasting», *The american journal of philology, vol. 124, n.º 3 Special issue: roman dining,* pp. 423-441.

Eck, W., 2007, *The age of Augustus. Second edition.* Blackwell Publishing, Munich.

Egmond, F., 1995, «The cock, the dog, the serpent, and the monkey. Reception and transmission of a roman punishment, or historiography as history». *International journal of the classical tradition,* vol. 2, n.º 2, pp. 159-192.

Evans Grubbs, J., 2002, *Women and the law in the roman Empire. A source book on marriage, divorce and widowhood.* Routledge, Londres y Nueva York.

Fear, A. T., 1996, «*Cybele* and Christ», en E. N. Lane, *Cybele, Attis & related cults.* E. J. Brill, Leiden, Nueva York y Colonia, pp. 37-50.

Feeney, D., 2007, *Caesar's calendar: Ancient time and the beginnings of History.* University of California Press, Berkeley, Los Ángeles y Londres.

Ferrua, A., 1974, «*Zeses èzhchic* o *zhcaic*» *Aevum,* vol. 48, n.º 3/4, pp. 329-334.

Fornés Pallicer, A., Puig Rodríguez-Escalona, M., 2006, «Los gestos con el pulgar en los combates de gladiadores». *Latomus,* vol. 65, n.º 4, pp. 963-971.

Forsythe, G., 2012, *Time in roman religion. One Thousand years of religious history.* Routledge, Londres y Nueva York.

Frischer, B., Fillwalk, J., 2013, «A Computer simulation to test the Buchner thesis. The relationship of the Ara Pacis and the meridian in the Campus Martius, Rome», *Proceedings of the 2013 Digital Heritage International Congress,* pp. 341-346.

Futrell, A 2006, *The roman games: a sourcebook.* Blackwell Publishing, Malden.

Galinsky, K., 1992, «Venus, polysemy, and the Ara Pacis Augustae», *American journal of archaeology,* vol. 96, n.º 3, pp. 457-475.

García-Dils de la Vega, S., Ordóñez Agulla, S., 2015, «*Fasti astigitani.* Fragmento de calendario epigráfico de *Colonia Augusta*

Firma (Écija-Sevilla)», *Pallas: revue d'etudes antiques,* vol. 99, pp. 311-328.

Geiger, J., 2008, *The first hall of fame. A study of the statues in the forum augustum.* Brill, Leiden y Boston.

Grafton, A. T., Swerdlow, N. M., 1985, «Technical chronology and astrological history in Varro, Censorinus and others», *The classical quarterly,* vol. 35 n.º 2, pp. 454-465.

Grant, M., 1950, *Roman anniversary issues: an exploratory study of the numismatic and medallic commemoration of anniversary years, 49 BC-AD 375.* Cambridge University Press, Cambridge.

— 1988, «Calendar dates and ominous days in ancient historiography», *Journal of the Warburg and Courtauld institutes,* vol. 51, pp. 14-42.

Green, C. M. C., 2009, «The gods in the circus», en S. Bell y H. Nagy (eds.), *New perspectives on Etruria and Rome in honor of R. D. De Puma,* pp. 65-78.

Grether, G., 1946, «Livia and the roman imperial cult», *The american journal of philology,* vol. 67, n.º 3, pp. 222-252.

Griffin, M. (ed.), 2009, *A companion to Julius Caesar.* Wiley Blackwell, Hoboken.

Grodzynski, D., 1974, «Par la bouche de l'empereur», en J. P. Vernant *et al.* (eds.), *Divination et rationalité.* Éditions du Seuil, París, pp. 267-295.

Halsberghe, G. H., 1972, *The cult of Sol invictus.* E. J. Brill, Leiden.

Hannah, R., 2005, *Greek and roman calendars. Construction of time in the classical world.* Duckworth, Londres.

Harries, J 2012, *Imperial Rome AD 284 to 363. The new Empire.* Edinburgh University Press, Edimburgo.

Hersch, K. K., 2010, *The roman wedding. Ritual and meaning in antiquity.* Cambridge University Press, Cambridge.

Heslin, P., 2007 «Augustus, Domitian and the so-called *horologium augusti*», *The journal of roman studies,* vol. 97, pp. 1-20.

Hoey, A. S., 1937, «*Rosaliae signorum*», *The Harvard theological review,* vol. 30 n.º 1, pp. 15-35.

Holland, L. A., 1937, «The shrine of the Lares Compitales», *Transactions and proceedings of the American Philological Association,* vol. 68, pp. 428-441.

Holliday, P. J., 1990, «Time, history and ritual on the *Ara Pacis Augustae*», *The art bulletin,* vol. 72, n.º 4, pp. 542-557.

HOPKINS, M. K., 1965, «The age of roman girls at marriage», *Population studies,* vol. 18, n.º 3, pp. 309-327.

HOUSMAN, A. E., 1932, «*Disticha de mensibvs*», *The classical quarterly,* vol. 26, n.º 3/4, pp. 129-136.

HUBBARD, T. K., 2014, *A companion to greek and roman sexualities.* Wiley Blackwell, Hoboken.

HUMPHREYS, A. (ed.), 1998, *William Shakespeare: Julius Caesar.* Oxford University Press, Oxford.

KOPTEV, A., 2005, «Three brothers at the head of archaic Rome: the king and his *Consuls*», *Historia: Zeitschrift für alte geschichte,* vol. 54, n.º 4, pp. 382-423.

IARA, K., 2015, «Moving in and moving out: ritual movements between Rome and its *suburbium*», en I. Östenberg, S. Malmberg y J. Bjornebye (eds.), *The Moving city. Processions, passages and promenades in ancient Rome.* Bloomsbury, Londres, Nueva Delhi, Nueva York y Sidney, pp. 125-132.

JOHNSON, V. L., 1959, «The superstitions about the *nundinae*», *The american journal of philology,* vol. 80, n.º 2, pp. 133-149.

— 1960, «*Natalis urbis* and *principium anni*», *Transactions and proceedings of the American Philological Association,* vol. 91, pp. 109-120.

KALAS, G., 2015, *The restoration of the roman forum in late antiquity: transforming public space.* University of Texas Press, Austin.

KALLIS, A., 2011, «*Framing Romanità*: the celebrations for the *Bimillenario Augusteo* and the *Augusteo-Ara Pacis* project», *Journal of contemporary history, 46 (4),* pp. 809-831.

KELLUM, B. A., 1994, «What we see and what we don't see. Narrative structure and the *Ara Pacis Augustae*», *Art history,* vol. 17, n.º 1, pp. 26-45.

KER, J 2010, «*Nundinae*: the culture of the roman week», *Phoenix,* vol. 64, n.º 3/4, pp. 360-385.

KNAPP, R., 1986, «Cantabria and the *era consularis*», *Epigraphica,* vol. 48, pp. 115-146.

— 2011, *Los olvidados de Roma: prostitutas, forajidos, esclavos, gladiadores y gente corriente.* Ariel, Madrid.

KOORTBOJIAN, M., 2013, *The divinization of Caesar and Augsutus.* Cambridge University Press, Cambridge.

KYLE, D. G., 1998, *Spectacles of death in ancient Rome.* Routledge, Londres y Nueva York.

LAJOYE, P., 2010, «*Quirinus*, un ancien dieu tonnant? Nouvelles hypothèses sur son étymologie et sa nature primitive», *Revue de l'histoire des religions*, 227, pp. 175-194.

LEHOUX, D. R., 2000, *Parapegmata, or, astrology, weather and calendars in the ancient world*, Tesis doctoral. University of Toronto.

— 2007, *Astronomy, weather and calendars in the ancient world*. Cambridge University Press, Cambridge.

LINTOTT, A. W., 1968, «*Nundinae* and the chronology of the late roman republic», *The classical quarterly*, vol. 18, n.º 1, pp. 189-194.

LONG, C. R., 1987, *The twelve gods of Greece and Rome*. E. J. Brill, Holanda.

— 1989, «The gods of the months in ancient art», *American journal of archaeology*, vol. 93, n.º 4, pp. 589-595.

— 1992, «The *Pompeii* calendar medallions», *American journal of archaeology*, vol. 96, n.º 3, pp. 477-501.

LOTT, J. B., 2004, *The neighborhoods in augustan Rome*. Cambridge University Press, Cambridge.

MARQUÉS, N. F., 2015, «Monedas de guerra y triunfo de Octaviano. Las series *Caesar Divi F* e *Imp Caesar* (RIC I² 250-274)», *Saguntum*, vol. 47, pp. 89-104.

MARZANO, A., 2013, *Harvesting the sea: the exploitation of marine resources in the roman mediterranean*. Oxford University Press, Oxford.

MATTINGLY, H., SYDENHAM, E. A., 1926, *The Roman Imperial Coinage*, vol. II: *Vespasian to Hadrian*. Spink and son LTD, Londres.

MATTINGLY, H., SYDENHAM, E. A., SUTHERLAND, C. H. V., 1949, *The Roman Imperial Coinage*: vol. IV, part III: *Gordian III-Uranius Antoninus*. Spink and son LTD, Londres.

MAZZEI, P., 2005, «Alla ricerca di Carmenta, vaticini, scrittura e votivi», *Bullettino della Commissione Archeologica Comunale di Roma*, vol. 106, pp. 61-81.

MCDONNELL, M., 2006, *Roman Manliness. Virtus and the roman Republic*. Cambridge University Press, Cambridge.

MCDONOUGH, C. M., 1997, «Carna, Proca and the strix on the kalends of june», *Transaction of the american philological association* (1974), pp. 315-344.

— 1999, «Forbidden to enter the *ara maxima*: dogs and flies, or dogflies?» *Mnemosyne*, vol. 52, n.º 4, pp. 464-477.

— 2004, «The hag and the household gods: silence, speech and the family in mid-February (Ovid *Fasti* 2.533-638)», *Classical philology*, vol. 99, n.º 4, pp. 354-369.

McGinn, T. A. J., 1998, *Prostitution, sexuality, and the law in ancient Rome.* Oxford University Press, Oxford.

McLynn, N., 2008, «Crying wolf: the Pope and the *lupercalia*», *The journal of roman studies*, vol. 98, pp. 161-175.

Michels, A. K., 1953, «The topography and interpretation of the *lupercalia*», *Transactions and proceedings of the american philological association,* vol. 84, pp. 35-59.

— 1967, *The calendar of the roman republic.* Princeton University Press, Princeton.

Mommsen, T. (ed.), 1863, *Corpus Inscriptionum Latinarum. Volumen primum. Inscriptiones latinae antiquissimae ad C. Caesar mortem.* Berolini apud Georgium Reimerum.

Montanelli, I., 2016, *Historia de Roma.* Trad. D. Pruna. Debolsillo, Madrid.

Mouritsen, H., 2011, *The freedman in the roman world.* Cambridge University Press, Cambridge.

Muñoz-Santos, M. E., 2016, *Animales in harena. Los animales exóticos en los espectáculos romanos.* Confluencias editorial.

Newby, Z., 2005, *Greek athletics in the roman world. Victory and virtue.* Oxford University Press, Oxford.

Nock, A. D., 1930, «Σύνναος θεός» *Hardvard studies in classical philology,* vol. 41, pp. 1-62.

North, J. A., 2008, «Caesar at the *lupercalia*», *The journal of roman studies,* vol. 98, pp. 144-160.

Ogilvie, R. M., 1969, *The romans and their gods in the age of Augustus.* W. W. Norton & Company, Nueva York y Londres.

Oruch, J. B., 1981, «St. Valentine, Chaucer, and spring in February», *Speculum,* vol. 56, n.º 3, pp. 534-565.

Pandey, N. B., 2013, «Caesar's comet, the julian star, and the invention of Augustus», *Transactions of the american philological association,* vol. 143, n.º 2, pp. 405-449.

Pascal, C. B., 1988, «*Tibullus* and the *ambarvalia*», *The American journal of philology,* vol. 109, n.º 4, pp. 523-536.

Piñero, A., 2006, *Guía para entender el Nuevo Testamento.* Trotta, Madrid.

Piñero, A. (ed.), 2009, *Todos los evangelios. Canónicos y apócrifos.* Edaf, Madrid, México, Buenos Aires, San Juan, Santiago, Miami.

Pohlsander, H. A., 1969, «Victory: the story of a statue», *Historia: Zeitschrift für alte geschichte,* vol. 18, n.º 5, pp. 588-597.

PORTE, D., 1981, «*Romulus-Quirinus*, prince et dieu, dieu des princes. Étude sur le personnage de Quirinus et sur son évolution, des origines à Auguste», *Aufsteig und Niedergang der Römischen Welt*, II, 17.1, pp. 300-342.

POYNTON, J. B., 1938, «The public games of the romans», *Greece & Rome*, vol. 7, n.º 20, pp. 76-85.

PUGLIARELLO, M., 2003, «*Miraculum litterarum*: Evandro, Carmenta e l'alfabeto latino», *FuturAntico*, 1, pp. 281-301.

PUTNAM, M. C. J., 1986, *Artifices of eternity: Horace's fourth book of odes*. Cornell University Press, Ithaca y Londres.

RADKE, G., 1978, «Der Geburtstag des älteren Drusus», *Wurzburger Jahrbucher fur die Altertumswissenschaft*, 4, pp. 211-213.

RAINBIRD, J. S., 1986, «The fire stations of imperial Rome», *Papers of the british school at Rome*, vol. 54, pp. 147-169.

RAMSEY, J. T., LICHT, A. L., 1997, *The comet of 44 B.C. and Caesar's funeral games*. Scholars Press, Atlanta.

RANTALA, J., 2011, «No place for the dead: *Ludi saeculares* of 17 BC and the purificatory cults of may as part of the roman ritual year», en C. Krotzland, K. Mustakallio (eds.) *On old age: approaching death in Antiquity and the Middle ages*. Brepols, Turnhout, pp. 235-252.

ROHR, R., 1996, *Sundials: history, theory and practice*. Dover Publications, Nueva York.

ROSSINI, O., 2007, *Ara Pacis*. Electa, Roma.

RÜPKE, J., 2007, *Religion of the romans*. Trad. R. Gordon. Polity Press, Cambridge y Malden.

— 2011, *The roman calendar from Numa to Constantine: Time, History and the Fasti*. Trad. D. M. B. Richardson, Wiley-Blackwell, Hoboken.

— 2012, *Religion in republican Rome. Rationalization and ritual change*. University of Pennsylvania Press, Philadelphia.

— 2016, *On roman religion. Lived religion and the individual in ancient Rome*. Cornell University Press, Ithaca y Londres.

SALZMAN, M. R., 1984, «The representation of april in the calendar of 354», *American journal of archaeology*, vol. 88, n.º 1, pp. 43-50.

— 1990, *On roman time: The codex-calendar of 354 and the rhythms of urban life in late antiquity*. University of California Press, Berkeley, Los Ángeles y Londres.

— 2004, «Pagan and christian notions of the week in the 4th century CE western roman empire», en R. M. Rosen (ed.) *Time and tempo-*

rality in the ancient world. University of Pennsylvania Museum of Archaeology and Anthropology, pp. 185-211.

SCULLARD, H. H., 1981, *Festivals and ceremonies of the roman republic.* Thames and Hudson Ltd., Londres.

SIMONSEN, K., 2003, «Winter sailing», *Mouseion: Journal of the classical association of Canada,* vol. 3, n.º 3, pp. 259-268.

SMITH, W., 1875, *A dictionary of greek and roman antiquities.* John Murray, Londres.

SNYDER, W. F., 1936, «Quinto nundinas pompeis», *The Journal of Roman Studies,* vol. 26, parte 1, pp. 12-18.

SPAETH, B. S., 1996, *The roman goddess Ceres.* University of Texas Press, Austin.

STAPLES, A., 1998, *From good goddess to vestal virgins. Sex and category in roman religion.* Routlendge, Londres y Nueva York.

STARR, R. J., 2010, «Augustus as *Pater Patriae* and patronage decrees», *Zeitschrift für papyrologie und epigraphik,* 172, pp. 296-298.

STEFANI, G., 2006, «La vera data dell'eruzione», *Archeo,* n.º 10, pp. 10-13.

STEPHENSON, R., KEVIN, Y., 1984, «Oriental tales of Halley's comet», *New scientist,* vol. 102, n.º 1423, pp. 30-32.

STERN, H., 1953, *Le calendrier de 354. Étude sur son texte et sur ses illustrations.* Librairie Orientaliste Paul Geuthner, París.

— 1981, «Les calendriers romains illustrés», *Aufsteig und Niedergang der Römischen Welt,* II, 12, 2, pp. 431-475.

STEWART, A., 1993, *Faces of power: Alexander's image and hellenistic politics.* University of California Press, Berkeley, Los Ángeles, Oxford.

SUTHERLAND, C. H. V., 1984, *The Roman Imperial Coinage,* vol. I, edición revisada. *From 31 BC to AD 69.* Spink and son LTD, Londres.

TAKÁCS, S. A., 1995, *Isis and Serapis in the roman world.* E. J. Brill, Leiden, Nueva York y Colonia.

TAMMUZ, O., 2005, «*Mare clausum*? Sailing seasons in the Mediterranean in early antiquity», *Mediterranean historical review,* vol. 20, n.º 2, pp. 145-162.

TAYLOR, L. R., 1937, «Tiberius' ovatio and the *ara numinis augusti*», *The american journal of philology,* vol. 58, n.º 2, pp. 185-193.

— 1942, «The election of the *Pontifex Maximus* in the late Republic», *Classical philology,* vol. 37, n.º 4, pp. 421-424.

TERES, G., 1984, «Time computations and *Dionysius Exiguus*», *Journal of the History of astronomy,* vol. 15, pp. 177-188.

Thomas, P., 2010, «Gladiatorial games as a mens of political communication during the roman republic», *Fundamina,* vol. 16, n.º 2, pp. 186-198.

Thomas, R., Ziolkowski, J. M., 2013, *The Vergil encyclopedia.* Wiley Blackwell, Hoboken.

Toher, M., 2017, *Nicolaus of Damascus: The life of Augustus and the autobiography.* Cambridge University Press, Cambridge.

Turfa, J. M., 2012, *Divining the etruscan world. The brontoscopic calendar and religious practice.* Cambridge University Press, Cambridge.

Versnel, H. S., 1993, *Inconsistencies in greek and roman religion,* vol. II: *Transition and reversal in myth and ritual.* E. J. Brill, Leiden, Nueva York y Colonia.

Vout, C., 2012, *The hills of Rome. Signature of an eternal city.* Cambridge University Press, Cambridge.

Wallace-Hadrill, A., 1987, «Time for Augustus: Ovid, Augustus and the *fasti*», en M. Whitby, P. Hardie y M. Whitby (eds.), *Homo viator: classical essays for John Bramble,* pp. 221-230.

Weinstock, S., 1971, *Divus Julius.* Oxford University Press, Oxford.

Wiseman, T. P., 1974, «The circus flaminius», *Papers of the british school at Rome,* vol. 42, pp. 3-26.

— 1985, «The god of the Lupercal», *The journal of roman studies,* vol. 85, pp. 1-22.

Zangemeister, C., Schoene, R. (eds.), 1871, *Corpus Inscriptionum latinarum. Volumen quartum. Inscriptiones parietariae pompeianae, hercvlanenses stabianae.* Berolini apud Georgium reimerum.

Zanker, P., 1992, *Augusto y el poder de las imágenes.* Trad. P. Diener Ojeda, Alianza editorial, Madrid.

Ziolkowski, A., 1998-1999, «Ritual cleaning-up of the city: from the Lupercalia to the Argei». *Ancient Society,* vol. 29, pp. 191-218.

— 1992, *The temples of the mid-republican Rome and their historical and topographical context.* L'Erma de Bretschneider, Roma.

Apéndices

Plano de la antigua Roma

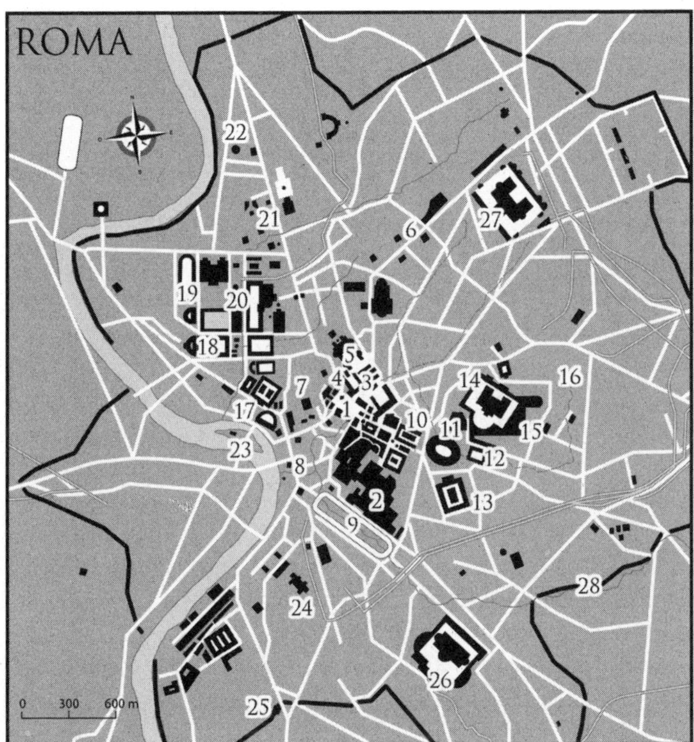

Leyenda	
1 Foro Romano	14 Termas de Trajano
2 Palatino	15 Restos de la *Domus Aurea*
3 Foro de Augusto	16 Esquilino
4 Foro de César	17 Circo Flaminio
5 Foro de Trajano	18 Teatro de Pompeyo
6 Quirinal	19 Campo de Marte
7 Capitolio y templo de Júpiter Óptimo Máximo	20 Panteón
8 Foros Holitorio y Boario	21 *Ara Pacis* y *horologium Augusti*
9 Circo Máximo	22 Mausoleo de Augusto
10 Templo de Venus y Roma	23 Isla Tiberina
11 Anfiteatro Flavio	24 Aventino
12 Ludus Magnus	25 Pirámide de Cayo Cestio
13 Celio	26 Termas de Caracalla
	27 Termas de Diocleciano
	28 Trazado de la muralla aureliana

Los días de la semana, según los *fasti filocali*

SÁBADO – *SATURNI DIES*

DOMINGO – *SOLIS DIES*

El día del Sol y sus horas, ya sean nocturnas o diurnas, son propicios para iniciar un viaje en barco o para botar una nave. Los nacidos en este día serán saludables, el que se esconda será encontrado, el que caiga enfermo se recuperará, el robo cometido será descubierto.

LUNES – *LUNAE DIES*

MARTES – *MARTIS DIES*

MIÉRCOLES – *MERCURII DIES*

Jueves – *Iovis dies*

VIERNES – *VENERIS DIES*

Reproducción de algunos de los principales *fasti* conservados

Con excepción de los *fasti antiates* —la única copia del calendario prejuliano hallada hasta la fecha, datados en la primera mitad del siglo I a. C. y pintados sobre yeso en columnas negras y rojas alternas—, los *fasti* que actualmente se conservan, todos ellos de forma fragmentaria, fueron creados mayoritariamente en época de los emperadores Augusto y Tiberio (principios del siglo I d. C.).

Se trata de unos cincuenta ejemplares de *fasti*, hallados principalmente en Roma y las ciudades del centro de Italia y en su mayoría tallados en mármol, Los hay de pequeño formato, como los *fasti magistrorum vici,* que no miden más de un metro de alto en total, y también más grandes y monumentales, como los *fasti praenestini,* cuya extensión superaría en su origen los dos metros de altura y los cinco metros de anchura. Tan solo se escapan a estas dos categorías los dos códices bajoimperiales que contienen calendarios: los *fasti filocali* y el *laterculus polemi silvi,* de los siglos IV y V respectivamente.

A continuación reproducimos algunos fragmentos interesantes de varios de los *fasti* que actualmente se conservan.

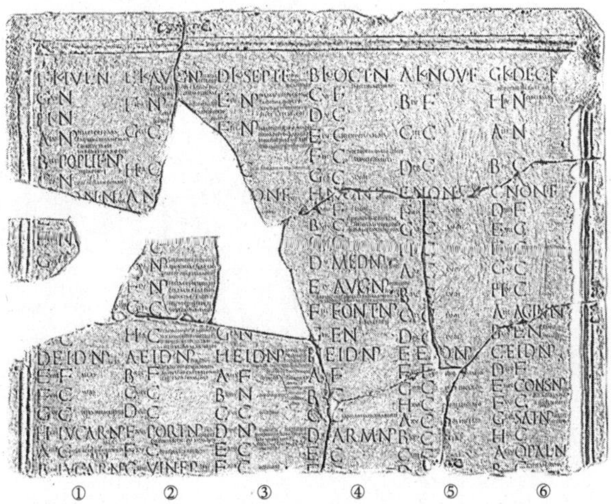

① ② ③ ④ ⑤ ⑥

Fasti amiternini, periodo tiberiano. Los fragmentos corresponden a los siguientes meses: ① julio; ② agosto; ③ septiembre; ④ octubre; ⑤ noviembre; ⑥ diciembre.

① ②

Fasti praenestini, finales del periodo augusteo. Los fragmentos corresponden a los siguientes meses: ① enero; ② marzo; ③ abril; ④ diciembre.

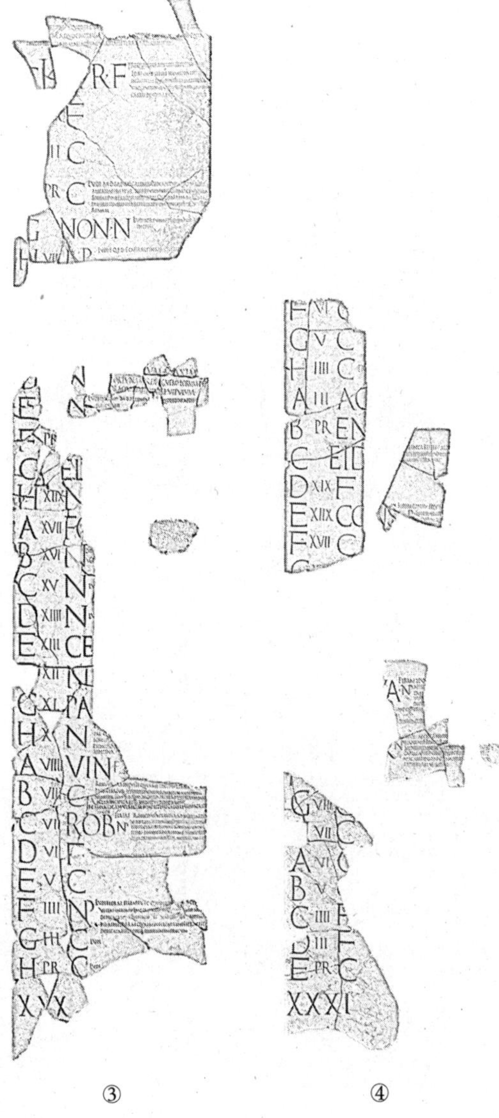

③ ④

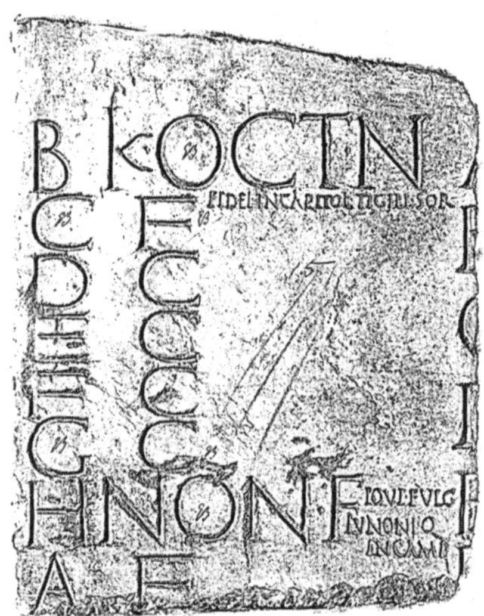

Fasti paulini, periodo augusteo. El fragmento corresponde al comienzo del mes de octubre.

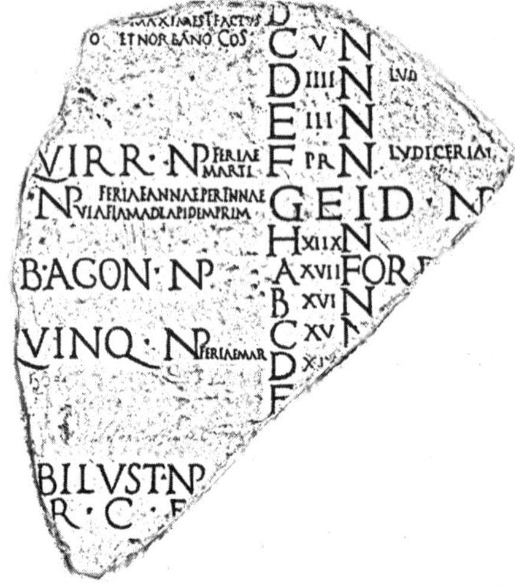

Fasti vaticani, periodo tiberiano. Fragmento correspondiente a los meses de marzo y abril.

ÍNDICE DE TÉRMINOS

Esta obra
fue impresa
en MMXXV